文通版

荀子鉴赏辞典

XUNZI JIANSHANGCIDIAN

方勇 盛敏慧著

上海辞书出版社

撰　稿　者　方　勇　盛敏慧

协助成书者　李　波　叶蓓卿　金　琳

谢国利　彭鸿程　周　鹏

徐　涛　虞娜雪　曹　丹

顾　雯　秦　羽

出 版 说 明

荀子，名况，字卿，又称孙卿，战国末期赵国人。曾游学齐国稷下，“最为老师”，三为祭酒，后遭谗言，遂去齐适楚，楚相春申君任之为兰陵令。春申君被害后，荀卿废居兰陵，晚年著数万言而卒。李斯和韩非都是荀子的学生。

荀子精通《诗》、《礼》、《易》、《春秋》，并兼取儒、道、墨、法等诸家思想，为战国后期一位集大成的思想家。综观《荀子》一书，其思想博大精深，内容极为丰富，凡自然、社会、哲学、政治、经济、军事、文学等皆有涉猎，堪称我国思想史上的一座丰碑。荀子的文章脉络分明，长于议论，论证严密，气势磅礴，善用譬喻，言辞优美，具有很高的艺术价值。

为便于读者较深入地了解《荀子》的思想内容和艺术特征，我们特约请方勇教授等撰写本书。

上海辞书出版社

目　　录

凡　例

一、本书共设文本篇、名言篇两部分。文本篇共三十二篇，每篇包括《荀子》原文、注释、鉴赏三方面。名言篇包括名言原文、鉴赏两方面。书末附有《荀子》概说。

二、本书尽可能对《荀子》各篇作简明扼要的注释和深入浅出的现代评述，并注意激发读者探究《荀子》文学艺术性的兴趣。

三、本次撰写注释、鉴赏等，以王先谦的《荀子集解》为底本，并充分借鉴吸收前人和今人的学术成果。

篇 目 表

文本篇

名言篇

【文本篇】

劝　学

君子曰：学不可以已。青，取之于蓝而青于蓝[①]；冰，水为之而寒于水。木直中绳，輮以为轮[②]，其曲中规，虽有槁暴[③]，不复挺者，輮使之然也。故木受绳则直，金就砺则利，君子博学而日参省乎己[④]，则知明而行无过矣。故不登高山，不知天之高也；不临深谿，不知地之厚也；不闻先王之遗言，不知学问之大也。干、越、夷、貉之子[⑤]，生而同声，长而异俗，教使之然也。《诗》曰："嗟尔君子，无恒安息。靖共尔位，好是正直。神之听之，介尔景福。"[⑥]神莫大于化道，福莫长于无祸。

〔注释〕 ① 蓝：蓼（liǎo 了）蓝草，其叶可以做蓝色染料。　② 輮（róu 柔）：通"揉"，使直木弯曲。　③ 槁（gǎo 搞）：通"熇"，烤。暴（pù 瀑）：古"曝"字，晒。　④ 参：同"叁"。省（xǐng 醒）：察。　⑤ 干、越：犹言春秋时吴、越两国。夷、貉（mò 陌）：分别指我国古代居住在东部和东北部的少数民族。　⑥ "《诗》曰"句：见《诗经·小雅·小明》。靖，安。共（gōng 公），通"供"。听，察。介，助。景，大。

吾尝终日而思矣，不如须臾之所学也，吾尝跂而望矣[①]，不如登高之博见也。登高而招，臂非加长也，而见者远；顺风而呼，声非加疾也，而闻者彰。假舆马者，非利足也，而致千里；假舟楫者[②]，非能水也，而绝江河[③]。君子生非异也[④]，善假于物也。南方有鸟焉，名曰蒙鸠[⑤]，以羽为巢而编之以发，系之苇苕[⑥]，风至苕折，卵破子死。巢非不完也，所系者然也。

西方有木焉，名曰射干[⑦]，茎长四寸，生于高山之上而临百仞之渊；木茎非能长也，所立者然也。蓬生麻中，不扶而直。[⑧]兰槐之根是为芷[⑨]，其渐之滫[⑩]，君子不近，庶人不服，其质非不美也，所渐者然也。故君子居必择乡，游必就士，所以防邪僻而近中正也。

〔注释〕 ① 跂(qǐ 企)：踮起脚跟。 ② 楫(jí 急)：船桨。 ③ 绝：渡。 ④ 生：通“性”，本性。 ⑤ 蒙鸠：即鷦鷯(jiāo liáo 焦辽)，又名巧妇鸟。 ⑥ 苇苕(tiáo 条)：芦苇的嫩条。 ⑦ 射(yè 业)干：又名乌扇，一种草本植物，根可入药。 ⑧ 此句下当脱“白沙在涅，与之俱黑”八字。 ⑨ 兰槐：一种香草，又名白芷，开白花，味香。古人称其苗为“兰”，根为“芷”。 ⑩ 渐：渍。滫(xiǔ 朽)：溺，尿。

物类之起，必有所始。荣辱之来，必象其德。肉腐出虫，鱼枯生蠹[①]。怠慢忘身，祸灾乃作。强自取柱[②]，柔自取束。邪秽在身，怨之所构。施薪若一，火就燥也；平地若一，水就湿也。草木畴生[③]，禽兽群焉，物各从其类也。是故质的张而弓矢至焉[④]，林木茂而斧斤至焉，树成阴而众鸟息焉，醯酸而蜹聚焉[⑤]。故言有召祸也，行有招辱也，君子慎其所立乎！

〔注释〕 ① 蠹(dù 度)：蛀虫。 ② 柱：通“祝”，折断。 ③ 畴：通“俦”，类。 ④ 质：箭靶。的(dì 弟)：箭靶的中心。 ⑤ 醯(xī 希)：醋。蜹(ruì 锐)：一种蚊虫。

积土成山，风雨兴焉；积水成渊，蛟龙生焉；积善成德，而神明自得，圣心备焉。故不积蹞步[①]，无以致千里；不积小流，无以成江海。骐骥一跃[②]，不能十步；驽马十驾[③]，功在不舍[④]。锲而舍之，朽木不折；锲而不舍，金石可镂。螾无爪牙之利，筋骨之强，上食埃土，下饮黄泉，用心一也。蟹六跪而二螯[5]，非蛇蟺之穴无可寄托者[6]，用心躁也。是故无冥冥之志者无昭昭之明[7]，无惛惛之事者无赫赫之功。行衢道者不至[8]，事两君者不容。目不能两视而明，耳不能两听而聪。螣蛇无足而飞[9]，梧鼠五技而穷[10]。《诗》曰："尸鸠在桑，其子七兮。淑人君子，其仪一兮。其仪一兮，心如结兮。"[11]故君子结于一也。

〔注释〕 ① 頍(kuǐ傀)：同"跬"，半步。 ② 骐骥：骏马。 ③ 驽(nú奴)：劣马。驾：一天的行程。 ④ 舍：放弃。 ⑤ 六：疑当作"八"。跪：脚。螯：螃蟹身前如同钳形的大爪。 ⑥ 蟺(shàn鳝)：同"鳝"。 ⑦ 冥冥：昏暗不明，这里形容专心致志。下文惛惛(hūn昏)意同。昭昭：显著。 ⑧ 衢(qú渠)道：歧路。 ⑨ 螣(téng腾)蛇：古代传说中的一种能飞的蛇。 ⑩ 梧鼠：当作"鼫(shí石)鼠"。五技：能飞但不能上屋，能爬树但不能爬上树顶，能游泳但不能渡过山谷，能挖洞但不能藏身，能跑但不能追上人。 ⑪ "《诗》曰"句：见《诗经·曹风·尸鸠》。尸鸠，布谷鸟。

昔者瓠巴鼓瑟而流鱼出听[1]，伯牙鼓琴而六马仰秣[2]。故声无小而不闻，行无隐而不形；玉在山而草木润，渊生珠而崖不枯。为善不积邪，安有不闻者乎？

〔注释〕 ① 瓠(hù户)巴：古代善于弹瑟的人。流：疑当作"沈"字，即"沉"。 ② 伯牙：古代善于弹琴的人。六马：古代天子驾车要用六马，此泛指拉车之马。秣：饲料。

学恶乎始？恶乎终？曰：其数则始乎诵经[1]，终乎读礼；其义则始乎为士，终乎为圣人。真积力久则入，学至乎没而后止也[2]。故学数有终，若其义则不可须臾舍也。为之，人也；舍之，禽兽也。故《书》者，政事之纪也；《诗》者，中声之所止也；《礼》者，法之大分，类之纲纪也[3]，故学至乎《礼》而止矣。夫是之谓道德之极。《礼》之敬文也,《乐》之中和也,《诗》、《书》之博也,《春秋》之微也,在天地之间者毕矣。

〔注释〕 ① 数:学习的顺序。 ② 没:通"殁",死。 ③ 类:与法相类似的条例。

君子之学也,入乎耳,箸乎心[①],布乎四体,形乎动静,端而言[②],蝡而动[③],一可以为法则。小人之学也,入乎耳,出乎口。口耳之间则四寸耳,曷足以美七尺之躯哉!古之学者为己,今之学者为人。君子之学也,以美其身;小人之学也,以为禽犊[④]。故不问而告谓之傲[⑤],问一而告二谓之囋[⑥]。傲,非也;囋,非也。君子如向矣[⑦]。

〔注释〕 ① 箸:通"著(zhù 助)",明。 ② 端:通"喘",微言。 ③ 蝡:通"蠕"。④ 禽犊:家禽和小牛,古时用来做馈赠礼物。 ⑤ 傲:通"躁"。 ⑥ 囋(zàn 赞):唠叨、啰嗦。 ⑦ 向:同"响",回声。

学莫便乎近其人。《礼》、《乐》法而不说,《诗》、《书》故而不切,《春秋》约而不速。方其人之习君子之说[①],则尊以遍矣[②],周于世矣。故曰学莫便乎近其人。学之经莫速乎好其人[③],隆礼次之。上不能好其人,下不能隆礼,安特将学杂识志[④],顺《诗》、《书》而已耳,则末世穷年,不免为陋儒而已。将原先王,本仁义,则礼正其经纬蹊径也[⑤]。若挈裘领,诎五指而顿之[⑥],顺者不可胜数也。不道礼宪,以《诗》、《书》为之,譬之犹以指测河也,以戈舂黍也,以锥飡壶也[⑦],不可以得之矣。故隆礼,虽未明,法士也;不隆礼,虽察辩,散儒也。问楛者勿告也[8]，告楛者勿问也，说楛者勿听也，有争气者勿与辩也。故必由其道至，然后接之，非其道则避之。故礼恭而后可与言道之方，辞顺而后可与言道之理，色从而后可与言道之致。故未可与言而言谓之傲，可与言而不言谓之隐，不观气色而言谓之瞽。故君子不傲，不隐，不瞽，谨顺其身。《诗》曰："匪交匪舒，天子所予。"[9]此之谓也。

〔注释〕 ① 方：通"仿"，仿效。 ② 以：而。 ③ 经：通"径"。 ④ 安：犹"则"。特：只。识：当为衍文。 ⑤ 蹊径：小路。 ⑥ 诎：通"屈"，弯曲。顿：引。 ⑦ 飡：通"餐"。壶：古人盛食物的器具。 ⑧ 楛(kǔ 苦)：粗劣，指不合礼法。 ⑨ "《诗》曰"句：见《诗经·小雅·采菽》。匪，不。交，通"绞"，急迫。

百发失一，不足谓善射；千里蹞步不至，不足谓善御；伦类不通，仁义不一，不足谓善学。学也者，固学一之也。一出焉，一入焉，涂巷之人也[1]。其善者少，不善者多，桀、纣、盗跖也[2]。全之尽之，然后学者也。君子知夫不全不粹之不足以为美也，故诵数以贯之，思索以通之，为其人以处之，除其害者以持养之，使目非是无欲见也，使耳非是无欲闻也，使口非是无欲言也，使心非是无欲虑也。及至其致好之也，目好之五色[3]，耳好之五声，口好之五味，心利之有天下。是故权利不能倾也，群众不能移也，天下不能荡也。生乎由是，死乎由是，夫是之谓德操。德操然后能定，能定然后能应，能定能应，夫是之谓成人。天见其明[4]，地见其光[5]，君子贵其全也。

〔注释〕 ① 涂：道路。 ② 桀、纣：分别是夏朝和商朝最后的君主，皆因暴政而亡国。跖(zhí直):相传是春秋战国之际的一个大盗。 ③ 之:相当于“于”,以下三“之”皆同。 ④ 见:通“现”,显现。 ⑤ 光:通“广”,广大,宽广。

【鉴赏】 现代人了解荀子,多是源于他那句“人之性恶,其善者伪也”(《性恶》)。人类社会所有的道貌岸然,在荀子的面前一下子被剥落殆尽,不留渣滓。自私、享乐、贪婪、妒忌……原来这些都是我们与生俱来的本能。然而,荀子点破“人性本恶”的根本目的,正是为了劝说人们在后天的教化学习中不断修行磨砺自身的德操与知识,日复一日,年复一年,“学不可以已”,直至“天见其明,地见其光”,成为坦荡、光明、磊落,有着深厚学识与完备德行的真君子。而这也正是《劝学》篇旨之所在。

生命的年轮几度辗转,我们渐渐从不知天高地厚的顽童变作苦渡无涯学海的青年,随即又一步步迈入博见多闻、饱经风霜的中年;在阅遍人世繁华之后,蓦然回首,唯见暮色苍凉,黄昏的山头笼罩的是我们所有辉煌与黯淡的前尘过往,等候我们在余数不多的时日里将它们轻轻安抚,细细思量。从相同的人生起点到最后天悬地殊的各自归宿,荀子相信“君子生非异也”,而是后天的教化“使之然也”。“工欲善其事,必先利其器;士欲宣其义,必先读其书。”(王符《潜夫论·赞学》)真正的君子面对万象纷纭的自然界与人世间,必然“善假于物”,懂得如何用自己深厚的学识使所有的困惑艰险迎刃而解;同样,当他们面对人情反复的社会现实,亦必然“慎其所立”,懂得如何凭藉自身的道德操守在兵荒马乱的岁月里远离羞辱,避开祸患。

荀子十分强调追求理想时的专一信念,文中“无冥冥之志者,无昭昭之明”之语,深得后世学人之心。王安石所谓“人之才,成于专而毁于杂”(《上皇帝万言书》),庄元臣“善学者穷于一物”,“穷之于一物者如破竹,一节破而百节皆开”(《叔苴子》卷四),同为此意。除了“冥冥之志”,钻研学问时的坚定恒心也十分重要,为此,荀子反复运用具有点睛之妙的“积”字来阐明自己的观点:“积土成山,风雨兴焉;积水成渊,蛟龙生焉;积善成德,而神明自得,圣心备焉。”在持“性恶说”的荀子看来,“性也者,吾所不能为也，然而可化也；情也者，非吾所有也，然而可为也”（《儒效》）。有了专一进取的志向、坚定无悔的恒心，有了通晓天文地理、人情世故的儒家经典以及传道解惑的老师、析文辨义的朋友，还有什么样的“恶”不可以转化为“善”，甚至逆变为圣人的至德之心呢？所以朝朝暮暮的“惛惛之事”，最终都是为了练就明日的“赫赫之功”。在这一点上，儒道释三家可谓殊途而同归。老子在《道德经》第六十四章中写道：“合抱之木，生于毫末；九层之台，起于累土；千里之行，始于足下。”同样强调事功之成，积于毫微。而天台宗亦依《涅槃经》，把对佛学经籍的研习譬喻为“从牛出乳，从乳出酪，从酪出生酥，从生酥出熟酥，从熟酥出醍醐”的漫长过程，将其依次对应佛家修行过程中“不信不解，不变凡情”、“依教修行，转凡成圣”、“慕大耻小，得通教益”、“心渐通泰，得别教益”、“三周说法，得记作佛”的多重境界。事实上，所有智者的渊博通达，依靠的都是点点滴滴的累学之功。

《劝学》一文，运用了大量气势夺人而又取材于现实生活的排喻和对偶手法，层层深入地说明了“学”的重要性与具体方法。其中“青，取之于蓝而青于蓝”，“骐骥一跃，不能十步；驽马十驾，功在不舍”，“锲而舍之，朽木不折；锲而不舍，金石可镂”等等，都已成为尽人皆知的成语典故。在此，我们也可以从荀子犀利流畅、毅然决然的恳切言辞间，依稀想见当年他游学稷下“三为祭酒”之时气宇轩昂的飒然风姿。

修　身

见善，修然必以自存也[①]；见不善，愀然必以自省也[②]。善在身，介然必以自好也[③]；不善在身，菑然必以自恶也[④]。故非我而当者，吾师也；是我而当者，吾友也；谄谀我者，吾贼也。故君子隆师而亲友，以致恶其贼。好善无厌，受谏而能诫，虽欲无进，得乎哉？小人反是，致乱而恶人之非己也，致不肖而欲人之贤己也，心如虎狼、行如禽兽而又恶人之贼己也。谄谀者亲，谏争者疏，修正为笑，至忠为贼，虽欲无灭亡，得乎哉！《诗》曰："噏噏呰呰，亦孔之哀。谋之其臧，则具是违；谋之不臧，则具是依。"⑤此之谓也。

〔注释〕 ① 修然：整饬的样子。存：察。 ② 愀(qiǎo 巧)然：忧虑恐惧的样子。 ③ 介然：意志坚定的样子。 ④ 菑(zāi 灾)然：灾害在身的样子。菑，通"灾"。 ⑤ "《诗》曰"句：见《诗经·小雅·小旻》。噏噏(xī 希)，相附和。呰呰(zǐ 紫)，相诋毁。孔，甚，很。

扁善之度①，以治气养生则后彭祖②，以修身自名则配尧、禹③。宜于时通④，利以处穷，礼信是也。凡用血气、志意、知虑，由礼则治通，不由礼则勃乱提僈⑤；食饮、衣服、居处、动静，由礼则和节，不由礼则触陷生疾；容貌、态度、进退、趋行，由礼则雅，不由礼则夷固僻违⑥，庸众而野。故人无礼则不生，事无礼则不成，国家无礼则不宁。《诗》曰："礼仪卒度，笑语卒获。"⑦此之谓也。

〔注释〕 ① 扁：通"遍"，全面。 ② "后"前应补一"身"字。彭祖：尧臣，名铿，封于彭城，传说活了八百岁。 ③ 名：当为"强"字。"配"前应补一"名"字。 ④ 时：处。 ⑤ 勃：通"悖"。提：通"偍"、"媞"，舒缓。僈：通"慢"。 ⑥ 夷固：倨傲。固，倨。 ⑦ "《诗》曰"句：引自《诗经·小雅·楚茨》。

以善先人者谓之教，以善和人者谓之顺；以不善先人者谓之谄，以不善和人者谓之谀。是是、非非谓之知，非是、是非谓之愚。伤良曰谗，害良曰贼。是谓是、非谓非曰直。窃货曰盗，匿行曰诈，易言曰诞。趣舍无定谓之无常①，保利弃义谓之至贼。多闻曰博，少闻曰浅；多见曰闲，少见曰陋。难进曰偍[②]，易忘曰漏。少而理曰治，多而乱曰秏[③]。

〔注释〕 ① 趣：通“趋”。 ② 偍(tí 提)：迟缓。 ③ 秏(mào 冒)：通“眊”，昏乱，不明。

治气养心之术：血气刚强，则柔之以调和；知虑渐深[①]，则一之以易良；勇胆猛戾，则辅之以道顺[②]；齐给便利[③]，则节之以动止；狭隘褊小，则廓之以广大；卑湿、重迟、贪利，则抗之以高志；庸众驽散，则刦之以师友[④]；怠慢僄弃[⑤]，则炤之以祸灾[⑥]；愚款端悫[⑦]，则合之以礼乐，通之以思索。凡治气养心之术，莫径由礼，莫要得师，莫神一好。夫是之谓治气养心之术也。

〔注释〕 ① 渐：通“潜”，沉潜。 ② 道顺：导训，即训导。 ③ 齐：疾。 ④ 刦(jié 劫)：同“劫”，夺去。言师友夺去其以前的不良习性。 ⑤ 僄(piào 票)：轻薄。 ⑥ 炤：通“昭”，使明白。 ⑦ 悫(què 确)：忠厚。

志意修则骄富贵，道义重则轻王公，内省而外物轻矣。传曰：“君子役物，小人役于物。”此之谓矣。身劳而心安，为之；利少而义多，为之。事乱君而通，不如事穷君而顺焉。故良农不为水旱不耕，良贾不为折阅不市[①]，士君子不为贫穷怠乎道。

〔注释〕 ① 折(shé 舌)阅：损亏。阅，卖。

体恭敬而心忠信，术礼义而情爱人，横行天下，虽困四夷，人莫不贵。劳苦之事则争先，饶乐之事则能让，端悫诚信，拘守而详，横行天下，虽困四夷，人莫不任。体倨固而心执诈，术顺墨而精杂污[①]，横行天下，虽达四方，人莫不贱。劳苦之事则偷儒转脱[②]，饶乐之事则佞兑而不曲[③]，辟违而不悫，程役而不录[④]，横行天下，虽达四方，人莫不弃。

〔注释〕 ① 顺：当为“慎”字，指慎到，战国中期人，主张“法”、“势”，早期法家人物。墨：指墨翟(dí敌)，春秋战国之际鲁国人，墨家学派的创始人。精：当为“情”字。② 儒：通“懦”。 ③ 兑：通“锐”，锐利。 ④ 程役：逞欲。录：检束。

行而供冀[①]，非渍淖也[②]；行而俯项，非击戾也；偶视而先俯，非恐惧也。然夫士欲独修其身，不以得罪于比俗之人也。

〔注释〕 ① 供：通“恭”。冀：当为“翼”字，敬。 ② 渍淖(zì nào 自闹)：陷在烂泥里。

夫骥一日而千里，驽马十驾则亦及之矣。将以穷无穷，逐无极与？其折骨绝筋，终身不可以相及也。将有所止之，则千里虽远，亦或迟或速、或先或后，胡为乎其不可以相及也？不识步道者，将以穷无穷逐无极与？意亦有所止之与？夫坚白、同异、有厚无厚之察[①]，非不察也，然而君子不辩，止之也；倚魁之行[②]，非不难也，然而君子不行，止之也。故学曰：“迟彼止而待我，我行而就之，则亦或迟或速，或先或后，胡为乎其不可以同至也？”故蹞步而不休，跛鳖千里；累土而不辍，丘山崇成[③]；厌其源，开其渎，江河可竭；一进一退，一左一右，六骥不致。彼人之才性之相县也，岂若跛鳖之与六骥足哉？然而跛鳖致之，六骥不致，是无他故焉，或为之，或不为尔。

〔注释〕 ① 坚白：即“离坚白”，这是战国时名家公孙龙提出的一个命题，认为“坚”和“白”是事物的两种各自独立的属性。参见《公孙龙·坚白论》。同异：战国时名家惠施提出的一个命题，认为事物之间的同异是相对的。参见《庄子·天下》。有厚无厚：也是惠施提出的一个哲学命题，认为“无厚，不可积也，其大千里”（《庄子·天下》），没有厚度的东西，是不能累积起来的，但面积仍可大至千里。一说是春秋时邓析的命题，参见《邓析子·夫厚》。 ② 倚魁：通“奇傀”（guī 归），怪异。③ 崇：终。

道虽迩，不行不至；事虽小，不为不成。其为人也多暇日者，其出入不远矣[①]。好法而行，士也；笃志而体，君子也；齐明而不竭，圣人也。人无法，则伥伥然；有法而无志其义[②]，则渠渠然[③]；依乎法而又深其类，然后温温然。

〔注释〕 ① 入：疑当为“人”字之误。 ② 志：识，辨识，知道，懂得。 ③ 渠：通“遽”。渠渠然，局促不安的样子。

礼者，所以正身也；师者，所以正礼也。无礼何以正身？无师，吾安知礼之为是也？礼然而然，则是情安礼也；师云而云，则是知若师也。情安礼，知若师，则是圣人也。故非礼，是无法也；非师，是无师也。不是师法而好自用，譬之是犹以盲辨色，以聋辨声也，舍乱妄无为也。故学也者，礼法也。夫师，以身为正仪而贵自安者也。《诗》云：“不识不知，顺帝之则。”[①]此之谓也。

〔注释〕 ①"《诗》云"句：引自《诗经·大雅·皇矣》。则，法则。

端悫顺弟[①]，则可谓善少者矣；加好学逊敏焉，则有钧无上，可以为君子者矣。偷儒惮事，无廉耻而嗜乎饮食，则可谓恶少者矣；加惕悍而不顺[②]，险贼而不弟焉，则可谓不详少者矣，虽陷刑戮可也。老老而壮者归焉，不穷穷而通者积焉，行乎冥冥而施乎无报，而贤不肖一焉。人有此三行，虽有大过，天其不遂乎？

〔注释〕 ①弟：通"悌"，尊敬兄长。 ②惕：通"荡"，放荡。

君子之求利也略，其远害也早，其避辱也惧，其行道理也勇。君子贫穷而志广，富贵而体恭，安燕而血气不惰，劳勌而容貌不枯[①]，怒不过夺，喜不过予。君子贫穷而志广，隆仁也；富贵而体恭，杀势也；安燕而血气不惰，柬理也；劳勌而容貌不枯，好交也[②]。怒不过夺，喜不过予，是法胜私也。《书》曰："无有作好，遵王之道；无有作恶，遵王之路。"[③]此言君子之能以公义胜私欲也。

〔注释〕 ①勌：通"倦"，困倦。 ②交：当作"文"字。 ③"《书》曰"句：见《尚书·洪范》。

【鉴赏】 修身、齐家、治国、平天下的命题在中国文化系统中呈现递进结构，其中修身是基点与核心。先秦儒家主张从天子至庶人，每一个人都应当注重修身，通过修身达到"怀仁"、"知礼"的人格高度，从而能以"仁道"处理人间最重要的"五伦"关系，即君臣、父子、夫妇、兄弟、朋友。这是先秦儒家的教育理想，修身的关键在于躬身实践。在孔子和孟子的理论推衍中，尧舜时代人心皆敦厚，因而仁和笃实为人自身所固有，之所以后来会世风日下，是因为人心布满了尘世的污垢。孔子提倡“笃行”，孟子主张“力行”，就是要使其在道德实践中清除污垢，恢复本性，做回仁人君子。主张“性恶论”的荀子虽然不相信人天性有所谓的“良知良能”，而认为“礼义之道”是个人后天学习得来的，但也非常重视身体力行，认为就如路再近，不走就不能到，事再小，不做就不能成一样，君子的诞生也是在师的引导下躬行礼的各种要求，是“化性起伪”的过程。

“君子”这个概念，本来是指有贵族身份或家世的人，孔子转而借之，用以指称有道德修养的人。达则兼济天下，穷则独善其身，是儒家君子期望实现的人生价值。当然与经邦济世的最高理想相比，后者或能以执着坚持人格操守，不枉得一隐逸贤士之令名自许，但苦涩与无奈势难避免。若能兼济天下，则最佳的方式莫若为帝王师。“师”不仅是荀子预设个人“化性起伪”的修身过程时给予极度重视的角色，也是完成这一过程的君子心仪的实现自我价值的最好舞台。以“师”的身份将自己的政治理想传达给为政者，借助为政者的权力将理想化为现实，是每个儒者的梦想，但拥有这份幸运的儒者实在不多。社会的发展并不完全像先秦儒家所设计的那样，因为在君明臣忠的太平治世中，儒者虽尚有建功立业的可能，而在民不聊生的乱世里，任你满腹经国治世之韬略，依旧回天无力。所谓“种下的是龙种，收获的是跳蚤”的巨大反差和戏谑，西方启蒙思想家与我国后来的儒者都曾经历，沉重的历史失落感都曾涌起，区别在于：前者纷纷从塑造资产阶级开创历史新纪元的英雄形象的浪漫主义者，转变为揭露资产阶级原始积累的罪恶的批判现实主义者，激情尚在；而后者则更多的因沉重和苦闷以及对这份沉重和苦闷的排遣，转而接受老庄、佛释学说，在希望和无望相更迭的心境中走过一生，儒家的修身思想随之出现儒释道交融互补的泛儒化转变。

【不苟】

君子行不贵苟难，说不贵苟察，名不贵苟传，唯其当之为贵。故怀负石而赴河，是行之难为者也，而申徒狄能之[①]；然而君子不贵者，非礼义之中也。山渊平，天地比[②]，齐、秦袭[③]，入乎耳，出乎口[④]，钩有须[⑤]，卵有毛[⑥]，是说之难持者也，而惠施、邓析能之[⑦]；然而君子不贵者，非礼义之中也。盗跖吟口[⑧]，名声若日月，与舜、禹俱传而不息；然而君子不贵者，非礼义之中也。故曰：君子行不贵苟难，说不贵苟察，名不贵苟传，唯其当之为贵。《诗》曰："物其有矣，惟其时矣。"[⑨]此之谓也。

〔注释〕 ① 申徒狄：相传为殷末人，因恨道不行而怀抱石头投河自杀。 ② 山渊平，天地比：此是名家人物惠施的命题。《庄子·天下》作"天与地卑，山与泽平"。谓从空间高低的差别都是相对的方面来说，高山与深渊一样平，天与地一样高。 ③ 齐、秦袭：春秋战国时齐国在今山东北部，秦国在今陕西境内，两国相距甚远，但从宇宙角度来看，两者可合为一体。袭：合。 ④ 入乎耳，出乎口：这两句文意不明，有人说是指山有耳、口，人站在山上呼喊，群山都回荡他的声音，这就好似山听到了人的声音，又回答了人的呼喊。 ⑤ 钩有须：指妇女体内含有产生胡须的因素，所以说妇女有胡须。钩，通"姁"(qú 渠)，妇女。 ⑥ 卵有毛：卵中含有产生羽毛的因素，所以说卵有毛。⑦ 惠施：战国时宋国人，曾任梁相，名家的代表人物之一，与庄子为好友，事见《庄子》。邓析：春秋时郑国人，刑名学家。 ⑧ 吟口：传颂于众人之口。 ⑨ "《诗》曰"句：见《诗经·小雅·鱼丽》。

君子易知而难狎[①]，易惧而难胁，畏患而不避义死，欲利而不为所非，交亲而不比[②]，言辩而不辞。荡荡乎，其有以殊于世也。

〔注释〕 ① 知：交接。狎(xiá 霞)：没有礼貌的亲近。 ② 比：结党。

君子能亦好，不能亦好；小人能亦丑，不能亦丑。君子能则宽容易直以开道人[①]，不能则恭敬缚绌以畏事人[②]；小人能则倨傲僻违以骄溢人，不能则妒嫉怨诽以倾覆人。故曰：君子能则人荣学焉，不能则人乐告之；小人能则人贱学焉，不能则人羞告之。是君子小人之分也。

〔注释〕 ① 道：通“导”，引导，开导。 ② 缚：通“撙”（zǔn 尊上声），抑制。绌：通“黜”。

君子宽而不僈[①]，廉而不刿[②]，辩而不争，察而不激，寡立而不胜[③]，坚强而不暴，柔从而不流，恭敬谨慎而容，夫是之谓至文。《诗》曰：“温温恭人，惟德之基。”[④]此之谓矣。

〔注释〕 ① 僈：通“慢”，懈怠。 ② 廉：楞角。刿(guì 贵)：以刃伤人。 ③ 寡：当为“直”字。 ④ “《诗》曰”句：见《诗经·大雅·抑》。

君子崇人之德，扬人之美，非谄谀也；正义直指[①]，举人之过，非毁疵也；言己之光美，拟于舜、禹，参于天地，非夸诞也；与时屈伸，柔从若蒲苇，非慑怯也；刚强猛毅，靡所不信[②]，非骄暴也。以义变应，知当曲直故也。《诗》曰：“左之左之，君子宜之；右之右之，君子有之。”[③]此言君子能以义屈信变应故也。

〔注释〕 ① 义：通“议”，议论。 ② 信：通“伸”。下同。 ③ “《诗》曰”句：引自《诗经·小雅·裳裳者华》。

君子，小人之反也。君子大心则天而道[①]，小心则畏义而节；知则明通而类，愚则端悫而法；见由则恭而止，见闭则敬而齐；喜则和而理，忧则静而理；通则文而明，穷则约而详。小人则不然，大心则慢而暴，小心则淫而倾，知则攫盗而渐[②]，愚则毒贼而乱；见由则兑而倨[③]，见闭则怨而险；喜则轻而翾[④]，忧则挫而慑；通则骄而偏，穷则弃而儑[⑤]。传曰：“君子两进，小人两废。”此之谓也。

〔注释〕 ① “天而道”前当补一“敬”字。 ② 攫(jué 决)：夺。渐：奸诈。③ 兑：通“悦”。 ④ 翾(xuān 宣)：通“儇”(xuān 宣)，轻佻。一说通“懁”(juàn 卷)，急。 ⑤ 儑：通“隰”(xí 席)，卑下。

君子治治，非治乱也。曷谓邪？曰：礼义之谓治，非礼义之谓乱也。故君子者，治礼义者也，非治非礼义者也。然则国乱将弗治与？曰：国乱而治之者，非案乱而治之之谓也[①]，去乱而被之以治；人污而修之者，非案污而修之之谓也，去污而易之以修。故去乱而非治乱也，去污而非修污也。治之为名，犹曰君子为治而不为乱，为修而不为污也。

〔注释〕 ① 案：通“按”，按照。

君子絜其辩而同焉者合矣[①]，善其言而类焉者应矣。故马鸣而马应之，[②]非知也，其势然也。故新浴者振其衣，新沐者弹其冠，人之情也。其谁能以己之潐潐[3]，受人之掝掝者哉[4]！

〔注释〕 ① 絜：同"洁"。辩：当为"身"字。 ② 此句下当脱"牛鸣而牛应之"六字。 ③ 潐潐(jiào较)：明察。 ④ 掝掝(huò或)：不明。

君子养心莫善于诚，致诚则无它事矣，唯仁之为守，唯义之为行。诚心守仁则形，形则神，神则能化矣；诚心行义则理，理则明，明则能变矣。变化代兴[1]，谓之天德[2]。天不言而人推高焉，地不言而人推厚焉，四时不言而百姓期焉。夫此有常，以至其诚者也。君子至德，嘿然而喻[3]，未施而亲，不怒而威。夫此顺命，以慎其独者也。善之为道者，不诚则不独，不独则不形，不形则虽作于心，见于色，出于言，民犹若未从也[4]，虽从必疑。天地为大矣，不诚则不能化万物；圣人为知矣，不诚则不能化万民；父子为亲矣，不诚则疏；君上为尊矣，不诚则卑。夫诚者，君子之所守也，而政事之本也。唯所居以其类至，操之则得之，舍之则失之。操而得之则轻，轻则独行，独行而不舍则济矣。济而材尽，长迁而不反其初则化矣。

〔注释〕 ① 变：改变旧质叫做变。化：使人向善叫做化。 ② 天德：阴阳交替、四时运行等自然规律叫做天德。 ③ 嘿：通"默"，不说话。 ④ 若：然。

君子位尊而志恭，心小而道大，所听视者近而所闻见者远。是何邪？则操术然也。故千人万人之情，一人之情是也；天地始者，今日是也；百王之道，后王是也。君子审后王之道而论于百王之前，若端拜而议[1]。推礼义之统，分是非之分，总天下之要，治海内之众，若使一人，故操弥约而事弥大。五寸之矩，尽天下之方也。故君子不下室堂而海内之情举积此者，则操术然也。

〔注释〕 ① 拜：当为“拱”字。

有通士者，有公士者，有直士者，有悫士者，有小人者。上则能尊君，下则能爱民，物至而应，事起而辨[①]，若是，则可谓通士矣。不下比以暗上，不上同以疾下[②]，分争于中，不以私害之，若是，则可谓公士矣。身之所长，上虽不知，不以悖君[③]，身之所短，上虽不知，不以取赏，长短不饰，以情自竭，若是，则可谓直士矣。庸言必信之，庸行必慎之，畏法流俗而不敢以其所独甚[④]，若是，则可谓悫士矣。言无常信，行无常贞，唯利所在，无所不倾，若是，则可谓小人矣。

〔注释〕 ① 辨：治。 ② 疾：同“嫉”。 ③ 悖：怨。 ④ 甚：当为“是”字。

公生明，偏生暗，端悫生通，诈伪生塞，诚信生神，夸诞生惑。此六生者，君子慎之，而禹、桀所以分也。欲恶取舍之权：见其可欲也，则必前后虑其可恶也者；见其可利也，则必前后虑其可害也者；而兼权之，孰计之[①]，然后定其欲恶取舍。如是，则常不失陷矣。凡人之患，偏伤之也。见其可欲也，则不虑其可恶也者；见其可利也，则不顾其可害也者。是以动则必陷，为则必辱，是偏伤之患也。

〔注释〕 ① 孰：同“熟”，仔细。

人之所恶者，吾亦恶之。夫富贵者则类傲之[①]，夫贫贱者则求柔之[②]，是非仁人之情也，是奸人将以盗名于晻世者也[③]，险莫大焉。故曰：盗名不如盗货。田仲、史鰌不如盗也[④]。

〔注释〕 ① 类：都。 ② 求：务。 ③ 晻：同“暗”。 ④ 田仲：又叫陈仲子，战国时齐国人，不食兄禄，以清高著称。史鰌(qiū 丘)：字子鱼，又叫史鱼，春秋时卫国大夫，屡谏卫灵公不听，死时叫儿子不要入殓，后人称之为“尸谏”，孔子称其正直。

【鉴赏】 “行不贵苟难，说不贵苟察，名不贵苟传，唯其当之为贵”，是荀子在《不苟》中开篇即现的主旨。在他看来，“君子”的可贵处不在于他能为小人所不能为之事，而在于他能时时以“礼义”这根准绳来确定自己该做什么，不该做什么。该做的，即使只是细微琐事都愿亲力亲为；不该做的，就算做了能轰动一世也统统不屑。不矫揉，不造作，“见危致命，见得思义”，一切都自自然然，这就是君子。若如本文篇末提到的田仲、史鰌之流，或出身贵族却以织草鞋为生，以示清高，或命其子在他死后以其尸体向君主作最后的进谏，以表忠心，都不过是靠特立独行来沽名钓誉，为真正的仁人君子所不齿。

如果把荀子用来区分君子与小人的依据比喻成一杆秤的话，应该说，在“礼义”这杆明秤背后，还藏着一杆暗秤，那就是“诚”。“君子养心莫善于诚，致诚则无它事矣”，即明白地昭示了荀子在论及君子对其心境的修养时，将“诚”摆在了一个多么重要的位置上。“诚”意味着真挚，真挚才会专一，专一于对仁爱的坚守，专一于对礼义的身体力行，借此才能形成对更多人的道德感召，化成天下。就像不一定所有的人都能真正理解僧人对佛的礼拜而随其剃度出家，但却常会为他们笃信佛义的虔诚所感染，内心因此而多一分沉静，少一点喧嚣一样，君子不可能寄望所有人都像自己一样恪守做君子的要义，怀仁爱人，但至少可以用其身践行仁义的专注与执着去打动别人，使他们尽可能按照礼义的规范来立身行事。如果缺乏这份真诚，那么任何对于仁义道德的诉求都将成为一种苍白的自我标榜与伪装，感动不了自己，更感动不了他人。无论贵为君王，还是亲如父子，都将得不到臣与子的尊重与亲近。“父子为亲矣，不诚则疏。君上为尊矣，不诚则卑。”个中深意早已被荀子生前身后的历史反复演绎、印证，历久而弥新。

就君王言，荀子明确地说，诚者即“政事之本也”。仁与德并非是简单的政治口号，喊喊而已，而要实实在在地体现在治理国家的过程中，让百姓看得到，感受得到。如果不是这样，说得再富丽堂皇，装得再慈眉善目，百姓也不会信服。君主把心掏给臣子百姓看，臣子百姓才会把心交给君主，要是像西周幽王那样，为博褒姒一笑，烽火戏诸侯，不与臣民真诚相待，最终还是会自尝苦果。历史上多少政权的转换更迭，多少帝王的匆匆谢幕，总能由此得到或多或少的解释。

就父子言，亲情之所以会成为世界上最无私的感情，就在于彼此之间拒绝任何的虚伪与欺骗，无论这种欺骗是否出于善意。年幼的子女对父母都怀着全心全意的依恋与信任，幼小的心灵完全不会对父母设防。这个时期如果遭遇父母的谎言，不仅会在父母子女的关系上留下难以消除的伤痕，更会对其以后的人格养成造成长久的影响。所以曾子为了妻子对儿子的一句戏言真的动手杀猪，就是想要告诉儿子人与人之间应该真诚。或许今人免不了撇撇嘴巴嘟哝一声“迂腐”，但曾子却用自己的方式向我们诠释了何谓荀子所倡导的“夫诚者，君子之所守也”。

社会发展至今，礼义越来越重要，却日渐被搁置淡忘。在许多人急于向前看，却只看到一片情感的荒芜时，或许我们应该适时地回头，去重温荀子关于如何锤炼健康人格的启示，以此来帮助我们在现实中分辨自己与他人的言行。在一个以礼义为准则，以真诚为沟通规范的社会里，所有人的生活应会更为和谐。

荣 辱

憍泄者[①],人之殃也。恭俭者,偋五兵也[②]。虽有戈矛之刺,不如恭俭之利也。故与人善言,暖于布帛;伤人之言[③],深于矛戟。故薄薄之地,不得履之。非地不安也。危足无所履者[④],凡在言也。巨涂则让[⑤],小涂则殆,虽欲不谨,若云不使。

〔注释〕 ① 憍(jiāo 骄):同"骄"。泄:同"媟"(xiè 泄),傲慢。 ② 偋:同"屏",却。五兵:古代的五种兵器,刀、剑、矛、戟、矢。 ③ 之:当作"以"。 ④ 危足:侧足。⑤ 涂:道路。让:通"攘",扰攘。

快快而亡者,怒也;察察而残者,忮也[①];博而穷者,訾也[②];清之而俞浊者[③],口也;豢之而俞瘠者,交也;辩而不说者,争也;直立而不见知者,胜也;廉而不见贵者,刿也;勇而不见惮者,贪也;信而不见敬者,好刬行也[④]:此小人之所务而君子之所不为也。

〔注释〕 ① 忮(zhì 志):忌恨。 ② 訾(zǐ 紫):诋毁。 ③ 俞:同"愈",更加。④ 刬:同"专"。刬行,不度是非,刚愎自用。

斗者,忘其身者也,忘其亲者也,忘其君者也。行其少顷之怒而丧终身之躯,然且为之,是忘其身也;室家立残,亲戚不免乎刑戮,然且为之,是忘其亲也;君上之所恶也,刑法之所大禁也,然且为之,是忘其君也。忧忘其身,内忘其亲,上忘其君,是刑法之所不舍也,圣王之所不畜也。乳彘触虎[①],

乳狗不远游，不忘其亲也。人也，忧忘其身，内忘其亲，上忘其君，则是人也而曾狗彘之不若也。凡斗者，必自以为是而以人为非也。己诚是也，人诚非也，则是己君子而人小人也，以君子与小人相贼害也。忧以忘其身，内以忘其亲，上以忘其君，岂不过甚矣哉！是人也，所谓“以狐父之戈钃牛矢”也[②]。将以为智邪？则愚莫大焉。将以为利邪？则害莫大焉。将以为荣邪？则辱莫大焉。将以为安邪？则危莫大焉。人之有斗，何哉？我欲属之狂惑疾病邪[③]，则不可，圣王又诛之。我欲属之鸟鼠禽兽邪，则不可，其形体又人，而好恶多同。人之有斗，何哉？我甚丑之！

〔注释〕 ① 宋浙刻本作“乳彘不触虎”。 ② 狐父：古代地名，传说那里生产优质的戈。钃(zhú 烛)：刺。 ③ 属：归。

有狗彘之勇者，有贾盗之勇者，有小人之勇者，有士君子之勇者：争饮食，无廉耻，不知是非，不辟死伤[①]，不畏众强，恈恈然唯利饮食之见[②]，是狗彘之勇也。为事利，争货财，无辞让，果敢而振[③]，猛贪而戾，恈恈然唯利之见，是贾盗之勇也。轻死而暴，是小人之勇也。义之所在，不倾于权，不顾其利，举国而与之不为改视，重死持义而不桡[④]，是士君子之勇也。

〔注释〕 ① 辟：同“避”，回避，躲避。 ② 恈恈(móu 谋)然：形容非常贪婪的样子。利：当为衍文。 ③ 振：当为“很”字。 ④ 桡：同“挠”，屈从。

鯈魼者[①]，浮阳之鱼也，胠于沙而思水[②]，则无逮矣。挂于患而欲谨，则无益矣。自知者不怨人，知命者不怨天，怨人者穷，怨天者无志。失之己，反之人，岂不迂乎哉！

〔注释〕 ① 鯈鉢(tiáo qiáo 条瞧)：鱼名。 ② 胠：通“阹”(qū 区)，遮拦。

荣辱之大分，安危利害之常体：先义而后利者荣，先利而后义者辱；荣者常通，辱者常穷；通者常制人，穷者常制于人：是荣辱之大分也。材悫者常安利，荡悍者常危害；安利者常乐易，危害者常忧险，乐易者常寿长，忧险者常夭折：是安危利害之常体也。夫天生蒸民，有所以取之。志意致修，德行致厚，智虑致明，是天子之所以取天下也。政令法，举措时，听断公，上则能顺天子之命，下则能保百姓，是诸侯之所以取国家也。志行修，临官治，上则能顺上，下则能保其职，是士大夫之所以取田邑也。循法则、度量、刑辟、图籍，不知其义，谨守其数，慎不敢损益也，父子相传，以持王公，是故三代虽亡，治法犹存，是官人百吏之所以取禄秩也。孝弟原悫[①]，䡅录疾力[②]，以敦比其事业而不敢怠傲[③]，是庶人之所以取暖衣饱食，长生久视，以免于刑戮也。饰邪说，文奸言，为倚事，陶诞、突盗[④]，惕、悍、憍、暴，以偷生反侧于乱世之间，是奸人之所以取危辱死刑也。其虑之不深，其择之不谨，其定取舍楛僈[⑤]，是其所以危也。

〔注释〕 ① 弟：同“悌”。原：同“愿”，诚实。 ② 䡅(qú 渠)录：勤劳。䡅，通“劬”。 ③ 敦：治。比：通“庀”(pǐ 匹)，治理。 ④ 陶：同“谄”，夸诞。 ⑤ 楛僈：轻率。僈，同“慢”。

材性知能，君子小人一也。好荣恶辱，好利恶害，是君子小人之所同也，若其所以求之之道则异矣。小人也者，疾为诞而欲人之信己也[1]，疾为诈而欲人之亲己也，禽兽之行而欲人之善己也。虑之难知也，行之难安也，持之难立也，成则必不得其所好[2]，必遇其所恶焉。故君子者，信矣，而亦欲人之信己也；忠矣，而亦欲人之亲己也；修正治辨矣，而亦欲人之善己也。虑之易知也，行之易安也，持之易立也，成则必得其所好，必不遇其所恶焉。是故穷则不隐，通则大明，身死而名弥白。小人莫不延颈举踵而愿曰："知虑材性，固有以贤人矣。"夫不知其与己无以异也，则君子注错之当[3]，而小人注错之过也。故孰察小人之知能，足以知其有余，可以为君子之所为也。譬之越人安越，楚人安楚，君子安雅[4]，是非知能材性然也，是注错习俗之节异也。仁义德行，常安之术也，然而未必不危也；污僈、突盗[5]，常危之术也，然而未必不安也。故君子道其常而小人道其怪。

〔注释〕 ① 疾：极力。 ② 成：终。 ③ 注错：安排措置。 ④ 雅：通"夏"，华夏，指中国(中原地区)。 ⑤ 污僈：污秽奸诈。僈，通"漫"。

凡人有所一同：饥而欲食，寒而欲暖，劳而欲息，好利而恶害，是人之所生而有也，是无待而然者也，是禹、桀之所同也。目辨白黑美恶，耳辨音声清浊，口辨酸咸甘苦，鼻辨芬芳腥臊，骨体肤理辨寒暑疾养[1]，是又人之所常生而有也，是无待而然者也，是禹、桀之所同也。可以为尧、禹，可以为桀、跖，可以为工匠，可以为农贾，在势注错习俗之所积耳[2]，是又人之所生而有也，是无待而然者也，是禹、桀之所同也[③]。则尧、禹则常安荣，为桀、跖则常危辱；为尧、禹则常愉佚，为工匠农贾则常烦劳。然而人力为此而寡为彼，何也？曰：陋也。尧、禹者，非生而具者也，夫起于变故，成乎修修之为[④]，待尽而后备者也。

〔**注释**〕 ① 养：通“痒”。疾养，痛痒。 ② 势：无实义，当为衍文。 ③ 以上三句当为衍文。 ④ 修之：此二字疑为衍文。

人之生固小人，无师无法则唯利之见耳。人之生固小人，又以遇乱世，得乱俗，是以小重小也，以乱得乱也。君子非得势以临之，则无由得开内焉。今是人之口腹，安知礼义？安知辞让？安知廉耻隅积[①]？亦呥呥而噍[②]，乡乡而饱已矣。人无师无法，则其心正其口腹也。今使人生而未尝睹刍豢稻粱也[③]，惟菽藿糟糠之为睹[④]，则以至足为在此也。俄而粲然有秉刍豢稻粱而至者，则瞲然视之曰[⑤]：“此何怪也？”彼臭之而无嗛于鼻[⑥]，尝之而甘于口，食之而安于体，则莫不弃此而取彼矣。今以夫先王之道，仁义之统，以相群居，以相持养，以相藩饰，以相安固邪？以夫桀、跖之道，是其为相县也[⑦]，几直夫刍豢稻粱之县糟糠尔哉！然而人力为此而寡为彼，何也？曰：陋也。陋也者，天下之公患也，人之大殃大害也。故曰：仁者好告示人。告之示之，靡之儇之[⑧]，鈆之重之[⑨]，则夫塞者俄且通也，陋者俄且僩也[⑩]，愚者俄且知也。是若不行，则汤、武在上曷益[⑪]？桀、纣在上曷损？汤、武存则天下从而治，桀、纣存则天下从而乱。如是者，岂非人之情固可与如此，可与如彼也哉！

〔注释〕 ① 隅积：指大道的局部和整体。 ② 呥呥(rán 然)：咀嚼的样子。噍(jiào 叫)：咀嚼。 ③ 刍豢：牛羊猪狗等。刍，吃草的家畜。豢，吃粮食的家畜。④ 菽藿(shū huò 叔获)：豆和豆叶。 ⑤ 瞲(xuè 血)然：吃惊的样子。 ⑥ 无：当为衍字。嗛(qiàn 歉)：快，满足。 ⑦ 县：同“悬”。 ⑧ 靡：积。儇(xuān 宣)：积。⑨ 鈆(yán 沿)：通“沿”，遵循。下同。 ⑩ 僩(xiàn 现)：同“闲”，宽大。 ⑪ 汤：商汤，姓子，名履，又称成汤，率部灭掉夏桀，建立了商朝。武：周武王，姓姬，名发，周文王之子，后打败了商纣，建立了周朝。

人之情，食欲有刍豢，衣欲有文绣，行欲有舆马，又欲夫余财蓄积之富也，然而穷年累世不知不足[①]，是人之情也。今人之生也，方知蓄鸡狗猪彘，又蓄牛羊，然而食不敢有酒肉；余刀布，有囷窌[②]，然而衣不敢有丝帛；约者有筐箧之藏，然而行不敢有舆马。是何也？非不欲也，几不长虑顾后而恐无以继之故也[③]。于是又节用御欲，收敛蓄藏以继之也，是于己长虑顾后，几不甚善矣哉！今夫偷生浅知之属，曾此而不知也，粮食大侈，不顾其后，俄则屈安穷矣，是其所以不免于冻饿，操瓢囊为沟壑中瘠者也[④]。况夫先王之道，仁义之统，《诗》、《书》、《礼》、《乐》之分乎。彼固天下之大虑也，将为天下生民之属长虑顾后而保万世也，其㳅长矣[⑤]，其温厚矣[⑥]，其功盛姚远矣[⑦]，非孰修为之君子莫之能知也[⑧]。故曰：短绠不可以汲深井之泉，知不几者不可与及圣人之言。夫《诗》、《书》、《礼》、《乐》之分，固非庸人之所知也。故曰：一之而可再也，有之而可久也，广之而可通也，虑之而可安也，反鈆察之而俞可好也。以治情则利，以为名则荣，以群则和，以独则足，乐意者其是邪?

〔注释〕 ① 不知不足:当作“不知足”。 ② 囷(qūn 逡):圆形的谷仓。窌(jiào 叫):地窖。 ③ 几不:当为衍文。 ④ 瘠(zì 自):通“胔”,未完全腐烂的尸体。 ⑤ 㳅:古“流”字。 ⑥ 温:通“蕴”,积蓄。 ⑦ 姚:通“遥”,遥远。 ⑧ “孰”前当补一“顺”字。孰:通“熟”,精熟。

夫贵为天子,富有天下,是人情之所同欲也。然则从人之欲则势不能容,物不能赡也。故先王案为之制礼义以分之,使有贵贱之等,长幼之差,知愚、能不能之分,皆使人载其事而各得其宜,然后使慤禄多少厚薄之称,是夫群居和一之道也。故仁人在上,则农以力尽田,贾以察尽财,百工以巧尽械器,士大夫以上至于公侯,莫不以仁厚知能尽官职,夫是之谓至平。故或禄天下而不自以为多,或监门、御旅、抱关、击柝而不自以为寡[①]。故曰:“斩而齐[②],枉而顺,不同而一。”夫是之谓人伦。《诗》曰:“受小共大共,为下国骏蒙。”[③]此之谓也。

〔注释〕 ① 御(yà 讶):通“迓”,迎接。柝(tuò 拓):打更用的梆子。 ② 斩:通“儳”(chán 蝉),不齐。 ③ “《诗》曰”句:见《诗经·商颂·长发》。共,同“拱”,法度。骏,通“徇”,庇护。

【鉴赏】 从本质上说,人的天性并非“我善故我在”,而是“我欲故我在”。荀子认为,所有人的心底都有着难以满足的欲望,不仅“饥而欲食,寒而欲暖,劳而欲息,好利而恶害”,而且“食欲有刍豢,衣欲有文绣,行欲有舆马,又欲夫余财蓄积之富也”。自诞生之日起,贪婪的欲望就像冲不破的漩涡将我们层层包围。我们不停地向人群索取关爱,向自然索取资源，向社会索取名利，每一次的得到都使我们变得愈发贪婪。人们妄想着能够“贵为天子，富有天下”，纷纷将生存的世界当作繁华名利场，在其中趋骛追逐，穷年累月，永无止境。自私的欲求是人类灵魂中无从抹去的烙印，倘若再身陷一个颠覆礼法、蔑视教化的狂乱年代，我们更会亲眼目睹人与人之间的温情是如何在顷刻之间翻云覆雨地枯萎与凋零，而唯利是图的小人又是怎样不知疲倦地铸造罪恶与陷害忠良。

在诸雄争霸、烽火连天的战国时期，曾有过多少“白骨蔽平原”的惨象呈现在世人的面前；而另一个看不见的战场，更是悄无声息、不分昼夜地潜伏盘旋在每个人的心灵深处。“日月欲明，浮云盖之；河水欲清，沙石秽之；人性欲平，嗜欲害之。”（《淮南子·齐俗训》）追根究底，天性中的贪欲才是我们最大的敌人。为了调节无节制的人类欲望与有限的世界资源之间的持久矛盾，为了避免世人由不知收敛的放纵与狂妄任性的奢求而堕入禽兽不如的耻辱深渊，“先王案为之制礼义以分之”，使众生各司其职，各得其宜，并行以仁义之统，这便是伦理道德的最初缘起，也是荀子心目中一个和谐稳定社会的基本模型。

道德的标准一旦确立，荣辱自然也就有了区分。荀子认为，荣辱的根本区别在于：当一个人处于贵贱穷通辗转不定的时刻，他最重视的究竟是“义”还是“利”？好荣恶辱是人类本能的心理反应，无论他是君子还是小人。但面对不可揣测的命运时，各人的表现则会有明显的差异。缪塞在《一个世纪儿的忏悔》中曾经写道：“暂时的痛苦使人亵渎、指斥上苍，而巨大的痛苦则既不使人斥责也不使人亵渎上苍，而只是使人听天由命。”比起法国诗人的无奈与苍白，荀子在《荣辱》篇中则展现了更多中国哲人的自制与豁达：“自知者不怨人，知命者不怨天，怨人者穷，怨天者无志。”命运不相信眼泪，亡羊可以补牢，跌倒可以重来，怨天尤人只是情绪上的泡影，从来都于事无补。再翻过历史的简册，司马迁在《报任安书》中更说：“仆诚已著此书，藏诸名山，传之其人，通邑大都，则仆偿前辱之责，虽万被戮，岂有悔哉！”他超越凡俗的发愤之语，让我们见到了真正荡气回肠的坚毅与勇气。面对世间的屈辱，生或许容易，如果生只是为了自私的欲望；死或许也容易，如果死只是为了逃避失败的难堪："怯夫慕义，何处不免焉？"最难得是能像司马子长那样，为了完成一个"究天人之际，通古今之变，成一家之言"的理想，可以"就极刑而无愠色"，更可以在血泪之中守住自己被践踏的尊严而终成伟业。"祸莫憯于欲利，悲莫痛于伤心，行莫丑于辱先，而诟莫大于宫刑"，如果生命已经走到了痛心绝望的极致，还有什么痛楚与屈辱是我们不可以去忍受与担当的呢？只要心中有光明，黑暗就不会是永恒的宿命。荣耀与屈辱有时是相对的，或许今生的忍辱负重，正是为了万世的无上光荣。岁月流徙，如今的道德标准可能早已与春秋战国"萧条异代不同时"，但荀子的某些箴言却仍然有着它不可磨灭的光辉，值得我们长久地反思与铭记："义之所在，不倾于权，不顾其利，举国而与之不为改视，重死持义而不桡，是士君子之勇也。"拂去千载尘埃，这段言辞中的义无反顾，依旧如同他当初落笔时那般诚挚动人。

非　相

相人，古之人无有也，学者不道也。古者有姑布子卿[①]，今之世，梁有唐举[②]，相人之形状颜色而知其吉凶妖祥，世俗称之。古之人无有也，学者不道也。故相形不如论心，论心不如择术。形不胜心，心不胜术。术正而心顺之，则形相虽恶而心术善，无害为君子也；形相虽善而心术恶，无害为小人也。君子之谓吉，小人之谓凶。故长短、小大、善恶形相，非吉凶也。古之人无有也，学者不道也。

〔注释〕 ① 姑布子卿：姓姑布，字子卿，春秋时郑国人，曾给孔子和赵襄子看过相。　② 唐举：战国时魏国(即梁)人，曾看过李锐、蔡泽的相。

盖帝尧长,帝舜短,文王长①,周公短②,仲尼长③,子弓短④。昔者卫灵公有臣曰公孙吕⑤,身长七尺,面长三尺,焉广三寸,鼻目耳具,而名动天下。楚之孙叔敖⑥,期思之鄙人也⑦,突秃长左,轩较之下⑧,而以楚霸。叶公子高⑨,微小短瘠,行若将不胜其衣。然白公之乱也⑩,令尹子西、司马子期皆死焉⑪;叶公子高入据楚,诛白公,定楚国,如反手尔,仁义功名善于后世。故事不揣长,不挈大⑫,不权轻重,亦将志乎尔。长短、小大、美恶形相,岂论也哉!

〔注释〕 ① 文王:周文王,姓姬,名昌,武王之父。 ② 周公:周文王的儿子,武王的弟弟,名旦。 ③ 仲尼:孔子(前551—前479),名丘,字仲尼。 ④ 子弓:孔子的弟子,姓冉,名雍,字仲弓。 ⑤ 卫灵公:春秋时卫国国君。公孙吕:人名,事迹不详。 ⑥ 孙叔敖:春秋时楚庄王之相,辅助庄王成就了霸业。 ⑦ 期思:楚国邑名,在今河南淮滨。 ⑧ 轩较(jué 掘):古代士大夫以上乘坐的车。轩,车前的直木。较,车前的横木。 ⑨ 叶(shè 射)公子高:春秋时楚国大夫,姓沈,名诸梁,字子高。因封地在叶(今河南叶县),故称叶公。 ⑩ 白公:名胜,楚平王之孙,白公之乱,事见《左传·哀公十六年》。 ⑪ 令尹:古时掌管行政的最高长官。子西:即公子申,楚平王的儿子。司马:古时掌管军事的最高长官。子期:公子结,楚平王的儿子。 ⑫ 挈(xié 胁):通"契",约计,估计。

且徐偃王之状①,目可瞻马;仲尼之状,面如蒙倛②;周公之状,身如断菑③。皋陶之状④,色如削瓜;闳夭之状⑤,面无见肤;傅说之状⑥,身如植鳍⑦;伊尹之状⑧,面无须麋⑨;禹跳,汤偏,尧、舜参牟子⑩。从者将论志意,比类文学邪?直将差长短,辨美恶,而相欺傲邪?

〔注释〕 ① 徐偃王:西周时徐国国君,其人偃仰而不能俯,故谓之偃王。后周王命楚国消灭了他。 ② 蒙倛：古时驱疫避邪用的一种假面具。 ③ 菑(zì 自)：立着的枯树。 ④ 皋陶(yáo 姚)：相传舜时掌管刑法的官。 ⑤ 闳(hóng 红)夭：周文王的大臣。 ⑥ 傅说(yuè 悦)：商王武丁的相。 ⑦ 植鳍：竖起的鱼鳍，指驼背。 ⑧ 伊尹：商汤王的相。 ⑨ 麋：通"眉"。须麋，即须眉。 ⑩ 参，同"三(叁)"。牟：通"眸"，瞳人。传说尧舜都有一只眼睛"重瞳"，因此，有三个瞳人。

古者桀、纣长巨姣美，天下之杰也；筋力越劲[1]，百人之敌也。然而身死国亡，为天下大僇[2]，后世言恶则必稽焉[3]。是非容貌之患也，闻见之不众，论议之卑尔。今世俗之乱君[4]，乡曲之儇子[5]，莫不美丽姚冶，奇衣妇饰，血气态度拟于女子；妇人莫不愿得以为夫，处女莫不愿得以为士，弃其亲家而欲奔之者，比肩并起。然而中君羞以为臣，中父羞以为子，中兄羞以为弟，中人羞以为友，俄则束乎有司而戮乎大市，莫不呼天啼哭，苦伤其今而后悔其始。是非容貌之患也，闻见之不众，论议之卑尔。然则从者将孰可也？

〔**注释**〕 ① 越劲：敏捷有力。 ② 僇(lù 路)：同"戮"，耻辱。 ③ 稽：考。 ④ 乱君：疑当为"乱民"。 ⑤ 儇(xuān 宣)子：轻薄巧慧的人。

人有三不祥：幼而不肯事长，贱而不肯事贵，不肖而不肯事贤，是人之三不祥也。人有三必穷：为上则不能爱下，为下则好非其上，是人之一必穷也。乡则不若[1]，偝则谩之[2]，是人之二必穷也。知行浅薄，曲直有以相县矣[3]，然而仁人不能推，知士不能明[4]，是人之三必穷也。人有此三数行者[5]，以为上则必危，为下则必灭。《诗》曰："雨雪瀌瀌，宴然聿消。莫肯下隧，式居屡骄。”⑥此之谓也。

〔注释〕 ① 乡：通“向”，当面。若：顺，顺从。 ② 偝：通“背”，背地里，私下。谩：诬蔑，诽谤。 ③ 有：通“又”。县：同“悬”，距离远，悬殊。 ④ 明：尊崇。 ⑤ 三：疑为衍文。 ⑥ “《诗》曰”句：见《诗经·小雅·角弓》。瀌瀌(biāo 标)，雪下得大的样子。宴然，日出天晴的样子。宴，通“曣”，日出。聿(yù 玉)，语助词。隧，通“堕”。

人之所以为人者，何已也①？曰：以其有辨也。饥而欲食，寒而欲暖，劳而欲息，好利而恶害，是人之所生而有也，是无待而然者也，是禹、桀之所同也。然则人之所以为人者，非特以二足而无毛也，以其有辨也。今夫狌狌形笑②，亦二足而毛也③，然而君子啜其羹，食其胾④。故人之所以为人者，非特以其二足而无毛也，以其有辨也。夫禽兽有父子而无父子之亲，有牝牡而无男女之别⑤，故人道莫不有辨。

〔注释〕 ① 已：通“以”，缘故。 ② 狌狌：即猩猩。形笑：疑为“形状”。 ③ “毛”前疑脱一“无”字。 ④ 胾(zì 字)：大块的肉。 ⑤ 牝牡(pìn mǔ 聘母)：雌雄。

辨莫大于分，分莫大于礼，礼莫大于圣王。圣王有百，吾孰法焉？故曰①：文久而息，节族久而绝②，守法数之有司极礼而褫③。故曰：欲观圣王之迹，则于其粲然者矣，后王是也。彼后王者，天下之君也，舍后王而道上古，譬之是犹舍己之君而事人之君也。故曰：欲观千岁则数今日，欲知亿万则审一二，欲知上世则审周道，欲审周道则审其人所贵君子。故曰：以近知远，以一知万，以微知明。此之谓也。

〔注释〕 ① 故：疑为衍文。 ② 族(zòu 奏)：通“奏”，节族，节奏。 ③ 礼：疑为衍文。褫(chǐ 尺)：废弛。

夫妄人曰："古今异情，其以治乱者异道[①]。"而众人惑焉。彼众人者，愚而无说，陋而无度者也。其所见焉，犹可欺也，而况于千世之传也！妄人者，门庭之间，犹可诬欺也，而况于千世之上乎！圣人何以不欺[②]？曰：圣人者，以己度者也。故以人度人，以情度情，以类度类，以说度功，以道观尽，古今一度也[③]。类不悖，虽久同理，故乡乎邪曲而不迷[④]，观乎杂物而不惑，以此度之。五帝之外无传人[⑤]，非无贤人也，久故也。五帝之中无传政，非无善政也，久故也。禹、汤有传政而不若周之察也，非无善政也，久故也。传者久则论略，近则论详，略则举大，详则举小。愚者闻其略而不知其详，闻其详而不知其大也[⑥]，是以文久而灭，节族久而绝。

〔注释〕 ①"以"前当脱一"所"字。 ②"欺"前当脱一"可"字。 ③度：当为衍文。 ④乡：通"向"。 ⑤五帝：传说中的黄帝、颛顼(zhuān xū 专需)、帝喾(kù 库)、唐尧、虞舜。 ⑥详：疑当为"小"字。

凡言不合先王，不顺礼义，谓之奸言，虽辩，君子不听。法先王，顺礼义，党学者[①]，然而不好言，不乐言，则必非诚士也。故君子之于言也[②]，志好之，行安之，乐言之。故君子必辩。凡人莫不好言其所善，而君子为甚。故赠人以言，重于金石珠玉；观人以言[③]，美于黼黻、文章[④]；听人以言，乐于钟鼓琴瑟。故君子之于言无厌。鄙夫反是，好其实，不恤其文，是以终身不免埤污佣俗[⑤]。故《易》曰："括囊，无咎无誉。"[⑥]腐儒之谓也。

〔注释〕 ① 党：亲近。 ② 言：一说当为“善”字。 ③ 观：当为“劝”字。 ④ 黼黻(fǔ fú 府服)：古代礼服上所绣的花纹。 ⑤ 埤：通“卑”。佣：通“庸”。 ⑥ “《易》曰”句：引自《周易·坤卦》。括，扎结。

凡说之难[①]，以至高遇至卑，以至治接至乱。未可直至也，远举则病缪[②]，近世则病佣[③]。善者于是间也，亦必远举而不缪，近世而不佣，与时迁徙，与世偃仰，缓急嬴绌[④]，府然若渠匽檃栝之于己也[⑤]，曲得所谓焉，然而不折伤。故君子之度己则以绳，接人则用抴[⑥]。度己以绳，故足以为天下法则矣。接人用抴，故能宽容，因求以成天下之大事矣[⑦]。故君子贤而能容罢[⑧]，知而能容愚，博而能容浅，粹而能容杂，夫是之谓兼术。《诗》曰：“徐方既同，天子之功。”[⑨]此之谓也。

〔注释〕 ① 说(shuì 税)：劝说。 ② 缪：通“谬”。 ③ 世：当为“举”字，下同。 ④ 嬴：通“赢”，盈余。绌：屈，不足。 ⑤ 府：通“俯”。渠匽：拦水坝。匽，通“堰”。檃栝(yǐn kuò 隐括)：矫正曲木的工具。 ⑥ 抴(yè 叶)：通“枻”，短桨，这里指船。 ⑦ 求：当为“众”字之误。 ⑧ 罢(pí 疲)：与“贤”相对，指不具备好的品质(的人)，不能干(的人)。 ⑨ “《诗》曰”句：见《诗经·大雅·常武》。

谈说之术：矜庄以莅之，端诚以处之，坚强以持之，分别以喻之[①]，譬称以明之，欣驩芬芗以送之[②]，宝之珍之，贵之神之，如是则说常无不受。虽不说人，人莫不贵，夫是之谓为能贵其所贵[③]。传曰：“唯君子为能贵其所贵。”此之谓也。

〔注释〕 ① 分别：应与下文的“譬称”互换。 ② 驩：同“欢”，欢喜，高兴。芬芗(xiāng 乡)：和气。芗，香。 ③ 为：当为衍文。

君子必辩。凡人莫不好言其所善,而君子为甚焉。是以小人辩言险而君子辩言仁也。言而非仁之中也,则其言不若其默也,其辩不若其呐也[①];言而仁之中也,则好言者上矣,不好言者下也。故仁言大矣。起于上所以道于下,正令是也;起于下所以忠于上,谋救是也。故君子之行仁也无厌。志好之,行安之,乐言之,故言君子必辩。小辩不如见端,见端不如见本分[②]。小辩而察,见端而明,本分而理,圣人士君子之分具矣。

〔**注释**〕 ① 呐(nè 讷):同"讷",说话迟钝。 ② 见:"见本分"之"见"当为衍文。端:端倪,头绪。

有小人之辩者,有士君子之辩者,有圣人之辩者:不先虑,不早谋,发之而当,成文而类,居错迁徙[①],应变不穷,是圣人之辩者也。先虑之,早谋之,斯须之言而足听,文而致实[②],博而党正[③],是士君子之辩者也。听其言则辞辩而无统,用其身则多诈而无功,上不足以顺明王,下不足以和齐百姓,然而口舌之均,噡唯则节[④],足以为奇伟偃却之属[⑤],夫是之谓奸人之雄,圣王起,所以先诛也。然后盗贼次之。盗贼得变,此不得变也。

〔**注释**〕 ① 居:通"举",举措,安置。 ② 致:同"质",信。 ③ 党:通"谠",直言。 ④ 噡:同"谵",多言。 ⑤ 偃却:同"偃蹇",骄傲。

【鉴赏】 单就字面意思理解,《非相》应该是一篇批判相形论命之术的驳论文,然而荀子写作此文的更深层含义却是要推出他心目中最有效的治国之道。

“人之所以为人者，非特以二足而无毛也，以其有辨也。”在荀子看来，人和禽兽的根本区别就在于是否具有辨别是非善恶的能力，否则人只不过是会直立行走的高等动物罢了。日常生活中，人们常常容易被姣美的面容迷惑，从而丧失了基本的是非准则，直至被现实击得头破血流，方才痛觉今是而昨非。荀子以尧、舜、伊尹、周公、孔子以及桀、纣等诸多古代名人妍丑不一的长相为例，指出国家的盛衰兴亡与统治者的外在容貌并无直接关联，甚至在历史的进程中往往还会出现“世俗乱君”与“乡曲儇子”这类金玉其外、败絮其中的反例。人们之所以被迷惑，并非是帝王们故意以外在容貌设下骗局，主要还是由于自身“闻见之不众，论议之卑尔”。“善琴弈者不视谱，善相马者不按图。”（魏源《默觚·学篇》）只有空洞无知的灵魂才会把形式美作为判断人物的唯一标准。飘风骤雨不终朝，战争年代的变幻无常使人们的心灵变得日益脆弱空虚，荀子振策警言：“相形不如论心，论心不如择术。”正是为了点醒那些将生命的希望寄托于求签祝祷相形占梦的俗世庸夫。

荀子从外表深入到思想，再由思想言及行动，本文正题也随之渐渐明朗：“辨莫大于分，分莫大于礼，礼莫大于圣王。”这意味着人们不仅应当具有辨析是非善恶的能力，更应当依据圣王制定的礼法分清贵贱等差，因为稳定的社会秩序是国富民强的根本保证。荀子笔下的“圣王”与一般古书中的“圣王”含义有所不同。儒家谈论王道政治向来以史为鉴，但荀子认为，与其一味地惜往日而叹今朝，生搬硬套古代帝王的过期政策，不如在“法先王”的同时也关注一下那些能够在现实政治环境中起到立竿见影之效的礼法与策略，无论它们源自上古还是当今，也无论它们远在四方还是近在身旁。

先秦诸子在连年的战乱纷争中跌碎了太多的梦境：孔老夫子游列国、说诸侯、办私学、作《春秋》，希冀再现周道辉煌，却一生流离失所，屡遭困厄，惶惶兮如丧家之犬；墨子尚贤尚同、非乐非攻、节葬节用，他擎着爱的大纛，不惜摩顶放踵、赴火蹈刃，却因为自苦太甚而终不能在世间完全推行自己的理论；其余诸子或是辩驳形名探求阴阳，或是运筹帷幄论战沙场，或是泠然御风寄情八荒，抑或是逍遥云端魂系梦乡。经过激烈的争论与痛苦的反思，人们发现，无论在时间的经度上还是空间的纬度上，那个曾让自己日夜企盼的理想国并不存在。现实主义于是顺理成章地及时觉醒，并在荀子笔下得以登峰而造极。当众生齐然一片地倚赖着对洪荒年代以及三皇五帝的追忆与赞颂来忘却荒谬残酷的今世时，荀子却愤而起言，推翻“舍后王而道上古”的一贯传统，而将近世的“后王”与往昔的“周道”一同纳入了自己制定的模范政治体系。拂去漫长的历史传播过程赋予旧人旧事的层层光环，是荀子第一次将“昨天”与“今天”放到了平等的地位加以审视。“君子贤而能容罢，知而能容愚，博而能容浅，粹而能容杂”，也是荀子披沙拣金地汇百家之学于一身，最终做到了“以近知远，以一知万，以微知明”，成为一代学术宗师。

最后，荀子在文中提出“君子必辩”的主张，“小辩不如见端，见端不如见本分”。辩论批驳不是为了逞一时的口舌之快，而是为了探询真理和创造幸福。与其成为《易经》里那个“无咎无誉”的腐儒，莫若“文而致实，博而党正”，做一名以经世济国为己任的“士君子”。学术研究也并非官僚体制下的附庸产品，真正的学者敢于言人所不能言，行人所不能行，他们坚毅而高洁的学术操守任凭何等的强权也无法撼动，而他们杰出的智慧与人格将如同日月星辰一般，永远照耀在历史的天空。

非十二子

假今之世，饰邪说，交奸言，以枭乱天下①，矞宇嵬琐②，使天下混然不知是非治乱之所存者有人矣。

〔**注释**〕 ① 枭：通“挠”，扰。 ② 矞(jué 决)：同“谲”，诡诈。宇：通“讦”(xū须)，虚夸。嵬：通“傀”(guī 归)，怪诞。琐：卑微。

纵情性，安恣睢[①]，禽兽行，不足以合文通治；然而其持之有故，其言之成理，足以欺惑愚众，是它嚣、魏牟也[②]。

〔注释〕 ① 恣睢(suī 虽)：放纵。 ② 它嚣：人名，生平不详。魏牟：战国时魏国公子，《汉书·艺文志》将其归入道家。

忍情性，綦谿利跂[①]，苟以分异人为高，不足以合大众，明大分；然而其持之有故，其言之成理，足以欺惑愚众，是陈仲、史䲡也。

〔注释〕 ① 綦谿(qí xī 其溪)：极深。利跂(qǐ 企)：离世独立。利，通“离”。跂，通“企”，立。

不知壹天下、建国家之权称，上功用、大俭约而僈差等[①]，曾不足以容辨异、县君臣[②]；然而其持之有故，其言之成理，足以欺惑愚众，是墨翟、宋钘也[③]。

〔注释〕 ① 上：同“尚”。大：重视。僈：轻慢。 ② 县：通“悬”，悬殊。 ③ 宋钘(jiān)：战国时宋人，主张禁欲。

尚法而无法，下修而好作[①]，上则取听于上，下则取从于俗，终日言成文典，反紃察之[②]，则倜然无所归宿[③]，不可以经国定分；然而其持之有故，其言之成理，足以欺惑愚众，是慎到、田骈也[④]。

〔注释〕 ① 下修：当作“不循”。 ② 紃(xún 寻)：通“循”，顺着。反循，反复。 ③ 倜(tì 惕)然：远离的样子。 ④ 田骈(pián 胼)：战国时齐国人，早期法家代表人物。

不法先王，不是礼义，而好治怪说，玩琦辞[①]，甚察而不惠[②]，辩而无用，多事而寡功，不可以为治纲纪；然而其持之有故，其言之成理，足以欺惑愚众，是惠施、邓析也。

〔**注释**〕 ① 琦：通“奇”，奇异。 ② 惠：当为“急”字。

略法先王而不知其统，犹然而材剧志大[①]，闻见杂博。案往旧造说[②]，谓之五行[③]，甚僻违而无类[④]，幽隐而无说，闭约而无解，案饰其辞而祗敬之曰[⑤]：此真先君子之言也。子思唱之[⑥]，孟轲和之[⑦]，世俗之沟犹瞀儒[⑧]，嚾嚾然不知其所非也[⑨]，遂受而传之，以为仲尼、子游为兹厚于后世[⑩]，是则子思、孟轲之罪也。

〔**注释**〕 ① 剧：繁多。 ② 案：通“按”，按照。 ③ 五行：即五常，仁、义、礼、智、信。 ④ 僻违：邪僻。类：法。 ⑤ 案：语助词。祗（zhī 知）：敬。 ⑥ 子思：孔子的孙子，名伋，字子思。 ⑦ 孟轲：即孟子，战国中期邹国人，是孔子之后儒家的重要代表人物，著有《孟子》。 ⑧ 沟（kòu 寇）、犹、瞀（mào 冒）：都是愚昧的意思。 ⑨ 嚾嚾（huān 欢）然：喧嚣的样子。 ⑩ 子游：当为“子弓”之误。

若夫总方略，齐言行，壹统类，而群天下之英杰而告之以大古[①]，教之以至顺，奥窔之间[②]，簟席之上[③]，敛然圣王之文章具焉[④]，佛然平世之俗起焉[⑤]，六说者不能入也，十二子者不能亲也，无置锥之地而王公不能与之争名，在一大夫之位则一君不能独畜，一国不能独容，成名况乎诸侯[⑥]，莫不愿以为臣[⑦]，是圣人之不得势者也，仲尼、子弓是也。

〔**注释**〕 ① 大古：即太古。 ② 奥窔（yào 药）：堂室之内。奥，屋子的西南角。

窔，屋子的东南角。 ③ 簟（diàn）席：竹席。 ④ 敛然：聚集的样子。 ⑤ 佛（bó勃）然：兴起的样子。佛，通“勃”。 ⑥ 成：通“盛”。况：益。 ⑦ “愿”后脱一“得”字。

一天下，财万物[1]，长养人民，兼利天下，通达之属，莫不从服，六说者立息，十二子者迁化，则圣人之得势者，舜、禹是也。今夫仁人也，将何务哉？上则法舜、禹之制，下则法仲尼、子弓之义，以务息十二子之说，如是则天下之害除，仁人之事毕，圣王之迹著矣。

〔注释〕 ① 财：成就，成全。

信信，信也；疑疑，亦信也。贵贤，仁也；贱不肖，亦仁也。言而当，知也；默而当，亦知也。故知默犹知言也。故多言而类，圣人也；少言而法，君子也；多少无法而流湎然[1]，虽辩，小人也。故劳力而不当民务谓之奸事，劳知而不律先王谓之奸心，辩说譬谕、齐给便利而不顺礼义谓之奸说。此三奸者，圣王之所禁也。知而险，贼而神，为诈而巧[2]，言无用而辩，辩不惠而察[3]，治之大殃也。行辟而坚[4]，饰非而好，玩奸而泽，言辩而逆，古之大禁也。知而无法，勇而无惮，察辩而操僻淫，大而用之[5]，好奸而与众，利足而迷，负石而坠，是天下之所弃也。

〔注释〕 ① 流湎：沉湎。 ② 为：通“伪”，虚伪。 ③ 惠：当为“急”字。 ④ 辟：通“僻”。 ⑤ 大（tài太）：同“汰”，骄奢。

兼服天下之心：高上尊贵不以骄人，聪明圣知不以穷人，齐给速通不争先人，刚毅勇敢不以伤人；不知则问，不能则学，虽能必让，然后为德。遇君则修臣下之义，遇乡则修长幼之义，遇长则修子弟之义，遇友则修礼节辞让之义，遇贱而少者则修告导宽容之义。无不爱也，无不敬也，无与人争也，恢然如天地之苞万物[①]，如是则贤者贵之，不肖者亲之。如是而不服者，则可谓訞怪狡猾之人矣[②]，虽则子弟之中，刑及之而宜。《诗》云："匪上帝不时，殷不用旧。虽无老成人，尚有典刑。曾是莫听，大命以倾。"[③]此之谓也。

〔注释〕 ① 恢然：广大的样子。苞：通"包"，包括，包容。 ② 訞：通"妖"，怪异。③ "《诗》云"句：见《诗·大雅·荡》。匪，通"非"。时，通"是"。

古之所谓士仕者[①]，厚敦者也，合群者也，乐富贵者也，乐分施者也，远罪过者也，务事理者也，羞独富者也。今之所谓士仕者，污漫者也，贼乱者也，恣睢者也，贪利者也，触抵者也，无礼义而唯权势之嗜者也。古之所谓处士者，德盛者也，能静者也，修正者也，知命者也，著是者也。今之所谓处士者，无能而云能者也，无知而云知者也，利心无足而佯无欲者也，行伪险秽而强高言谨悫者也，以不俗为俗，离纵而跂訾者也[②]。

〔注释〕 ① 士仕：当为"仕士"。下同。 ② 纵：通"踪"，车迹。訾：通"跐"（cǐ此），走路。

士君子之所能不能为：君子能为可贵，不能使人必贵己；

能为可信，不能使人必信己；能为可用，不能使人必用己。故君子耻不修，不耻见污；耻不信，不耻不见信；耻不能，不耻不见用。是以不诱于誉，不恐于诽，率道而行①，端然正己，不为物倾侧，夫是之谓诚君子。《诗》云："温温恭人，维德之基。"②此之谓也。

〔注释〕 ① 率：循，依照。 ② "《诗》云"句：见《诗经·大雅·抑》。

士君子之容：其冠进①，其衣逢②，其容良，俨然，壮然，祺然，蕼然③，恢恢然，广广然，昭昭然，荡荡然，是父兄之容也。其冠进，其衣逢，其容悫，俭然，恀然④，辅然，端然，訾然⑤洞然，缀缀然，瞀瞀然⑥，是子弟之容也。

〔注释〕 ① 进：通"峻"，高。 ② 逢：宽大。 ③ 蕼(sì 肆)然：宽舒的样子。 ④ 恀(chǐ 齿)然：温顺的样子。 ⑤ 訾(zī 孜)然：勤勉的样子。 ⑥ 瞀瞀(mào 冒)然：不敢正视的样子。

吾语汝学者之嵬容：其冠絻①，其缨禁缓②，其容简连；填填然，狄狄然③，莫莫然，瞡瞡然④，瞿瞿然，尽尽然，盱盱然，酒食声色之中则瞒瞒然，瞑瞑然；礼节之中则疾疾然，訾訾然；劳苦事业之中则儢儢然⑤，离离然，偷儒而罔⑥，无廉耻而忍谍诟⑦，是学者之嵬也。

〔注释〕 ① 絻：当为"俛"，俯。 ② 缨：帽带。禁：通"衿"，腰带。 ③ 狄狄然：跳跃的样子。狄，通"趯"。 ④ 瞡瞡(guī 规)然：见识短浅的样子。瞡，同"规"。 ⑤ 儢儢(lǚ 吕)然：懈怠的样子。 ⑥ 罔：不怕别人议论。 ⑦ 谍诟(xì gòu 戏诟)：同"谿诟"，辱骂。

弟佗其冠①，神禫其辞②，禹行而舜趋，是子张氏之贱儒也③。正其衣冠，齐其颜色，嗛然而终日不言④，是子夏氏之贱儒也⑤。偷儒惮事，无廉耻而耆饮食⑥，必曰君子固不用力，是子游氏之贱儒也⑦。彼君子则不然。佚而不惰⑧，劳而不僈⑨，宗原应变，曲得其宜，如是，然后圣人也。

〔注释〕 ① 弟(tuí 颓)佗：颓唐，形容帽子歪斜。 ② 神禫(chōng dàn 冲淡)：通"冲淡"，淡薄，平淡。 ③ 子张：姓颛孙，名师，春秋时陈国人，孔子的弟子。 ④ 嗛(xián 贤)然：口中衔着东西的样子。 ⑤ 子夏：姓卜，名商，春秋时卫国人，孔子的弟子。 ⑥ 耆：通"嗜"，爱好。 ⑦ 子游：姓言，名偃，字子游，春秋时吴国人，孔子的弟子。 ⑧ 佚：安逸。 ⑨ 僈：通"慢"，懈怠，怠惰。

【鉴赏】 终其一生，荀子都在寻找一位能够一统天下的明君，其著书立说无不由此出发。他在《非十二子》中写道：想要"兼服天下"，就得遵循长幼尊卑之序，秉持宽容辞让之礼，甚至还得做到泛爱众生。这种表面上的与世无争，底下却潜伏着欲得人心而王天下的宏图大志。在荀子立下的"行为规范"中，有一条所谓"遇贱而少者则修告导宽容之义"，但放到现实里，荀子本人却未必能做到"恢然如天地之苞万物"，至少在《非十二子》中，我们就看不到他所推崇的包容一切的雅量。

荀子开篇即骂："假今之世，饰邪说，交奸言，以枭乱天下，矞宇嵬琐，使天下混然不知是非治乱之所存者有人矣。"言下之意，这些人似乎都是恶贯满盈，贻害天下，罪无可赦，当立惩不贷。紧接着，荀子一气批倒它嚣、魏牟、陈仲、史鳅、墨翟、宋钘、慎到、田骈、惠施、邓析、子思、孟轲十二子，将他们的学说归为六种类型，一一指出弊病："不足以合文通治"、"不足以合大众，明大分"、"不足以容辨异，县君臣"、"倜然无所归宿，不可以经国定分"、"辩而无用，多事而寡功，不可以为治纲纪"、"甚僻违而无类，幽隐而无说，闭约而无解"。荀子衡量诸子学说的唯一标准就是能否为现实政治所用，否则一律归之为"欺惑愚众"的"邪说"。篇末，荀子更是怒斥子张氏、子夏氏、子游氏三派儒家后学为“贱儒”，言辞之酷烈，简直流露出深恶痛绝的意思。郭沫若以为“荀子骂人每每不揭出别人的宗旨，而只是在枝节上作人身攻击”(《十批判书·儒家八派的批判》)。我们通过《非十二子》这篇檄文也的确感受到了浓重的火药味。荀子在《荣辱》中曾经说起：“伤人之言，深于矛戟。”现在却是他自己举起矛戟，想要进行一场思想上的清敌运动。“今夫仁人也，将何务哉？上则法舜、禹之制，下则法仲尼、子弓之义，以务息十二子之说，如是则天下之害除，仁人之事毕，圣王之迹著矣。”荀子身处“诸侯异政，百家异说”(《解蔽》)的乱世，亲眼目睹长期分裂格局所造成的山河破败、礼崩乐坏，使他产生了对于“四海之内若一家”的深切渴望。统一思想的最终目的还是为了成就统一天下的霸业，故而荀子“总方略，齐言行，壹统类”，视十二子为阻挠大一统进程的天下大患，断言“圣工起，所以先诛也”(《非相》)。秦灭六国后，李斯主张“焚书坑儒”，这等极端行为也正显示出了荀子的思想投影。到了汉代，武帝采纳董仲舒的建议，“罢黜百家、独尊儒术”，开儒学正统之先声，似乎同样缘自荀子的理论。

相比之下，《庄子·天下》虽然也是先秦学术史著作，却有着与《非十二子》迥然不同的学术气度与思想倾向。《天下》把超越百家学说、遍包宇宙万物的“古之道术”作为学术的最高境界，惜叹“后世之学者，不幸不见天地之纯，古人之大体”，认定“道术将为天下裂”；但同时也对各派学说的历史起源和自身价值进行了褒贬得当的客观评论，并肯定了百家之学“皆有所长，时有所用”。钱钟书先生曾以《非十二子》与《天下》为例，论述荀、庄两派的学术思想差异：“荀门户见深，伐异而不存同，舍仲尼、子弓外，无不斥为‘欺惑愚众’，虽子思、孟轲亦勿免于‘非’、‘罪’之诃焉。庄固推关尹、老聃者，而豁达大度，能见异量之美，故未尝非‘邹鲁之士’，称墨子曰‘才士’，许彭蒙、田骈、慎到曰‘概乎皆尝有闻’；推一本以贯万殊，明异流之出同源，高瞩遍包，司马谈殆闻其风而说者欤？”(《管锥编·史记会注考证》)恰如其分地点评了《非十二子》中的偏颇意识与《天下》中的宽容精神。青史为鉴，对于学术思想乃至政治、军事、商业、科技、艺术等各个领域的百家争鸣，究竟应当独尊一统还是兼收并蓄？毋庸置疑，一切粗暴的手段只能给文明带来毁灭性的灾难，而给我们自身留下追悔莫及的感伤。与其执意专断地恪守己见，面对异己力量谩骂不休，不若虚怀兼顾，去其糟粕而取其精华，因为这将是维护国家持久兴盛与政局长期平衡的唯一杠杆。

仲　尼

仲尼之门人①，五尺之竖子言羞称乎五伯②，是何也？曰：然。彼诚可羞称也。齐桓③，五伯之盛者也，前事则杀兄而争国④；内行则姑姊妹之不嫁者七人，闺门之内，般乐奢汏⑤，以齐之分奉之而不足；外事则诈邾⑥，袭莒⑦，并国三十五。其事行也若是其险污淫汏也，彼固曷足称乎大君子之门哉！

〔注释〕 ① 人：当为衍文。下同。 ② 五伯：即春秋五霸。荀况以齐桓公、晋文公、楚庄王、吴王阖闾、越王勾践为五伯。 ③ 齐桓：齐桓公，姓姜，名小白，以管仲为相，成为春秋时期的第一个霸主。 ④ 杀兄而争国：公元前686年，因齐襄公昏庸无道，齐国将乱，管仲、召忽奉公子纠出奔鲁国，鲍叔奉公子小白出奔莒国。第二年，齐襄公被杀，小白先回到齐国，立为桓公，迫使鲁国杀死了哥哥公子纠。 ⑤ 般(pán盘)乐：过度玩乐。 ⑥ 邾(zhū朱)：古国名，在今山东邹县一带。 ⑦ 袭莒(jǔ举)：指桓公与管仲谋划攻打莒国一事。莒，古国名，在今山东莒县一带。

若是而不亡，乃霸，何也？曰：於乎①！夫齐桓公有天下之大节焉，夫孰能亡之？倓然见管仲之能足以托国也②，是天下之大知也。安忘其怒，出忘其仇③，遂立以为仲父，是天下之大决也。立以为仲父，而贵戚莫之敢妒也；与之高、国之位[4]，而本朝之臣莫之敢恶也；与之书社三百[5]，而富人莫之敢距也。贵贱长少，秩秩焉莫不从桓公而贵敬之[6]，是天下之大节也。诸侯有一节如是，则莫之能亡也；桓公兼此数节者而尽有之，夫又何可亡也？其霸也宜哉！非幸也，数也。

〔注释〕 ① 於乎：同"呜呼"。 ② 倓(tán 谈)然：安然不疑的样子。管仲：名夷吾，字仲，春秋时著名的政治家，起初辅助公子纠，纠被杀后，经鲍叔推荐做了齐相，帮助桓公成就了霸业，桓公尊之为"仲父"。 ③ "安忘"二句：指齐襄公被杀后，公子小白与纠争夺王位，管仲曾带兵拦击回齐国的公子小白，并用箭射中其衣带钩，小白装死逃脱。后小白立为桓公不记此仇，仍任用管仲为相。安，语气词。出，当为衍文。 ④ 高、国：指高氏和国氏，均是齐国世袭贵族，位列上卿。 ⑤ 书社：按社登记入册的人口和土地。古代二十五家立社，把社内户口登录在簿册上。 ⑥ 秩秩：有顺序的样子。

然而仲尼之门人，五尺之竖子言羞称乎五伯，是何也？曰：然。彼非本政教也，非致隆高也[1]，非綦文理也[2]，非服人之心也。乡方略[3]，审劳佚[4]，畜积修斗而能颠倒其敌者也。诈心以胜矣。彼以让饰争，依乎仁而蹈利者也，小人之杰也，彼固曷足称乎大君子之门哉！

〔注释〕 ① 致：极。 ② 綦(qí 其)：极。 ③ 乡：通"向"，趋向，崇尚。 ④ 佚：通"逸"，安逸。

彼王者则不然。致贤而能以救不肖，致强而能以宽弱，战必能殆之而羞与之斗，委然成文以示之天下，而暴国安自化矣，有灾缪者然后诛之[1]。故圣王之诛也，綦省矣。文王诛四[2]，武王诛二[3]，周公卒业[4]，至于成王则安以无诛矣。故道岂不行矣哉！文王载百里地而天下一，桀、纣舍之，厚于有天下之势而不得以匹夫老。故善用之，则百里之国足以独立矣；不善用之，则楚六千里而为仇人役[5]。故人主不务得道而广有其势，是其所以危也。

〔注释〕 ① 缪：通“谬”，谬戾。 ② 文王诛四：指文王灭掉了密、阮、共、崇四个小国(在今陕西、甘肃一带)。 ③ 武王诛二：指武王灭掉了商朝和奄国(在今山东曲阜一带)。 ④ 周公卒业：指周公帮助武王灭商，后又辅佐成王执政，平定了叛乱，完成了周王朝的大业。 ⑤ 楚：春秋战国时的诸侯国，后为秦所灭。

持宠处位终身不厌之术：主尊贵之，则恭敬而僔[1]；主信爱之，则谨慎而嗛[2]；主专任之，则拘守而详；主安近之，则慎比而不邪[3]；主疏远之，则全一而不倍；主损绌之[4]，则恐惧而不怨。贵而不为夸，信而不处谦[5]，任重而不敢专，财利至则善而不及也，必将尽辞让之义然后受，福事至则和而理，祸事至则静而理，富则施广，贫则用节，可贵可贱也，可富可贫也，可杀而不可使为奸也，是持宠处位终身不厌之术也。虽在贫穷徒处之势，亦取象于是矣，夫是之谓吉人。《诗》曰：“媚兹一人，应侯顺德。永言孝思，昭哉嗣服。”[6]此之谓也。

〔注释〕 ① 僔(zǔn 尊上声)：通“撙”，谦让。 ② 嗛：同“谦”，谦虚。 ③ 慎：通“顺”，顺从。 ④ 绌：通“黜”，罢免。 ⑤ 谦：通“嫌”，嫌疑。 ⑥ “《诗》曰”句：见《诗经·大雅·下武》。媚，爱。服，事。

求善处大重，理任大事[1]，擅宠于万乘之国，必无后患之术：莫若好同之，援贤博施，除怨而无妨害人。能耐任之[2]，则慎行此道也。能而不耐任，且恐失宠，则莫若早同之，推贤让能而安随其后。如是,有宠则必荣,失宠则必无罪,是事君者之宝而必无后患之术也。故知者之举事也,满则虑嗛,平则虑险,安则虑危,曲重其豫,犹恐及其祸,是以百举而不陷也。孔子曰:“巧而好度必节,勇而好同必胜,知而好谦必贤。”此之谓也。愚者反是。处重擅权,则好专事而妒贤能,抑有功而挤有罪,志骄盈而轻旧怨,以悋啬而不行施道乎上[③],为重招权于下以妨害人,虽欲无危,得乎哉!是以位尊则必危,任重则必废,擅宠则必辱,可立而待也,可炊而僥也[④]。是何也?则堕之者众而持之者寡矣。

〔注释〕 ① 理:当为衍文。 ② 能:当为衍文。下同。耐:通“能”,能够。③ 悋啬:同“吝啬”。 ④ 僥:通“竟”,尽。

天下之行术:以事君则必通,以为仁则必圣[①],立隆而勿贰也。然后恭敬以先之,忠信以统之,慎谨以行之,端悫以守之,顿穷则从之疾力以申重之。君虽不知,无怨疾之心;功虽甚大,无伐德之色;省求,多功,爱敬不倦:如是,则常无不顺矣。以事君则必通,以为仁则必圣,夫是之谓天下之行术。少事长,贱事贵,不肖事贤,是天下之通义也。有人也,势不在人上而羞为人下,是奸人之心也。志不免乎奸心,行不免乎奸道,而求有君子圣人之名,辟之是犹伏而咶天[②],救经而引其足也[③]。说必不行矣,俞务而俞远[④]。故君子时诎则诎[⑤],时伸则伸也。

〔注释〕 ① 仁:通“人”。为仁,做人。和“事君”相对为义。 ② 辟:通“譬”。咶(shì 式):通“舐”。 ③ 经:上吊。 ④ 俞:通“愈”,越。 ⑤ 诎:通“屈”,屈服。

【鉴赏】 司马迁在《史记·管晏列传》中对管仲辅佐齐桓公的功业作了这样的概括:“管仲既用,任政于齐,齐桓公以霸,九合诸侯,一匡天下,管仲之谋也。”在管仲的政治实践中,“霸业”与“德治”作为其思想学说中的两端发挥了重要的作用。一方面他十分重视“礼”在治国中的地位和作用,把礼、义、廉、耻视为“国之四维”,这使他赢得了孔子“微管仲,吾其被发左衽矣”(《论语·宪问》)的盛赞,并将其一部分礼义思想加以继承发展。但是管仲同时提出的另外一个重要思想“仓廪实则知礼节,衣食足则知荣辱”(《管子·牧民》)则被忽略了。孔子不熟谙怎样才能让老百姓“仓廪实、衣食足”,甚至鄙视立志务农的人,在《论语》中公然把向他请教怎样种庄稼的樊迟说成是小人。这应当与孔子并无实际从政经验有关。先秦诸子大多是坐而论道之士,笔下纵有千言,手中却无寸柄。管仲算是一个少有的例外,身居要职使他可以将自己的理论变为现实。

这样来看,管仲另一方面主张创立新法,以法律手段推行经济、军事等政策,以达到富国强兵的目的就属理所应当。在具体的实践过程中,两者被颇具策略性地结合在一起。在辅佐齐桓公争霸的过程中,管仲利用周天子的招牌,提出“尊王攘夷”的口号,使齐国打败了北边的山戎,控制了南边楚国的进犯,并吞灭了许多小国,也就是荀子所说的“并国三十五”,使齐国由西周初封时处于海滨徐、莱之间方圆百里的国家,发展成为春秋时代举足轻重的大国。而由于身处时代的不同,与孔子相比,荀子在尊君、富民等思想上与管仲有更多的投机契合之处。荀子曾至齐“稷下学宫”讲学,而这个学术研讨场所的主流学术思想正是管仲学说。

孔子虽然对管仲维护中原礼仪文化传统使民数世受其利的功勋赞誉有加,但同时也批评了管仲在执政后期生活过分奢侈,有违“礼”的原则,认为有僭越之嫌。孔子甚至尖刻地讥讽说:“管氏而知礼,孰不知礼?”(《论语·八佾》)在这个问题上,荀子则给予了折中的认同:“立以为仲父,而贵戚莫之敢妒也;与之高、国之位,而本朝之臣莫之敢恶也;与之书社三百,而富人莫之敢距也。”虽是就齐桓公重用管仲的英明决断之处而言,但也可据此推断荀子对管仲居官不崇俭的态度。荀子当然也认为这是管仲不尽善的地方，不值得称道，但相比管仲对齐桓公的辅佐之功，所谓不崇俭也就微不足道了。

儒效

大儒之效：武王崩，成王幼，周公屏成王而及武王以属天下[①]，恶天下之倍周也。履天子之籍[②]，听天下之断，偃然如固有之，而天下不称贪焉；杀管叔，虚殷国[③]，而天下不称戾焉；兼制天下，立七十一国，姬姓独居五十三人，而天下不称偏焉。教诲开导成王，使谕于道，而能掩迹于文、武[④]。周公归周，反籍于成王，而天下不辍事周，然而周公北面而朝之。天子也者，不可以少当也，不可以假摄为也。能则天下归之，不能则天下去之，是以周公屏成王而及武王以属天下，恶天下之离周也。成王冠[⑤]，成人，周公归周反籍焉，明不灭主之义也。周公无天下矣，乡有天下，今无天下，非擅也[⑥]；成王乡无天下[⑦]，今有天下，非夺也：变势次序节然也。故以枝代主而非越也，以弟诛兄而非暴也，君臣易位而非不顺也。因天下之和，遂文、武之业，明枝主之义，抑亦变化矣，天下厌然犹一也[⑧]。非圣人莫之能为，夫是之谓大儒之效。

〔注释〕 ① 屏(bǐng丙)：撇开。及：兄终弟及为及。属：统属。 ② 籍：位。 ③ 杀管叔，虚殷国：武王死后，年幼的成王继位，周公摄政，管叔等人不服，于是策动商纣王的儿子武庚带领殷国遗民一起造反。周公东征平叛，杀了二人，将殷民迁到洛邑，殷都变成了废墟。管叔，武王的弟弟，周公旦的哥哥叔鲜，被封于管(今河南郑州),故称为管叔。 ④ 掩:袭。 ⑤ 冠(guàn 贯):古代男子二十行加冠之礼,表示成人。 ⑥ 擅:通"禅",禅让。 ⑦ 乡:通"向",从前,过去。 ⑧ 厌(yān 烟)然:安然。

秦昭王问孙卿子曰[①]:"儒无益于人之国?"孙卿子曰:"儒者法先王,隆礼义,谨乎臣子而致贵其上者也。人主用之,则势在本朝而宜;不用,则退编百姓而悫,必为顺下矣。虽穷困冻喂[②],必不以邪道为贪;无置锥之地而明于持社稷之大义;鸣呼而莫之能应[③],然而通乎财万物、养百姓之经纪。势在人上则王公之材也,在人下则社稷之臣,国君之宝也。虽隐于穷阎漏屋[④],人莫不贵之,道诚存也。仲尼将为司寇[⑤],沈犹氏不敢朝饮其羊,公慎氏出其妻,慎溃氏踰境而徙,鲁之粥牛马者不豫贾[⑥],必蚤正以待之也[⑦]。居于阙党,阙党之子弟罔不分[⑧],有亲者取多,孝弟以化之也。儒者在本朝则美政,在下位则美俗,儒之为人下如是矣。"

〔注释〕 ① 秦昭王:即秦昭襄王(前 324—前 251),名稷。孙卿子:即荀子。 ② 喂:同"馁",饥饿。 ③ 鸣:当为"嘄"字之误,"嘄"同"叫"。 ④ 阎:里巷。漏:通"陋",简陋。 ⑤ 司寇:当时的最高司法官。 ⑥ 粥:通"鬻",卖。豫:欺骗。贾:通"价",价格。 ⑦ 蚤:通"早",早早;预先。 ⑧ 罔:通"网"。不:通"罘(fú 弗)",捕兽的网。

王曰:"然则其为人上何如?"孙卿曰:"其为人上也广大矣:志意定乎内,礼节修乎朝,法则度量正乎官,忠信爱利形乎下,行一不义、杀一无罪而得天下,不为也。此君义信乎人矣,通于四海,则天下应之如讙[①]。是何也?则贵名白而天下治也[②]。故近者歌讴而乐之,远者竭蹶而趋之[③],四海之内若一家，通达之属莫不从服，夫是之谓人师。《诗》曰：‘自西自东，自南自北，无思不服。’④此之谓也。夫其为人下也如彼，其为人上也如此，何谓其无益于人之国也？”昭王曰：“善。”

〔注释〕 ① 讙(huān 欢)：喧，齐声回答。 ② 治：当为“愿”字。 ③ 竭蹶：竭尽全力，不辞劳苦。 ④ “《诗》曰”句：引自《诗·大雅·文王有声》。

先王之道，仁之隆也，比中而行之①。曷谓中？曰：礼义是也。道者，非天之道，非地之道，人之所以道也，君子之所道也。君子之所谓贤者，非能遍能人之所能之谓也；君子之所谓知者，非能遍知人之所知之谓也；君子之所谓辩者，非能遍辩人之所辩之谓也；君子之所谓察者，非能遍察人之所察之谓也：有所正矣②。相高下，视墝肥③，序五种④，君子不如农人；通货财，相美恶，辩贵贱，君子不如贾人；设规矩，陈绳墨，便备用，君子不如工人；不恤是非然不然之情，以相荐撙⑤，以相耻怍，君子不若惠施、邓析。若夫谪德而定次⑥，量能而授官，使贤不肖皆得其位，能不能皆得其官，万物得其宜，事变得其应，慎、墨不得进其谈，惠施、邓析不敢窜其察，言必当理，事必当务，是然后君子之所长也。

〔注释〕 ① 比：顺。 ② 正：当为“止”字。 ③ 墝(qiāo 敲)：同“硗”，土地贫瘠。 ④ 五种：黍、稷、豆、麦、麻。 ⑤ 荐：通“践”，践踏。 ⑥ 谪：当为“谲”字，决。

凡事行，有益于理者立之，无益于理者废之，夫是之谓中事。凡知说，有益于理者为之，无益于理者舍之，夫是之谓中说。事行失中谓之奸事，知说失中谓之奸道。奸事奸道，治世之所弃，而乱世之所从服也。若夫充虚之相施易也[①]，坚白、同异之分隔也，是聪耳之所不能听也，明目之所不能见也，辩士之所不能言也，虽有圣人之知，未能偻指也[②]。不知无害为君子，知之无损为小人。工匠不知无害为巧，君子不知无害为治。王公好之则乱法，百姓好之则乱事。而狂惑戆陋之人[③]，乃始率其群徒，辩其谈说，明其辟称，老身长子，不知恶也。夫是之谓上愚，曾不如相鸡狗之可以为名也。《诗》曰："为鬼为蜮，则不可得。有靦面目，视人罔极。作此好歌，以极反侧。"[④]此之谓也。

〔注释〕 ① 施：通"移"，转移，转化。 ② 偻（lǚ 吕）指：屈指可数。 ③ 戆（zhuàng 壮）：愚蠢。 ④ "《诗》曰"句：引自《诗经·小雅·何人斯》。蜮（yù 玉），短狐，传说可以含沙射人。靦（tiǎn 舔），面貌丑陋。

我欲贱而贵，愚而智，贫而富，可乎？曰：其唯学乎。彼学者，行之，曰士也；敦慕焉，君子也；知之，圣人也。上为圣人，下为士君子，孰禁我哉！乡也，混然涂之人也，俄而并乎尧、禹，岂不贱而贵矣哉！乡也，效门室之辨，混然曾不能决也，俄而原仁义，分是非，图回天下于掌上而辩白黑[①]，岂不愚而知矣哉！乡也，胥靡之人[②]，俄而治天下之大器举在此，岂不贫而富矣哉！今有人于此，屑然藏千溢之宝[③]，虽行贷而食[④]，人谓之富矣。彼宝也者，衣之不可衣也，食之不可食也，卖之不可偻售也，然而人谓之富，何也？岂不大富之器诚在此也？是杅杅亦富人已[⑤]，岂不贫而富矣哉！

〔注释〕 ① 图回：运转。而：如。 ② 胥靡：空无所有。胥，空疏。靡，无。

③ 溢：通“镒”，二十四两。 ④ 贷（tè 特）：乞讨。 ⑤ 杅杅：同“于于”，广大。已：同“矣”。

故君子无爵而贵，无禄而富，不言而信，不怒而威，穷处而荣，独居而乐，岂不至尊、至富、至重、至严之情举积此哉！故曰：贵名不可以比周争也，不可以夸诞有也，不可以势重胁也，必将诚此然后就也。争之则失，让之则至，遵道则积[①]，夸诞则虚。故君子务修其内而让之于外，务积德于身而处之以遵道，如是，则贵名起如日月，天下应之如雷霆。故曰：君子隐而显，微而明，辞让而胜。《诗》曰：“鹤鸣于九皋，声闻于天。”[②]此之谓也。鄙夫反是。比周而誉俞少[③]，鄙争而名俞辱，烦劳以求安利，其身俞危。《诗》曰：“民之无良，相怨一方。受爵不让，至于已斯亡。”[④]此之谓也。故能小而事大，辟之是犹力之少而任重也，舍粹折无适也[⑤]。身不肖而诬贤，是犹伛伸而好升高也[⑥]，指其顶者愈众。故明主谲德而序位，所以为不乱也；忠臣诚能然后敢受职，所以为不穷也。分不乱于上，能不穷于下，治辩之极也。《诗》曰：“平平左右，亦是率从。”[⑦]是言上下之交不相乱也。

〔**注释**〕 ① 遵道：当为“遵遁”，即“逡巡”，谦虚退让。下同。 ② “《诗》曰”句：见《诗经·小雅·鹤鸣》。 ③ 俞：通“愈”，越，更加。 ④ “《诗》曰”句：见《诗经·小雅·角弓》。 ⑤ 粹：通“碎”，折碎，破碎。 ⑥ 伛（yǔ 雨）：同“偻”，驼背。伸：当为“身”字。 ⑦ “《诗》曰”句：见《诗经·小雅·采菽》。

以从俗为善，以货财为宝，以养生为己至道，是民德也。行法至坚[①]，不以私欲乱所闻，如是，则可谓劲士矣。行法至坚,好修正其所闻以桥饰其情性[②],其言多当矣而未谕也,其行多当矣而未安也,其知虑多当矣而未周密也,上则能大其所隆,下则能开道不己若者[③],如是,则可谓笃厚君子矣。修百王之法若辨白黑,应当时之变若数一二,行礼要节而安之若生四枝[④],要时立功之巧若诏四时,平正和民之善,亿万之众而博若一人[⑤],如是,则可谓圣人矣。

〔注释〕 ① 至:当作"志"字。行法志坚,行为端正意志坚定。 ② 桥:通"矫",矫正。 ③ 道:通"导",开导,诱导。 ④ 枝:通"肢"。四枝,即四肢。 ⑤ 博:当作"抟"字,聚集。

井井兮其有理也,严严兮其能敬己也,分分兮其有终始也[①],猒猒兮其能长久也[②],乐乐兮其执道不殆也,炤炤兮其用知之明也[③],修修兮其用统类之行也,绥绥兮其有文章也,熙熙兮其乐人之臧也,隐隐兮其恐人之不当也,如是,则可谓圣人矣。此其道出乎一。曷谓一?曰:执神而固。曷谓神?曰:尽善挟治之谓神[④],万物莫足以倾之之谓固[⑤],神固之谓圣人。圣人也者,道之管也。天下之道管是矣,百王之道一是矣,故《诗》、《书》、《礼》、《乐》之归是矣。《诗》言是,其志也;《书》言是,其事也;《礼》言是,其行也;《乐》言是,其和也;《春秋》言是,其微也。故《风》之所以为不逐者[⑥],取是以节之也;《小雅》之所以为《小雅》者,取是而文之也;《大雅》之所以为《大雅》者,取是而光之也;《颂》之所以为至者,取是而通之也:天下之道毕是矣。乡是者臧,倍是者亡。乡是如不臧,倍是如不亡者,自古及今,未尝有也。

〔**注释**〕 ① 分分：当作“介介”，坚固的样子。 ② 猒猒(yàn厌)：通“厌厌”，安静的样子。 ③ 炤炤：同“照照”，光明。 ④ 挟(jiā夹)：通“浃”，周洽。 ⑤“万物”句前当补“何谓固？曰”四字。 ⑥《风》：即《国风》，与下文的《雅》、《颂》都是《诗经》内容的名称，风主要是各地民歌。雅，是正的意思，分小雅和大雅，指朝廷的正声雅乐。颂，是宗庙祭祀的舞曲。

客有道曰：“孔子曰：‘周公其盛乎！身贵而愈恭，家富而愈俭，胜敌而愈戒。’”应之曰：“是殆非周公之行，非孔子之言也。武王崩，成王幼，周公屏成王而及武王，履天子之籍，负扆而坐[1]，诸侯趋走堂下。当是时也，夫又谁为恭矣哉！兼制天下，立七十一国，姬姓独居五十三人焉，周之子孙苟不狂惑者，莫不为天下之显诸侯，孰谓周公俭哉！武王之诛纣也，行之日以兵忌，东面而迎太岁[2]，至汜而泛[3]，至怀而坏[4]，至共头而山隧[5]。霍叔惧曰[6]：‘出三日而五灾至，无乃不可乎？’周公曰：‘刳比干而囚箕子[7]，飞廉、恶来知政[8]，夫又恶有不可焉？’遂选马而进，朝食于戚[9]，暮宿于百泉[10]，厌旦于牧之野[11]，鼓之而纣卒易乡，遂乘殷人而诛纣。盖杀者非周人，因殷人也。故无首虏之获，无蹈难之赏，反而定三革，偃五兵，合天下，立声乐，于是《武》、《象》起而《韶》、《护》废矣[12]。四海之内，莫不变心易虑以化顺之，故外阖不闭，跨天下而无蕲[13]。当是时也，夫又谁为戒矣哉！”

〔**注释**〕 ① 扆(yǐ以)：宫殿中门窗之间的屏风。坐：当为“立”字。 ② 迎：逆。太岁：即岁星，古时迷信的人认为冲犯它的方位就会遭殃。 ③ 汜(sì四)：今河南荥阳。 ④ 怀：怀城，在黄河附近。 ⑤ 共(gōng公)头：山名，在今河南辉县。隧：通“坠”。 ⑥ 霍叔：武王的弟弟。 ⑦ 比干：纣王的叔父，因劝谏而被剖腹挖心。箕子：纣王的叔父，因进谏而被囚禁。 ⑧ 飞廉、恶来：都是纣王的宠臣。 ⑨ 戚：地名,在今河南濮阳。 ⑩ 百泉：地名,在今河南淇县。 ⑪ 厌(yā)旦：当作“旦厌”,早晨逼近(牧野)。牧：在今河南淇县。 ⑫《武》、《象》：周武王时的乐曲名。《韶》、《护》：分别是舜和汤时的乐曲名。 ⑬ 蕲(qí 其)：通“圻”,疆界。

造父者[①],天下之善御者也,无舆马则无所见其能。羿者[②],天下之善射者也,无弓矢则无所见其巧。大儒者,善调一天下者也,无百里之地则无所见其功。舆固马选矣,而不能以至远一日而千里,则非造父也。弓调矢直矣,而不能以射远中微,则非羿也。用百里之地,而不能以调一天下,制强暴,则非大儒也。彼大儒者,虽隐于穷阎漏屋,无置锥之地,而王公不能与之争名;在一大夫之位,则一君不能独畜,一国不能独容,成名况乎诸侯,莫不愿得以为臣;用百里之地而千里之国莫能与之争胜,笞棰暴国,齐一天下,而莫能倾也。是大儒之征也。其言有类,其行有礼,其举事无悔,其持险应变曲当,与时迁徙,与世偃仰,千举万变,其道一也。是大儒之稽也。其穷也,俗儒笑之;其通也,英杰化之,嵬琐逃之,邪说畏之,众人媿之。通则一天下,穷则独立贵名,天不能死,地不能埋,桀、跖之世不能污,非大儒莫之能立,仲尼、子弓是也。

〔**注释**〕 ① 造父：周穆王的车夫。 ② 羿(yì 义)：也叫后羿、夷羿,夏代东夷族有穷氏的首领,善于射箭。

故有俗人者,有俗儒者,有雅儒者,有大儒者。不学问,无正义,以富利为隆,是俗人者也。逢衣浅带,解果其冠[①],略法先王而足乱世术,缪学杂举,不知法后王而一制度，不知隆礼义而杀《诗》、《书》；其衣冠行伪已同于世俗矣[②]，然而不知恶者；其言议谈说已无以异于墨子矣，然而明不能别；呼先王以欺愚者而求衣食焉，得委积足以揜其口则扬扬如也；随其长子，事其便辟[③]，举其上客，億然若终身之虏而不敢有他志[④]：是俗儒者也。法后王，一制度，隆礼义而杀《诗》、《书》，其言行已有大法矣，然而明不能齐法教之所不及，闻见之所未至，则知不能类也，知之曰知之，不知曰不知，内不自以诬，外不自以欺，以是尊贤畏法而不敢怠傲，是雅儒者也。法先王，统礼义，一制度，以浅持博，以古持今，以一持万，苟仁义之类也，虽在鸟兽之中，若别白黑，倚物怪变[⑤]，所未尝闻也，所未尝见也，卒然起一方[⑥]，则举统类而应之，无所儗㤜[⑦]，张法而度之，则晻然若合符节[⑧]，是大儒者也。故人主用俗人则万乘之国亡，用俗儒则万乘之国存，用雅儒则千乘之国安，用大儒则百里之地久，而后三年，天下为一，诸侯为臣，用万乘之国则举错而定，一朝而伯[⑨]。

〔注释〕 ① 解果(xiè luó 懈裸)：又作“蟹螺”，中间高两旁低的帽子。 ② 伪：通“为”。行伪，即行为。 ③ 便辟(pián bì 骈必)：通“便嬖”，受宠爱的小臣。 ④ 億然：心安理得的样子。億，当为“亿”字。 ⑤ 倚：通“奇”，奇怪。 ⑥ 卒：通“猝”，仓猝。 ⑦ 儗：通“疑”，疑滞。㤜：通“怍”，惭愧。 ⑧ 晻然：形容合拍。晻，通“奄”。符节：古代作凭证的信物，一分为二，双方各执一半。 ⑨ 伯：通“白”，名声显著。

不闻不若闻之，闻之不若见之，见之不若知之，知之不若行之，学至于行之而止矣。行之，明也。明之为圣人。圣人也者，本仁义，当是非，齐言行，不失豪厘[①]，无它道焉，已乎行之矣。故闻之而不见，虽博必谬；见之而不知，虽识必妄；知之而不行，虽敦必困。不闻不见，则虽当，非仁也，其道百举而百陷也。故人无师无法而知则必为盗，勇则必为贼，云能则必为乱[②]，察则必为怪，辩则必为诞。人有师有法而知则速通，勇则速威，云能则速成，察则速尽，辩则速论[③]。故有师法者，人之大宝也；无师法者，人之大殃也。人无师法则隆性矣，有师法则隆积矣，而师法者，所得乎情，非所受乎性，不足以独立而治。性也者，吾所不能为也，然而可化也；情也者，非吾所有也，然而可为也。注错习俗，所以化性也；并一而不二，所以成积也。习俗移志，安久移质，并一而不二则通于神明，参于天地矣。

〔**注释**〕 ① 豪：通“毫”。 ② 云：有。 ③ 论：决断。

故积土而为山，积水而为海，旦暮积谓之岁。至高谓之天，至下谓之地，宇中六指谓之极[①]；涂之人百姓积善而全尽谓之圣人。彼求之而后得，为之而后成，积之而后高，尽之而后圣。故圣人也者，人之所积也。人积耨耕而为农夫[②]，积斲削而为工匠[③]，积反货而为商贾[④]，积礼义而为君子。工匠之子莫不继事，而都国之民安习其服，居楚而楚，居越而越，居夏而夏，是非天性也，积靡使然也。故人知谨注错，慎习俗，大积靡，则为君子矣；纵情性而不足问学，则为小人矣。为君子则常安荣矣，为小人则常危辱矣。凡人莫不欲安荣而恶危辱，故唯君子为能得其所好，小人则日徼其所恶。《诗》曰：“维此良人，弗求弗迪；唯彼忍心，是顾是复。民之贪乱，宁为荼毒。”⑤此之谓也。

〔注释〕 ① 六指：指上下四方。 ② 耨(nòu 槈)：锄草。 ③ 斲(zhuó 琢)：斫，砍。 ④ 反：通“贩”，贩卖。 ⑤ “《诗》曰”句：见《诗经·大雅·桑柔》。

人论①：志不免于曲私而冀人之以己为公也，行不免于污漫而冀人之以己为修也，其愚陋沟瞀而冀人之以己为知也②，是众人也。志忍私然后能公，行忍情性然后能修，知而好问然后能才，公修而才，可谓小儒矣。志安公，行安修，知通统类，如是则可谓大儒矣。大儒者，天子三公也③。小儒者，诸侯大夫士也。众人者，工农商贾也。礼者，人主之所以为群臣寸尺寻丈检式也，人伦尽矣。

〔注释〕 ① 论：通“伦”，等类，类别。 ② 其：当为“甚”字。 ③ 三公：辅佐君王的最高官员，太师，太傅、太保。一说司马、司徒、司空。

君子言有坛宇①，行有防表②，道有一隆。言道德之求③，不下于安存；言志意之求，不下于士；言道德之求，不二后王。道过三代谓之荡，法二后王谓之不雅。高之下之，小之臣之④，不外是矣，是君子之所以骋志意于坛宇宫廷也。故诸侯问政不及安存，则不告也；匹夫问学不及为士，则不教也；百家之说不及后王，则不听也。夫是之谓君子言有坛宇，行有防表也。

〔注释〕 ① 坛宇：指界限。坛，堂基。宇，屋边。 ② 防表：标准。 ③ 道德：疑为“政治”。 ④ 臣：当为“巨”字。

【鉴赏】 道家因循着个人主义路线，视浮生如萍寄，世事同一梦，但求自身逍遥自在，哪管人间沧海桑田。儒家则时时处处以天下为己任，即使是作为个人毕生追求的“三不朽”理想——立德、立功、立言，也是心系政务，志在功名。纵然孔子一时兴起，曾经声称“道不行，乘桴浮于海”（《论语·公冶长》），但观其一生所为，又怎是甘心“系而不食”的“匏瓜”？而身处战国末年的荀子对孔子屡次称道，推崇备至，并尊其为“大儒”，出处即在本篇《儒效》中。

儒学的命运和其他学说一样，在其正统地位尚未确立之时，也曾受到质疑与否定。荀子深入剖析儒者与现实世界的紧密关联，指出儒者与那些不学无术、一心只作稻粱谋的俗人决不可同日而语。儒者在其位则忠于职责，不在其位则安分守己。为臣民，则具有道德上的感召力与威慑力；为人君，则能使“四海之内若一家”。荀子从实用的角度出发，将“大儒”的作用定位于辅佐政局，光大礼乐，振兴社稷，最终消除了秦昭王关于“儒学无用”的看法。

荀子对于各类学说向来抱着务实态度，认为“不闻不若闻之，闻之不若见之，见之不若知之，知之不若行之，学至于行之而止矣”。这番话对于理论与实践的认识不偏不废，循序渐进，不仅在两千多年前的战国时期称得上是金玉良言，时至今日也同样值得我们咀嚼回味。事实上，中国思想界一直有着倡导学以致行的优秀传统，《中庸》主张为学之道要“博学之，审问之，慎思之，明辨之，笃行之”，刘向认为“夫耳闻之不如目见之，目见之不如足践之，足践之不如手辨之”（《说苑·政理》），王廷相指出“君子之学”必定“博于外而尤贵精于内，讨诸理而尤贵达于事”（《慎言·潜心》）。这些言论或雅正或通俗，与荀子的“学至于行之而止矣”多有异曲同工之妙。

荀子针对儒者本身道德操行与学问素养的不同，将其分类为俗儒、雅儒、大儒。无论是逢迎主上、谬说取宠的俗儒，还是尊贤畏法、循规蹈矩的雅儒，抑或触类旁通、平定天下的大儒，荀子淡淡几笔扫过，便已入木三分地画尽儒家众生相。同时，荀子又根据儒者在现实政治中的作用，将其分为士、君子、圣人三个层次。以今天的眼光看来，成为一名“行法至坚，不以私欲乱所闻”的士已是难能可贵，更毋论承受所谓“穷处而荣，独居而乐”的人生境遇。“贵名起如日月，天下应之如雷霆”，这是人人倾羡的结局，但没有经历高贵的寂寞，又怎么可能成为一名“言必当理，事必当务”的“笃厚君子”？眷恋着浮世虚名薄利的小人，永远也无法体会到荀子衷心颂扬的圣人境界：“井井兮其有理也，严严兮其能敬已也，分分兮其有终始也，猒猒兮其能长久也，乐乐兮其执道不殆也，炤炤兮其用知之明也，修修兮其用统类之行也，绥绥兮其有文章也，熙熙兮其乐人之臧也，隐隐兮其恐人之不当也。”长歌如是，在荀子眼中，圣人就是神圣坚定的大道载体，就是儒家经典的灵魂化身，也将是天下万民的最终归宿。

但上苍不会轻易赐给我们这样一帖灵丹妙药，更不会让我们平白无故地享尽太平盛世。面对真实人生，太多的乐观容易使人盲目，甚至受伤，太多的悲观又容易使人绝望，甚至冷漠。自私与懒惰在人类的天性里日夜作祟，但每当我们昏昏昧昧就要随波逐流的时候，却总会有一些力量，唤醒我们内心深处的良知，让我们最终坚守住灵魂的清白。这种力量或许曾在漫长的历史进程中遭遇过千难万险，却“天不能死，地不能埋，桀跖之世不能污”，流传至今，依然熠熠生辉；更或许，它就生根于我们周围最平凡的人与事中，桃李不言，下自成蹊。讲求务实的荀子在文末写道：“圣人也者，人之所积也。”这未尝不是道德沦丧的世界里一线希望的曙光。“彼求之而后得，为之而后成，积之而后高，尽之而后圣。”圣人并非九霄云外永远不可企及的神祗，他们和常人唯一的差别就是对于理想的执着信念和对于善行的坚持不懈，正是凭借朝朝暮暮的博学精思、言行积累，圣人才最终成为人世间完美的道德楷模。

王　制

请问为政？曰：贤能不待次而举，罢不能不待须而废[①]，元恶不待教而诛，中庸民不待政而化。分未定也则有昭缪[②]。虽王公士大夫之子孙[③]，不能属于礼义，则归之庶人。虽庶人之子孙也，积文学，正身行，能属于礼义，则归之卿相士大夫。故奸言、奸说、奸事、奸能、遁逃反侧之民，职而教之，须而待之，勉之以庆赏，惩之以刑罚，安职则畜，不安职则弃。五疾[④]，上收而养之，材而事之，官施而衣食之，兼覆无遗。才行反时者死无赦。夫是之谓天德，王者之政也[⑤]。

〔**注释**〕 ① 罢(pí)：通“疲”，软弱。 ② 昭缪(mù 木)：同“昭穆”，古代宗庙的排列顺序，祖庙居中，父辈的庙在左叫昭，子辈的庙在右叫穆，以此来区分上下次序。 ③ 句末当脱一“也”字。 ④ 五疾：指哑、聋、瘸、断臂、侏儒。 ⑤ 句首当脱一“是”字。

听政之大分：以善至者待之以礼，以不善至者待之以刑。两者分别则贤不肖不杂，是非不乱。贤不肖不杂则英杰至，是非不乱则国家治。若是，名声日闻，天下愿，令行禁止，王者之事毕矣。凡听，威严猛厉而不好假道人[①]，则下畏恐而不亲，周闭而不竭，若是，则大事殆乎弛，小事殆乎遂[②]。和解调通，好假道人而无所凝止之，则奸言并至，尝试之说锋起，若是，则听大事烦，是又伤之也。故法而不议，则法之所不至者必废；职而不通，则职之所不及者必队。故法而议，职而通，无隐谋，无遗善，而百事无过，非君子莫能。故公平者，职之衡也；中和者，听之绳也。其有法者以法行，无法者以类举，听之尽也；偏党而无经，听之辟也[③]。故有良法而乱者有之矣；有君子而乱者，自古及今，未尝闻也。传曰：“治生乎君子，乱生乎小人。”此之谓也。

〔注释〕 ① 假：宽容。 ② 遂：通"坠"，失坠；落空，停顿。 ③ 辟：通"僻"，偏邪。

分均则不偏，势齐则不壹，众齐则不使。有天有地而上下有差，明王始立而处国有制。夫两贵之不能相事，两贱之不能相使，是天数也。势位齐而欲恶同，物不能澹则必争[1]，争则必乱，乱则穷矣。先王恶其乱也，故制礼义以分之，使有贫富贵贱之等，足以相兼临者，是养天下之本也。《书》曰："维齐非齐。"[2]此之谓也。

〔注释〕 ① 澹：通"赡"，满足。 ② "《书》曰"句：见《尚书·吕刑》。

马骇舆则君子不安舆，庶人骇政则君子不安位。马骇舆则莫若静之，庶人骇政则莫若惠之。选贤良，举笃敬，兴孝弟，收孤寡，补贫穷，如是，则庶人安政矣。庶人安政，然后君子安位。传曰："君者，舟也；庶人者，水也。水则载舟，水则覆舟。"此之谓也。故君人者欲安则莫若平政爱民矣，欲荣则莫若隆礼敬士矣，欲立功名则莫若尚贤使能矣，是君人者之大节也。三节者当，则其余莫不当矣；三节者不当，则其余虽曲当，犹将无益也。孔子曰："大节是也，小节是也，上君也。大节是也，小节一出焉，一入焉，中君也。大节非也，小节虽是也，吾无观其余矣。"成侯、嗣公，聚敛计数之君也[1]，未及取民也；子产[2]，取民者也，未及为政也；管仲，为政者也，未及修礼也。故修礼者王，为政者强，取民者安，聚敛者亡。故王者富民，霸者富士，仅存之国富大夫，亡国富筐箧，实府库。筐箧已富，府库已实，而百姓贫，夫是之谓上溢而下漏。入不可以守，出不可以战，则倾覆灭亡可立而待也。故我聚之以亡，敌得之以强。聚敛者，召寇、肥敌、亡国、危身之道也，故明君不蹈也。

〔注释〕 ① 成侯、嗣公：皆战国时卫国国君。 ② 子产：春秋时郑国大夫，著名的政治家，姓公孙，名侨，字子产。

王夺之人，霸夺之与，强夺之地。夺之人者臣诸侯，夺之与者友诸侯，夺之地者敌诸侯。臣诸侯者王，友诸侯者霸，敌诸侯者危。用强者，人之城守，人之出战[①]，而我以力胜之也，则伤人之民必甚矣。伤人之民甚，则人之民恶我必甚矣；人之民恶我甚，则日欲与我斗。人之城守，人之出战，而我以力胜之，则伤吾民必甚矣。伤吾民甚，则吾民之恶我必甚矣；吾民之恶我甚，则日不欲为我斗。人之民日欲与我斗，吾民日不欲为我斗，是强者之所以反弱也。地来而民去，累多而功少，虽守者益，所以守者损，是以大者之所以反削也[②]。诸侯莫不怀交接怨而不忘其敌[③]，伺强大之间，承强大之敝，此强大之殆时也。知强大者不务强也[④]，虑以王命全其力，凝其德。力全则诸侯不能弱也，德凝则诸侯不能削也，天下无王霸主则常胜矣。是知强道者也。

〔注释〕 ① 出：当为“士”字。下同。 ② 上“以”字：当为衍文。 ③ 怀交接怨：当为“怀怨交接”。 ④ 强大：当为“强道”。

彼霸者不然，辟田野，实仓廪，便备用，案谨募选阅材伎之士[①]，然后渐庆赏以先之，严刑罚以纠之。存亡继绝，卫弱禁暴，而无兼并之心，则诸侯亲之矣；修友敌之道以敬接诸侯，则诸侯说之矣。所以亲之者，以不并也，并之见则诸侯疏矣；所以说之者，以友敌也，臣之见则诸侯离矣。故明其不并之行，信其友敌之道，天下无王霸主[2]，则常胜矣。是知霸道者也。闵王毁于五国[3]，桓公劫于鲁庄[4]，无它故焉，非其道而虑之以王也。彼王者不然，仁眇天下，义眇天下，威眇天下。仁眇天下，故天下莫不亲也；义眇天下，故天下莫不贵也；威眇天下，故天下莫敢敌也。以不敌之威，辅服人之道，故不战而胜，不攻而得，甲兵不劳而天下服。是知王道者也。知此三具者，欲王而王，欲霸而霸，欲强而强矣。

〔**注释**〕 ① 案：语助词。选阅：选拔。伎：通"技"，技能。 ② 霸：当为衍文。 ③ 闵王毁于五国：指齐闵王(也作湣王)在位时，燕将乐毅联合燕、赵、楚、魏、秦攻破齐国，闵王逃到莒。 ④ 桓公劫于鲁庄：公元前681年，齐桓公与鲁庄公结盟于柯，桓公被鲁臣曹沫劫持，被迫答应归还鲁国土地。

王者之人：饰动以礼义[1]，听断以类，明振毫末，举措应变而不穷。夫是之谓有原。是王者之人也。

〔**注释**〕 ① 饰：通"饬"，整饬。

王者之制：道不过三代[1]，法不贰后王。道过三代谓之荡，法贰后王谓之不雅。衣服有制，宫室有度，人徒有数，丧祭械用皆有等宜[2]，声则凡非雅声者举废，色则凡非旧文者举息，械用则凡非旧器者举毁。夫是之谓复古。是王者之制也。

〔注释〕 ① 三代：指夏、商、周。 ② 宜：通"仪"，仪等，等级。

王者之论[①]：无德不贵，无能不官，无功不赏，无罪不罚，朝无幸位，民无幸生，尚贤使能而等位不遗，析愿禁悍而刑罚不过[②]，百姓晓然皆知夫为善于家而取赏于朝也，为不善于幽而蒙刑于显也。夫是之谓定论。是王者之论也。

〔注释〕 ① 论：通"伦"。 ② 析愿：当作"折愿"，制裁狡诈的人。愿，通"傆"，狡诈。

王者之等赋[①]、政事[②]，财万物，所以养万民也。田野什一，关市几而不征，山林泽梁以时禁发而不税，相地而衰政[③]，理道之远近而致贡，通流财物粟米，无有滞留，使相归移也[④]。四海之内若一家，故近者不隐其能，远者不疾其劳，无幽闲隐僻之国莫不趋使而安乐之。夫是之为人师。是王者之法也。

〔注释〕 ①"之"字后当脱一"法"字，本句应作"王者之法"。 ② 政：通"正"，摆正，处理。 ③ 衰(cuī 催)：差别。政：通"征"，征赋，征税，赋税。 ④ 归(kuì 馈)：通"馈"，赠送。

北海则有走马吠犬焉，然而中国得而畜使之；南海则有羽翮、齿革、曾青[①]、丹干焉[②]，然而中国得而财之；东海则有紫、紶、鱼、盐焉[③]，然而中国得而衣食之；西海则有皮革、文旄焉[④]，然而中国得而用之。故泽人足乎木，山人足乎鱼，农夫不斫削、不陶冶而足械用，工贾不耕田而足菽粟。故虎豹为猛矣，然君子剥而用之。故天之所覆，地之所载，莫不尽其美，致其用，上以饰贤良，下以养百姓而安乐之。夫是之谓大神。《诗》曰："天作高山，大王荒之。彼作矣，文王康之。"⑤此之谓也。

〔**注释**〕 ① 曾青：铜精，可以绘画和熔化黄金。 ② 丹干：丹砂。 ③ 紫：通"缔"(chī 痴)，细麻布。绐：当为"绤"(xì 隙)字，粗麻布。 ④ 文旄(máo 毛)：染上色彩的牦牛尾。 ⑤ "《诗》曰"句：见《诗经·周颂·天作》。大王，即古公亶(dǎn 胆)父，周文王的祖父。

以类行杂①，以一行万，始则终，终则始，若环之无端也，舍是而天下以衰矣。天地者，生之始也；礼义者，治之始也；君子者，礼义之始也。为之，贯之，积重之，致好之者，君子之始也②。故天地生君子，君子理天地。君子者，天地之参也，万物之总也，民之父母也。无君子则天地不理，礼义无统，上无君师，下无父子，夫是之谓至乱。君臣、父子、兄弟、夫妇，始则终，终则始，与天地同理，与万世同久，夫是之谓大本。故丧祭、朝聘、师旅一也，贵贱、杀生、与夺一也，君君、臣臣、父父、子子、兄兄、弟弟一也，农农、士士、工工、商商一也。

〔**注释**〕 ① 类：统类。行：察。杂：泛指万物。 ② 之始：当为衍文。

水火有气而无生①，草木有生而无知，禽兽有知而无义，人有气、有生、有知，亦且有义，故最为天下贵也。力不若牛，走不若马，而牛马为用，何也？曰：人能群，彼不能群也。人何以能群？曰：分。分何以能行？曰：义。故义以分则和，和则一，一则多力，多力则强，强则胜物，故宫室可得而居也。

故序四时，裁万物，兼利天下，无它故焉，得之分义也。故人生不能无群，群而无分则争，争则乱，乱则离，离则弱，弱则不能胜物，故宫室不可得而居也，不可少顷舍礼义之谓也。能以事亲谓之孝，能以事兄谓之弟，能以事上谓之顺，能以使下谓之君。君者，善群也。群道当则万物皆得其宜，六畜皆得其长[2]，群生皆得其命。故养长时则六畜育，杀生时则草木殖，政令时则百姓一，贤良服。

〔注释〕 ① 气：古人认为气是一种物质，万物都是由气构成的。 ② 六畜：指猪、羊、牛、马、鸡、狗。

圣王之制也，草木荣华滋硕之时则斧斤不入山林，不夭其生，不绝其长也；鼋鼍、鱼鳖、鳅鳣孕别之时[1]，罔罟毒药不入泽[2]，不夭其生，不绝其长也；春耕、夏耘、秋收、冬藏四者不失时，故五谷不绝而百姓有余食也；污池、渊沼、川泽谨其时禁[3]，故鱼鳖优多而百姓有余用也；斩伐养长不失其时，故山林不童而百姓有余材也[4]。圣王之用也，上察于天，下错于地，塞备天地之间，加施万物之上，微而明，短而长，狭而广，神明博大以至约。故曰：一与一是为人者谓之圣人。

〔注释〕 ① 鼋(yuán元)：大鳖。鼍(tuó驼)：鳄鱼的一种。 ② 罔：同“网”。罟(gǔ)：网的总称。 ③ 污：池塘。 ④ 童：山无草木。

序官：宰爵知宾客、祭祀、飨食、牺牲之牢数[1]，司徒知百宗、城郭、立器之数[2]，司马知师旅、甲兵、乘白之数[3]。修宪命，审诗商，禁淫声，以时顺修，使夷俗邪音不敢乱雅，大师之事也。修堤梁，通沟浍，行水潦，安水臧，以时决塞，岁虽凶败水旱，使民有所耘艾，司空之事也④。相高下，视肥墝，序五种，省农功，谨蓄藏，以时顺修，使农夫朴力而寡能，治田之事也。修火宪，养山林薮泽草木鱼鳖百索⑤，以时禁发，使国家足用而财物不屈，虞师之事也。顺州里，定廛宅⑥，养六畜，闲树艺，劝教化，趋孝弟⑦，以时顺修，使百姓顺命，安乐处乡，乡师之事也。论百工，审时事，辨功苦，尚完利，便备用，使雕琢文采不敢专造于家，工师之事也。相阴阳，占祲兆⑧，钻龟陈卦，主攘择五卜⑨，知其吉凶妖祥，伛巫、跛击之事也⑩。修採清⑪，易道路，谨盗贼，平室律，以时顺修，使宾旅安而货财通⑫，治市之事也。抃急禁悍⑬，防淫除邪，戮之以五刑⑭，使暴悍以变，奸邪不作，司寇之事也⑮。本政教，正法则，兼听而时稽之，度其功劳，论其庆赏，以时慎修，使百吏免尽而众庶不偷，冢宰之事也⑯。论礼乐，正身行，广教化，美风俗，兼覆而调一之，辟公之事也。全道德，致隆高，綦文理，一天下，振毫末，使天下莫不顺比从服，天王之事也。故政事乱则冢宰之罪也；国家失俗则辟公之过也；天下不一，诸侯俗反，则天王非其人也。

〔**注释**〕 ① 宰爵：官名。牺牲：古代祭祀用的猪、牛、羊等。 ② 司徒：掌管民政的官。百宗：百族。 ③ 司马：掌管军队的官。乘：四马拉一车叫乘。白：通“伯”，古代军队编制，百人为伯。 ④ 司空：掌管土木工程的官。 ⑤ 索：当为“素”字，蔬菜。 ⑥ 廛(chán 蝉)：古代城市居民的房子。 ⑦ 趋：通“促”，敦促，促进。 ⑧ 祲(jìn 浸)：古人认为它是阴阳二气相侵形成的不同的云气，预示着吉凶。 ⑨ 五卜：指占卜时出现的雨、霁、蒙、驿、克五种兆形。 ⑩ 击：通“觋(xí 习)”，男巫。 ⑪ 採：当为“埰”字，坟墓。清：厕所。 ⑫ 宾：当作“商”字。 ⑬ 抃急：当作“折愿”。 ⑭ 五刑：墨（脸上刺字）、劓（yì 艺，割鼻子）、剕（fèi 沸，断足）、宫（阉割）、大辟（砍头）。⑮ 司寇：掌管刑罚的官。 ⑯ 冢宰：宰相。

具具而王[①]，具具而霸，具具而存，具具而亡。用万乘之国者，威强之所以立也，名声之所以美也，敌人之所以屈也，国之所以安危臧否也，制与在此[②]，亡乎人。王、霸、安存、危殆、灭亡，制与在我，亡乎人。夫威强未足以殆邻敌也，名声未足以县天下也，则是国未能独立也，岂渠得免夫累乎[③]！天下胁于暴国，而党为吾所不欲于是者[④]，日与桀同事同行，无害为尧，是非功名之所就也，非存亡安危之所堕也[⑤]。功名之所就，存亡安危之所堕，必将于愉殷赤心之所。诚以其国为王者之所，亦王；以其国为危殆灭亡之所，亦危殆灭亡。

〔注释〕 ① 具具：前一"具"是动词，具备；后一"具"是名词，条件。 ② 与：通"举"，都，全。 ③ 渠：通"讵"，难道。 ④ 党：同"倘"，假如。 ⑤ 堕：当为"随"字。

殷之日，案以中立无有所偏而为纵横之事[①]，偃然案兵无动，以观夫暴国之相卒也[②]。案平政教，审节奏，砥砺百姓，为是之日，而兵刬天下劲矣[③]；案然修仁义[④]，伉隆高[⑤]，正法则，选贤良，养百姓，为是之日，而名声刬天下之美矣。权者重之，兵者劲之，名声者美之。夫尧、舜者，一天下也，不能加毫末于是矣。权谋倾覆之人退，则贤良知圣之士案自进矣；刑政平，百姓和，国俗节，则兵劲城固，敌国案自诎矣；务本事，积财物，而勿忘栖迟薛越也[⑥]，是使群臣百姓皆以制度行，则财物积，国家案自富矣。三者体此而天下服，暴国之君案自不能用其兵矣。何则？彼无与至也。彼其所与至者，必其民也，其民之亲我也欢若父母，好我芳若芝兰；反顾其上则若灼黥，若仇雠。彼人之情性也虽桀、跖，岂有肯为其所恶贼其所好者哉！彼以夺矣。故古之人有以一国取天下者，非往行之也，修政其所莫不愿，如是而可以诛暴禁悍矣。故周公南征而北国怨，曰："何独不来也？"东征而西国怨，曰："何独后我也？"孰能有与是斗者与？安以其国为是者王。

〔注释〕 ① 案：语助词。 ② 卒：通"捽"（zuó 昨），冲突。 ③ 钊（zhuān 专）：通"专"。劲：强劲。"劲"前当脱一"之"字。 ④ 然：当为衍文。 ⑤ 伉：极。⑥ 薛越：同"屑越"，散乱。

殷之日，安以静兵息民，慈爱百姓，辟田野，实仓廪，便备用，安谨募选阅材伎之士；然后渐赏庆以先之，严刑罚以防之，择士之知事者使相率贯也，是以厌然畜积修饰而物用之足也。兵革器械者，彼将日日暴露毁折之中原，我今将修饰之，拊循之[①]，掩盖之于府库；货财粟米者，彼将日日栖迟薛越之中野，我今将畜积并聚之于仓廪；材技股肱、健勇爪牙之士[②]，彼将日日挫顿竭之于仇敌，我今将来致之、并阅之、砥砺之于朝廷[③]。如是，则彼日积敝，我日积完；彼日积贫，我日积富；彼日积劳，我日积佚。君臣上下之间者，彼将厉厉焉日日相离疾也，我今将顿顿焉日日相亲爱也[④]，以是待其敝。安以其国为是者霸。

〔注释〕 ① 拊循：安抚。 ② 股：大腿。肱（gōng 工）：上臂。 ③ 来：通"徕"，招徕。 ④ 顿：通"敦"，顿顿焉，亲厚、诚恳的样子。

立身则从佣俗[①]，事行则遵佣故，进退贵贱则举佣士，之所以接下之人百姓者则庸宽惠，如是者则安存。立身则轻楛，事行则蠲疑[②]，进退贵贱则举佞侻[③]，之所以接下之人百姓者则好取侵夺，如是者危殆。立身则憍暴，事行则倾覆，进退贵贱则举幽险诈故，之所以接下之人百姓者，则好用其死力矣，而慢其功劳，好用其籍敛矣，而忘其本务，如是者灭亡。此五等者，不可不善择也，王霸、安存、危殆、灭亡之具也。善择者制人，不善择者人制之；善择之者王，不善择之者亡。夫王者之与亡者，制人之与人制之也，是其为相县也亦远矣。

〔注释〕 ① 佣：通"庸"，平常。 ② 蠲(juān 捐)疑：迟疑。 ③ 侻：通"锐"，口才好，口齿伶俐。

【鉴赏】 孔、孟早就在反复推崇王道，并非荀子首创此说。但与前者只是空洞地倡导不同，荀子自王之"为政"、"听政"始，至王之"立身"、"事行"止，把王道的具体内容阐述得全面而详备，其政治思想的轮廓亦随卷渐次展开。

在这个缜密周全的施政体系当中，关于如何增长经济的阐述显得很是醒目。怎样有效地开发自然是荀子在很多篇目里都曾涉及的一个主题，人的主体性与自然的本体性是这个主题的两面，荀子试图通过对这两面的辩证整合来促成整个社会的和谐发展。这种求和谐的意识源于中国哲学的基本精神，即天人合一，这是许多学人心目中最理想的生活境界。但是与他们更多地将人作为天的附庸，不断呼吁人应顺其自然，不应听凭自己的无尽欲望而向自然无度索取不同，荀子在主张尊重自然的同时，将人作为独立并具有支配能力的个体摆在了一个非常重要的位置上。

儒家以"仁"为本。"仁"包含着同情和爱，而这种同情和爱所施与的对象不仅有人类，还有自然万物。至宋明时“仁”更被赋予了一种普遍的生命关怀意味。据说程颐的学生宋哲宗曾随意手折柳枝，程颐非常严肃地告诫他不可这样，并从发芽的柳树谈到“生”，从“生”再谈到“仁”，讲了一大番道理。荀子则认为，万物不管怎样可贵，都不可能与人相媲美。因为“水火有气而无生，草木有生而无知，禽兽有知而无义；人有气、有生、有知，亦且有义，故最为天下贵也”，有了这么多与生俱来的优势，所以人能“制天命而用之”(《天论》)。

作为一个被无数先人或时人深深思慕的力量化身，“天”的神秘莫测早已为人所熟知与敬畏。然而片面强调人的主体性，一味的盲动与无序不仅改善不了人的生活，还会给自己带来意想不到的灾难。所以荀子提出要“适时”，希望借此走通人与自然和谐共处之路，一步步接近褪去神性光环的自然之天。具体而言，即“草木荣华滋硕之时则斧斤不入山林，不夭其生，不绝其长也；鼋鼍、鱼鳖、鳅鳝孕别之时，罔罟毒药不入泽，不夭其生，不绝其长也；春耕、夏耘、秋收、冬藏四者不失时，故五谷不绝而百姓有余食也；污池、渊沼、川泽谨其时禁，故鱼鳖优多而百姓有余用也；斩伐养长不失其时，故山林不童而百姓有余材也”。荀子认为，这不仅要作为一种倡导，更要成为一种法度，并设立专门的官员也就是“虞师”来督管，以切实保障“以时禁发”的实行，这在当时无疑是极具见地的新见。

时至今日，我们已经从传统的农业社会迈进工业社会。在这个人们疯狂追求高品质物质生活的年代，自然的承受能力总被有意无意地忽略。我们似乎终于得到了自己梦寐以求的一切，却几乎同时迎来了自然的反击。作为共同构成世界这个大整体的两个部分，人类与自然如何走出相互折磨的困境，是我们在重温荀子眼中的“王者之制”时无法回避的问题所在。

富 国

万物同宇而异体，无宜而有用为人[1]，数也。人伦并处，同求而异道，同欲而异知，生也[2]。皆有可也，知愚同；所可异也，知愚分。势同而知异，行私而无祸，纵欲而不穷，则民心奋而不可说也。如是，则知者未得治也，知者未得治则功名未成也，功名未成则群众未县也，群众未县则君臣未立也。无君以制臣，无上以制下，天下害生纵欲。欲恶同物，欲多而物寡，寡则必争矣。故百技所成，所以养一人也。而能不能兼技，人不能兼官，离居不相待则穷，群而无分则争。穷者患也，争者祸也，救患除祸，则莫若明分使群矣。强胁弱也，知惧愚也，民下违上，少陵长，不以德为政，如是，则老弱有失养之忧，而壮者有分争之祸矣。事业所恶也，功利所好也，职业无分，如是，则人有树事之患，而有争功之祸矣。男女之合，夫妇之分，婚姻娉内送逆无礼[3]，如是，则人有失合之忧，而有争色之祸矣。故知者为之分也。

〔**注释**〕 ① 为：通“于”，对。 ② 生：通“性”，天性，本性。 ③ 娉内：同“聘纳”，古代婚礼。聘，问名。纳，纳币，收彩礼。送：送女。逆：迎娶。

足国之道，节用裕民而善臧其余[1]。节用以礼，裕民以政。彼裕民，故多余。裕民则民富，民富则田肥以易，田肥以易则出实百倍。上以法取焉，而下以礼节用之，余若丘山，不时焚烧，无所臧之，夫君子奚患乎无余？故知节用裕民，则必有仁义圣良之名，而且有富厚丘山之积矣。此无它故焉，生于节用裕民也。不知节用裕民则民贫，民贫则田瘠以秽，田瘠以秽则出实不半，上虽好取侵夺，犹将寡获也，而或以无礼节用之，则必有贪利纠譑之名[②]，而且有空虚穷乏之实矣。此无它故焉，不知节用裕民也。《康诰》曰："弘覆乎天，若德裕乃身。"[③]此之谓也。

〔注释〕 ① 臧(cáng藏)：通"藏"，保藏。 ② 纠：收。譑(jiǎo绞)：通"挢"，取。③《康诰》：《尚书》篇名。若，顺。

礼者，贵贱有等，长幼有差，贫富轻重皆有称者也。故天子袾裷衣冕[①]，诸侯玄裷衣冕，大夫裨冕[②]，士皮弁服[③]。德必称位，位必称禄，禄必称用。由士以上则必以礼乐节之，众庶百姓则必以法数制之。量地而立国，计利而畜民，度人力而授事，使民必胜事，事必出利，利足以生民，皆使衣食百用出入相揜[④]，必时臧余，谓之称数。故自天子通于庶人，事无大小多少，由是推之。故曰：朝无幸位，民无幸生。此之谓也。轻田野之税，平关市之征，省商贾之数，罕兴力役，无夺农时，如是，则国富矣。夫是之谓以政裕民。

〔注释〕 ① 袾(zhū朱)：通"朱"，纯赤色的衣服。裷(gǔn滚)：通"衮"，龙袍。冕：礼帽。 ② 裨(pí皮)：大夫所穿的礼服。 ③ 皮弁(biàn变)：一种用白鹿皮做的帽子。 ④ 揜(yǎn掩)：同"掩"，合。

人之生，不能无群，群而无分则争，争则乱，乱则穷矣。故无分者，人之大害也；有分者，天下之本利也；而人君者，所以管分之枢要也。故美之者，是美天下之本也；安之者，是安天下之本也；贵之者，是贵天下之本也。古者先王分割而等异之也，故使或美或恶，或厚或薄，或佚或乐[①]，或劬或劳，非特以为淫泰夸丽之声，将以明仁之文，通仁之顺也。故为之雕琢、刻镂、黼黻、文章，使足以辨贵贱而已，不求其观；为之钟鼓、管磬、琴瑟、竽笙[②]，使足以辨吉凶、合欢定和而已，不求其余；为之宫室台榭，使足以避燥湿养德、辨轻重而已，不求其外。《诗》曰："雕琢其章，金玉其相。亹亹我王，纲纪四方。"[③]此之谓也。

〔注释〕 ① 或佚或乐：当作"或佚乐"。第二个"或"字衍。下句同。 ② 磬(qìng 庆)：一种石制的乐器。 ③ "《诗》曰"句：见《诗经・大雅・棫朴》。亹亹(wěi 尾)，勤勉的样子。

若夫重色而衣之，重味而食之，重财物而制之，合天下而君之，非特以为淫泰也，固以为王天下[①]，治万变，材万物[②]，养万民，兼制天下者[③]，为莫若仁人之善也夫！故其知虑足以治之，其仁厚足以安之，其德音足以化之，得之则治，失之则乱。百姓诚赖其知也，故相率而为之劳苦以务佚之，以养其知也；诚美其厚也，故为之出死断亡以覆救之，以养其厚也；诚美其德也，故为之雕琢、刻镂、黼黻、文章以藩饰之，以养其德也。故仁人在上，百姓贵之如帝，亲之如父母，为之出死断亡而愉者，无它故焉，其所是焉诚美，其所得焉诚大，其所利焉诚多。《诗》曰："我任我辇，我车我牛，我行既集，盖云归哉！"[④]此之谓也。

〔注释〕 ① 王：当为“一”字。 ② 材：通“裁”，管理。 ③ 制：当为“利”字。 ④ “《诗》曰”句：引自《诗经·小雅·黍苗》。

故曰：君子以德，小人以力。力者，德之役也。百姓之力，待之而后功；百姓之群，待之而后和；百姓之财，待之而后聚；百姓之势，待之而后安；百姓之寿，待之而后长。父子不得不亲，兄弟不得不顺，男女不得不欢，少者以长，老者以养。故曰：“天地生之，圣人成之。”此之谓也。今之世而不然：厚刀布之敛以夺之财，重田野之税以夺之食，苛关市之征以难其事。不然而已矣，有掎挈伺诈①，权谋倾覆，以相颠倒，以靡敝之，百姓晓然皆知其污漫暴乱而将大危亡也。是以臣或弑其君，下或杀其上，粥其城②，倍其节③，而不死其事者，无它故焉，人主自取之。《诗》曰：“无言不雠，无德不报。”④此之谓也。

〔注释〕 ① 掎挈(jǐ qiè 几切)：指责。 ② 粥：通“鬻”，卖。 ③ 倍：通“背”，违背。 ④ “《诗》曰”句：见《诗经·大雅·抑》。雠，应答。

兼足天下之道在明分。掩地表亩，刺屮殖谷①，多粪肥田，是农夫众庶之事也。守时力民，进事长功，和齐百姓，使人不偷，是将率之事也②。高者不旱，下者不水，寒暑和节而五谷以时孰③，是天下之事也④。若夫兼而覆之，兼而爱之，兼而制之，岁虽凶败水旱，使百姓无冻馁之患，则是圣君贤相之事也。

〔注释〕 ① 屮：古“草”字。 ② 率：通“帅”。将率，将帅，战时是军队指挥官，平时是地方行政长官。 ③ 孰：通“熟”。 ④ 下：当为衍字。

墨子之言，昭昭然为天下忧不足[①]。夫不足，非天下之公患也，特墨子之私忧过计也。今是土之生五谷也，人善治之则亩数盆[②]，一岁而再获之，然后瓜桃枣李一本数以盆鼓，然后荤菜百疏以泽量[③]，然后六畜禽兽一而剸车[④]；鼋鼍、鱼鳖、鳅鳣以时别，一而成群，然后飞鸟凫雁若烟海，然后昆虫万物主其间，可以相食养者不可胜数也。夫天地之生万物也，固有余足以食人矣；麻葛、茧丝、鸟兽之羽毛齿革也，固有余足以衣人矣。夫有余不足[⑤]，非天下之公患也，特墨子之私忧过计也。

〔注释〕 ① 昭昭然：忧愁的样子。 ② 盆：古代一种量器。 ③ 荤菜：指葱、姜、蒜一类的蔬菜。疏：通“蔬”，蔬菜。 ④ 剸（zhuān 专）：通“专”。 ⑤ 有余：当为衍文。

天下之公患，乱伤之也。胡不尝试相与求乱之者谁也？我以墨子之“非乐”也则使天下乱，墨子之“节用”也则使天下贫，非将堕之也[①]，说不免焉。墨子大有天下，小有一国，将蹙然衣粗食恶，忧戚而非乐，若是则瘠，瘠则不足欲，不足欲则赏不行。墨子大有天下，小有一国，将少人徒，省官职，上功劳苦，与百姓均事业，齐功劳，若是则不威，不威则罚不行。赏不行，则贤者不可得而进也；罚不行，则不肖者不可得而退也。贤者不可得而进也，不肖者不可得而退也，则能不能不可得而官也。若是，则万物失宜，事变失应，上失天时，下失地利，中失人和，天下敖然[②]，若烧若焦。墨子虽为之衣褐带索，嚽菽饮水[3]，恶能足之乎？既以伐其本，竭其原，而焦天下矣。

〔注释〕 ① 堕(huī 灰)：通“隳”，诋毁。 ② 敖：通“熬”。 ③ 嚽(chuò 辍)：通“啜”。菽：豆叶。

故先王圣人为之不然。知夫为人主上者不美不饰之不足以一民也，不富不厚之不足以管下也，不威不强之不足以禁暴胜悍也。故必将撞大钟、击鸣鼓、吹笙竽、弹琴瑟以塞其耳，必将錭琢、刻镂、黼黻、文章以塞其目[1]，必将刍豢稻粱、五味芬芳以塞其口，然后众人徒、备官职、渐庆赏、严刑罚以戒其心。使天下生民之属皆知己之所愿欲之举在是于也，故其赏行；皆知己之所畏恐之举在是于也，故其罚威。赏行罚威，则贤者可得而进也，不肖者可得而退也，能不能可得而官也。若是，则万物得宜，事变得应，上得天时，下得地利，中得人和，则财货浑浑如泉源[2]，汸汸如河海[3]，暴暴如丘山[4]，不时焚烧，无所臧之，夫天下何患乎不足也？故儒术诚行，则天下大而富，使而功，撞钟击鼓而和。《诗》曰：“钟鼓喤喤，管磬玱玱，降福穰穰。降福简简，威仪反反。既醉既饱，福禄来反。”[5]此之谓也。故墨术诚行则天下尚俭而弥贫，非斗而日争，劳苦顿萃而愈无功，愀然忧戚非乐而日不和。《诗》曰：“天方荐瘥，丧乱弘多。民言无嘉，憯莫惩嗟。”[6]此之谓也。

〔注释〕 ① 錭：同“雕”，雕刻。 ② 浑浑：水流的样子。 ③ 汸汸(pāng 乓)：水流盛大的样子。 ④ 暴暴：突起的样子。 ⑤ “《诗》曰”句：见《诗经·周颂·执竞》。喤喤(huáng 皇)，钟鼓声。玱玱(qiāng 枪)，管磬声。穰穰(rǎng 壤)，众多。

⑥ “《诗》曰”句：见《诗经·小雅·节南山》。瘥(cuó 痤)，疫病。憯(cǎn 惨)，曾，竟。

垂事养民，拊循之，呴呕之[①]，冬日则为之饘粥[②]，夏日则与之瓜麮[③]，以偷取少顷之誉焉，是偷道也，可以少顷得奸民之誉，然而非长久之道也。事必不就，功必不立，是奸治者也。傮然要时务民[④]，进事长功，轻非誉而恬失民，事进矣而百姓疾之，是又不可偷偏者也。徙坏堕落，必反无功。故垂事养誉不可，以遂功而忘民亦不可。皆奸道也。

〔注释〕 ① 呴(wā)呕：作小儿声表示慈爱。 ② 饘(zhān 毡)：稠粥。 ③ 麮(qù 去)：大麦粥。 ④ 傮：通“嘈”，纷杂，嘈杂。傮然，嘈杂的样子。

故古人为之不然，使民夏不宛暍[①]，冬不冻寒，急不伤力，缓不后时，事成功立，上下俱富，而百姓皆爱其上，人归之如流水，亲之欢如父母，为之出死断亡而愉者，无它故焉，忠信调和均辨之至也[②]。故君国长民者欲趋时遂功，则和调累解，速乎急疾；忠信均辨，说乎赏庆矣；必先修正其在我者，然后徐责其在人者，威乎刑罚。三德者诚乎上，则下应之如景向，虽欲无明达，得乎哉！《书》曰：“乃大明服，惟民其力懋，和而有疾。”[③]此之谓也。

〔注释〕 ① 宛：通“蕴”，暑气。暍(yē 耶)：中暑。 ② 辨：通“遍”，遍及。③ “《书》曰”句：见《尚书·康诰》。力懋(mào 冒)，勤勉。

故不教而诛，则刑繁而邪不胜；教而不诛，则奸民不惩；诛而不赏，则勤属之民不劝[①]；诛赏而不类，则下疑俗俭而百姓不一[②]。故先王明礼义以壹之，致忠信以爱之，尚贤使能以次之，爵服庆赏以申重之，时其事、轻其任以调齐之，潢然兼覆之[③]，养长之，如保赤子。若是，故奸邪不作，盗贼不起，而化善者劝勉矣。是何邪？则其道易，其塞固，其政令一，其防表明。故曰：上一则下一矣，上二则下二矣，辟之若屮木，枝叶必类本。此之谓也。

〔**注释**〕 ① 属：当为“厉”字。 ② 俭：当为“险”字。 ③ 潢(huàng 晃)然：大水涌至的样子。潢，通“滉”。

不利而利之，不如利而后利之之利也；不爱而用之，不如爱而后用之之功也。利而后利之，不如利而不利者之利也；爱而后用之，不如爱而不用者之功也。利而不利也，爱而不用也者，取天下矣。利而后利之，爱而后用之者，保社稷也。不利而利之，不爱而用之者，危国家也。观国之治乱臧否，至于疆易而端已见矣[①]。其候徼支缭[②]，其竟关之政尽察[③]，是乱国已。入其境，其田畴秽，都邑露，是贪主已。观其朝廷则其贵者不贤，观其官职则其治者不能，观其便嬖则其信者不悫，是暗主已。凡主相臣下百吏之俗[④]，其于货财取与计数也，须孰尽察[⑤]，其礼义节奏也，芒轫僈楛[⑥]，是辱国已。其耕者乐田，其战士安难，其百吏好法，其朝廷隆礼，其卿相调议，是治国已。观其朝廷则其贵者贤，观其官职则其治者能，观其便嬖则其信者悫，是明主已。凡主相臣下百吏之属，其于货财取与计数也，宽饶简易，其于礼义节奏也，陵谨尽察，是荣国已。贤齐则其亲者先贵，能齐则其故者先官，其臣下百吏，污者皆化而修，悍者皆化而愿，躁者皆化而悫[7]，是明主之功已。

〔注释〕 ① 易：通"场"，边界。 ② 候：哨兵。徼(jiào 较)：巡逻。 ③ 竟：通"境"，边境。 ④ 俗：当为"属"字。 ⑤ 须：当为"顺"字。 ⑥ 芒：通"茫"。轫：懒散。 ⑦ 躁：通"剿(jiǎo 缴)"，狡猾。

观国之强弱贫富有征：上不隆礼则兵弱，上不爱民则兵弱，已诺不信则兵弱，庆赏不渐则兵弱，将率不能则兵弱。上好功则国贫，上好利则国贫，士大夫众则国贫，工商众则国贫，无制数度量则国贫。下贫则上贫，下富则上富。故田野县鄙者，财之本也；垣窌仓廪者[1]，财之末也。百姓时和、事业得叙者，货之源也；等赋府库者，货之流也。故明主必谨养其和，节其流，开其源，而时斟酌焉，潢然使天下必有余而上不忧不足[2]。如是则上下俱富，交无所藏之，是知国计之极也。故禹十年水，汤七年旱，而天下无菜色者，十年之后，年谷复熟而陈积有余。是无它故焉，知本末源流之谓也。故田野荒而仓廪实，百姓虚而府库满，夫是之谓国蹶。伐其本，竭其源，而并之其末，然而主相不知恶也，则其倾覆灭亡可立而待也。以国持之而不足以容其身，夫是之谓至贫，是愚主之极也。将以求富而丧其国，将以求利而危其身。古有万国，今有十数焉。是无它故焉，其所以失之一也。君人者亦可以觉矣。百里之国足以独立矣。

〔注释〕 ① 垣(yuán 元)：矮墙，指货仓。窌(jiào 叫)：地窖。 ② 天：当为"夫"字。

凡攻人者，非以为名，则案以为利也，不然，则忿之也。仁人之用国，将修志意，正身行，伉隆高，致忠信，期文理[①]。布衣紃屦之士诚是[②]，则虽在穷阎漏屋，而王公不能与之争名；以国载之，则天下莫之能隐匿也。若是，则为名者不攻也。将辟田野，实仓廪，便备用，上下一心，三军同力，与之远举极战则不可。境内之聚也，保固视可，午其军[③]，取其将，若拨䒠[④]。彼得之不足以药伤补败。彼爱其爪牙，畏其仇敌，若是，则为利者不攻也。将修小大强弱之义以持慎之，礼节将甚文，珪璧将甚硕[⑤]，货赂将甚厚，所以说之者，必将雅文辩慧之君子也。彼苟有人意焉，夫谁能忿之？若是，则忿之者不攻也。为名者否，为利者否，为忿者否，则国安于盘石，寿于旗、翼[⑥]。人皆乱，我独治；人皆危，我独安；人皆失丧之，我按起而治之。故仁人之用国，非特将持其有而已也，又将兼人。《诗》曰："淑人君子，其仪不忒。其仪不忒，正是四国。"[⑦]此之谓也。

〔注释〕 ① 期：通"綦"，极。 ② 紃屦（xún jù 寻句）：用粗麻绳编成的鞋。 ③ 午：通"迕"，迎。 ④ 䒠（fēng 丰）：蒲草。 ⑤ 珪璧：玉器。 ⑥ 旗、翼：皆为星宿名。言寿比于星。旗，通"箕"，二十八宿之一。 ⑦"《诗》曰"句：引自《诗经·曹风·鸤鸠》。忒（tè 特），差错。

持国之难易：事强暴之国难，使强暴之国事我易。事之以货宝，则货宝单而交不结[①]；约信盟誓，则约定而畔无日[②]；割国之锱铢以赂之[③]，则割定而欲无厌。事之弥烦[④]，其侵人愈甚，必至于资单国举然后已。虽左尧而右舜，未有能以此道得免焉者也。譬之是犹使处女婴宝珠，佩宝玉，负戴黄金而遇中山之盗也，虽为之逢蒙视，诎要桡腘[⑤]，君卢屋妾[⑥]，由将不足以免也。故非有一人之道也，直将巧繁拜请而畏事之[⑦]，则不足以持国安身，故明君不道也。必将修礼以齐朝，正法以齐官，平政以齐民，然后节奏齐于朝，百事齐于官，众庶齐于下。如是，则近者竞亲，远方致愿，上下一心，三军同力，名声足以暴炙之[⑧]，威强足以捶笞之，拱揖指挥，而强暴之国莫不趋使，譬之是犹乌获与焦侥搏也[⑨]。故曰：事强暴之国难，使强暴之国事我易。此之谓也。

〔**注释**〕 ① 单：通"殚"，尽，竭尽。 ② 畔：通"叛"，违背，背离。 ③ 锱铢：锱和铢都是古代重量单位。此处指极少的土地。 ④ 烦：当为"顺"字。 ⑤ 诎要：通"屈腰"，弯腰。桡腘（náo guó 挠国）：屈膝。桡，通"挠"，曲。腘，膝部的后面。⑥ 君：当为"若"字。 ⑦ 繁：通"敏"，巧敏，谄媚阿谀。 ⑧ 暴：同"曝"，晒。 ⑨ 乌获：传说是秦国的大力士，能举千斤重。焦侥（yáo 尧）：传说中的矮人。

【鉴赏】 中国传统文化素来以"和"为贵，为政之道讲究"政通人和"，富国之道亦然。人与人要和，人与自然也要和，这是荀子的富国理想。

然而社会是一个由众多形形色色的人组成的大集合体，从贵为天子到普通的守门人，每个人都有各种各样的欲求，在实现欲望的过程中，难免相互碰撞、摩擦，求"和"并非一件易事，因而荀子提倡重礼。在儒家学说中，礼是一个内涵丰富的概念，各种仪文形式如事生送死是其固有之义。对于这些繁琐礼节，墨子批判最力，认为其过于华而不实，故应一概摒弃，荀子却更多地关注到这些仪式背后的文化意义与社会功能。自上而言，作为权力与身份的象征，奢华的生活赋予了王者君临天下的尊贵气质，不怒自威，构成对臣下无形的震慑力，从而能更好地协调臣下的所欲与所恶，使其相安无事；同时它是皇室对外宣传的门面，直接彰显着一个王朝的实力强弱，维系着百姓的信心。在荀子的论述下，礼便向更具实在意义的政治范畴过渡，成为为政治目的而设、承担文饰社会功能的施政手段。汉高祖刘邦称帝后，丞相为他主持建造了未央宫，刘邦嫌他太奢侈，劳民伤财太甚，萧何解释说天子以四海为家，非壮丽无以重威，就是这个道理。自下而言，爱美之心人皆有之，像墨子那样鼓吹禁欲、非乐，把人人都变成苦行僧，只会导致人民怨声载道，反不如在百姓劳作之余击鼓吹笙以塞其耳、雕琢刻镂以塞其目、五味芬芳以塞其口来得更人性化呢！

古代农耕社会产生了"靠天吃饭"的传统。关于人与自然的关系，儒家孔、孟都推崇"天人合一"的理念，至荀子提出"天人相分"的命题，认为人为万物之灵，可以"制天命而用之"，但他的"天人相分"仍然以"天人合一"为前提。荀子反复强调，自然虽无意志，但能否顺应它的规律则决定着人间的治乱祸福。具体到衣食之给，只要人依时而动，因地制宜，则谷不可胜食，禽不可胜数，完全不用像墨子那样整天愁眉苦脸担心着资源不足。不论是否出于自觉，荀子的这些思想已经具有了淳朴的和谐生态意识。人类享受着以透支和破坏大自然为代价而获得远比荀子时代更为舒适的物质生活，却不得不同时面临粮食短缺、环境污染、资源匮乏、能源枯竭等一系列危机，而荀子则为我们重新找回昔日的栖身家园提供了另一种选择，当下不断被提出与探讨的可持续发展及和谐社会理论就是这种传统天人观在更高层面上的一次回归。

王 霸

国者，天下之制利用也①；人主者，天下之利势也。得道以持之，则大安也，大荣也，积美之源也。不得道以持之，则大危也，大累也，有之不如无之，及其綦也，索为匹夫不可得也，齐愍、宋献是也②。故人主，天下之利势也，然而不能自安也，安之者必将道也。故用国者,义立而王,信立而霸,权谋立而亡。三者,明主之所谨择也,仁人之所务白也。

〔注释〕 ① 制:当为衍文。 ② 齐愍(mǐn 敏):齐愍王(也作闵王),战国时齐国国君,为燕所败,死于莒。宋献:宋康王,名偃,战国时宋国国君,为齐愍王所灭。

挈国以呼礼义而无以害之[①],行一不义、杀一无罪而得天下,仁者不为也,擽然扶持心国[②],且若是其固也。之所与为之者之人,则举义士也;之所以为布陈于国家刑法者,则举义法也;主之所极然帅群臣而首乡之者[③],则举义志也。如是,则下仰上以义矣,是綦定也[④]。綦定而国定,国定而天下定。仲尼无置锥之地,诚义乎志意,加义乎身行,著之言语,济之日,不隐乎天下,名垂乎后世。今亦以天下之显诸侯诚义乎志意,加义乎法则度量,著之以政事,案申重之以贵贱杀生,使袭然终始犹一也,如是,则夫名声之部发于天地之间也[⑤],岂不如日月雷霆然矣哉!故曰:以国齐义,一日而白,汤、武是也。汤以亳[⑥],武王以鄗[⑦],皆百里之地也,天下为一,诸侯为臣,通达之属莫不从服,无它故焉,以济义矣。是所谓义立而王也。

〔注释〕 ① 挈(qiè 切):提举,此处指领导。 ② 擽(luò 落)然:形容石头坚固的样子。擽,通"落"。 ③ 主:当为衍文。 ④ 綦:当为"基"字。下同。 ⑤ 部:通"剖",开发,勃发。 ⑥ 亳(bó 帛):商汤的国都,在今河南商丘。 ⑦ 鄗(hào 浩):周武王的国都,在今陕西西安,一作"镐"。

德虽未至也,义虽未济也,然而天下之理略奏矣[①],刑赏已诺，信乎天下矣，臣下晓然皆知其可要也。政令已陈，虽睹利败，不欺其民；约结已定，虽睹利败，不欺其与。如是，则兵劲城固，敌国畏之，国一綦明，与国信之，虽在僻陋之国，威动天下，五伯是也[2]。非本政教也，非致隆高也，非綦文理也，非服人之心也，乡方略，审劳佚，谨畜积，修战备，齺然上下相信[3]，而天下莫之敢当。故齐桓、晋文、楚庄、吴阖闾、越勾践，是皆僻陋之国也，威动天下，强殆中国，无它故焉，略信也。是所谓信立而霸也。

〔注释〕 ① 綦：通“凑”，聚。 ② 五伯：即下文的“齐桓、晋文、楚庄、吴阖闾、越勾践”等五霸。 ③ 齺(zōu 邹)然：牙齿上下相切的样子。

挈国以呼功利，不务张其义，齐其信，唯利之求，内则不惮诈其民而求小利焉，外则不惮诈其与而求大利焉，内不修正其所以有，然常欲人之有，如是，则臣下百姓莫不以诈心待其上矣。上诈其下，下诈其上，则是上下析也，如是，则敌国轻之，与国疑之，权谋日行而国不免危削，綦之而亡，齐闵、薛公是也[1]。故用强齐，非以修礼义也，非以本政教也，非以一天下也，绵绵常以结引驰外为务。故强，南足以破楚，西足以诎秦[2]，北足以败燕，中足以举宋。及以燕、赵起而攻之，若振槁然，而身死国亡，为天下大戮，后世言恶则必稽焉。是无它故焉，唯其不由礼义而由权谋也。三者，明主之所以谨择也，而仁人之所以务白也。善择者制人，不善择者人制之。

〔注释〕 ① 薛公：战国时齐国贵族，姓田名文，号孟尝君，曾任齐闵王的相，因封于薛(今山东滕州)，故称薛公。 ② 诎(qū)：通“屈”，屈服，折服。

国者，天下之大器也，重任也，不可不善为择所而后错之[①]，错险则危；不可不善为择道然后道之，涂薉则塞[②]，危塞则亡。彼国错者，非封焉之谓也，何法之道，谁子之与也。故道王者之法与王者之人为之，则亦王；道霸者之法与霸者之人为之，则亦霸；道亡国之法与亡国之人为之，则亦亡。三者，明主之所以谨择也，而仁人之所以务白也。

〔注释〕 ① 错(cù)：通“措”，安置。 ② 涂：道路。薉：同“秽”，污秽。

故国者，重任也，不以积持之则不立。故国者，世所以新者也，是惮惮[①]，非变也，改王改行也[②]。故一朝之日也，一日之人也，然而厌焉有千岁之固[③]，何也？曰：援夫千岁之信法以持之也，安与夫千岁之信士为之也。人无百岁之寿，而有千岁之信士，何也？曰：以夫千岁之法自持者，是乃千岁之信士矣。故与积礼义之君子为之则王，与端诚信全之士为之则霸，与权谋倾覆之人为之则亡。三者，明主之所以谨择也，而仁人之所以务白也。善择之者制人，不善择之者人制之。

〔注释〕 ① 惮惮：更替，继承。 ② 王：古“玉”字。 ③ 固：当为“国”字。

彼持国者必不可以独也，然则强固荣辱在于取相矣。身能相能，如是者王。身不能，知恐惧而求能者，如是者强。身不能，不知恐惧而求能者，安唯便僻左右亲比己者之用[①]，如是者危削，綦之而亡。国者，巨用之则大，小用之则小，綦大而王，綦小而亡，小巨分流者存[②]。巨用之者，先义而后利，安不恤亲疏，不恤贵贱，唯诚能之求，夫是之谓巨用之。小用之者，先利而后义，安不恤是非，不治曲直，唯便僻亲比己者之用，夫是之谓小用之。巨用之者若彼，小用之者若此，小巨分流者亦一若彼，一若此也。故曰：粹而王，駮而霸[③]，无一焉而亡。此之谓也。

〔注释〕 ① 便僻：通"便嬖"，君主宠信的小臣。 ② 分流：各占一半。 ③ 駮(bó 伯)：同"驳"，杂，不纯。

国无礼则不正。礼之所以正国也，譬之犹衡之于轻重也，犹绳墨之于曲直也，犹规矩之于方圆也，既错之而人莫之能诬也。《诗》云："如霜雪之将将，如日月之光明，为之则存，不为则亡。"[①]此之谓也。

〔注释〕 ① "《诗》云"句：佚诗，不见今本《诗经》。将将(qiāng 枪)，聚集的样子。

国危则无乐君，国安则无忧民[①]。乱则国危，治则国安。今君人者急逐乐而缓治国，岂不过甚矣哉！譬之是由好声色而恬无耳目也，岂不哀哉！夫人之情，目欲綦色，耳欲綦声，口欲綦味，鼻欲綦臭[②]，心欲綦佚。此五綦者，人情之所必不免也。养五綦者有具，无其具则五綦者不可得而致也。万乘之国，可谓广大、富厚矣，加有治辨、强固之道焉[③]，若是，则恬愉无患难矣，然后养五綦之具具也。故百乐者生于治国者也，忧患者生于乱国者也，急逐乐而缓治国者，非知乐者也。故明君者必将先治其国，然后百乐得其中；暗君必将急逐乐而缓治国，故忧患不可胜校也，必至于身死国亡然后止也，岂不哀哉！将以为乐，乃得忧焉；将以为安，乃得危焉；将以为福，乃得死亡焉，岂不哀哉！于乎[④]！君人者亦可以察若言矣。故治国有道，人主有职。若夫贯日而治详，一日而曲列之，是所使夫百吏官人为也，不足以是伤游玩安燕之乐。若夫论一相以兼率之，使臣下百吏莫不宿道乡方而务，是夫人主之职也。若是，则一天下，名配尧、禹。之主者，守至约而详，事至佚而功，垂衣裳，不下簟席之上[⑤]，而海内之人莫不愿得以为帝王。夫是之谓至约，乐莫大焉。

〔注释〕 ① 民：疑为“君”字。 ② 臭（xiù 嗅）：气味。 ③ 辨：通“办”，治理。 ④ 于乎：同“呜呼”。 ⑤ 簟（diàn 甸）：竹席。

人主者，以官人为能者也；匹夫者，以自能为能者也。人主得使人为之，匹夫则无所移之。百亩一守，事业穷，无所移之也。今以一人兼听天下，日有余而治不足者，使人为之也。大有天下，小有一国，必自为之然后可，则劳苦秏顇莫甚焉[①]，如是，则虽臧获不肯与天子易势业[②]。以是县天下[③]，一四海，何故必自为之？为之者，役夫之道也，墨子之说也。论德使能而官施之者，圣王之道也，儒之所谨守也。传曰：“农分田而耕，贾分货而贩，百工分事而劝，士大夫分职而听，建国诸侯之君分土而守，三公总方而议，则天子共己而已[④]。”出若入若，天下莫不平均，莫不治辨，是百王之所同也，而礼法之大分也。

〔注释〕 ① 秏顇（hào cuì 耗粹）：同“耗悴”，耗竭憔悴。 ② 臧获：奴婢。 ③ 县：通“悬”，掌握；治理。 ④ 共：通“拱”，拱手，垂拱，无为而治。

百里之地，可以取天下，是不虚，其难者在人主之知之也。取天下者，非负其土地而从之之谓也，道足以壹人而已矣。彼其人苟壹，则其土地且奚去我而适它？故百里之地，其等位爵服足以容天下之贤士矣，其官职事业足以容天下之能士矣，循其旧法，择其善者而明用之，足以顺服好利之人矣。贤士一焉，能士官焉，好利之人服焉，三者具而天下尽，无有是其外矣。故百里之地足以竭势矣，致忠信，著仁义，足以竭人矣，两者合而天下取，诸侯后同者先危。《诗》曰："自西自东，自南自北，无思不服。"[①]一人之谓也。

〔注释〕 ①"《诗》曰"句：见《诗经·大雅·文王有声》。

羿、蠭门者[①]，善服射者也；王良、造父者[②]，善服驭者也；聪明君子者，善服人者也。人服而势从之，人不服而势去之，故王者已于服人矣。故人主欲得善射，射远中微，则莫若羿、蠭门矣；欲得善驭，及速致远，则莫若王良、造父矣；欲得调壹天下，制秦、楚，则莫若聪明君子矣。其用知甚简，其为事不劳而功名致大，甚易处而綦可乐也，故明君以为宝，而愚者以为难。

〔注释〕 ①蠭(fēng 蜂)门：又作"逢蒙"、"蓬蒙"，羿的弟子，善射。 ②王良：春秋时晋大夫赵简子的车夫，善于驾车。

夫贵为天子，富有天下，名为圣王，兼制人，人莫得而制也，是人情之所同欲也，而王者兼而有是者也。重色而衣之，重味而食之，重财物而制之，合天下而君之，饮食甚厚，声乐甚大，台谢甚高[1]，园囿甚广，臣使诸侯，一天下，是又人情之所同欲也，而天子之礼制如是者也。制度以陈，政令以挟[2]，官人失要则死，公侯失礼则幽，四方之国有侈离之德则必灭，名声若日月，功绩如天地，天下之人应之如景向，是又人情之所同欲也，而王者兼而有是者也。故人之情，口好味而臭味莫美焉，耳好声而声乐莫大焉，目好色而文章致繁妇女莫众焉，形体好佚而安重闲静莫愉焉，心好利而谷禄莫厚焉，合天下之所同愿兼而有之，皋牢天下而制之若制子孙[3]，人苟不狂惑戆陋者，其谁能睹是而不乐也哉！欲是之主并肩而存，能建是之士不世绝，千岁而不合，何也？曰：人主不公，人臣不忠也。人主则外贤而偏举，人臣则争职而妒贤，是其所以不合之故也。人主胡不广焉无恤亲疏，无偏贵贱，惟诚能之求？若是，则人臣轻职业让贤而安随其后，如是，则舜、禹还至，王业还起。功壹天下，名配舜、禹，物由有可乐如是其美焉者乎？呜呼！君人者亦可以察若言矣。杨朱哭衢涂[4]，曰："此夫过举蹞步而觉跌千里者夫！"哀哭之。此亦荣辱安危存亡之衢已，此其为可哀甚于衢涂。呜呼哀哉！君人者，千岁而不觉也。

〔**注释**〕 ① 谢：通"榭"，建在高台上的木屋。 ② 挟：通"浃"，完备。 ③ 皋牢：牢笼。皋，当作"皋"字。 ④ 杨朱：战国时魏国人，主张"为我"，拔一毛利天下而不为。

无国而不有治法，无国而不有乱法；无国而不有贤士，无国而不有罢士[1]；无国而不有愿民，无国而不有悍民；无国而不有美俗，无国而不有恶俗。两者并行而国在，上偏而国安，在下偏而国危[②],上一而王,下一而亡。故其法治,其佐贤,其民愿,其俗美,而四者齐,夫是之谓上一。如是则不战而胜,不攻而得,甲兵不劳而天下服。故汤以亳,武王以鄗,皆百里之地也,天下为一,诸侯为臣,通达之属莫不从服,无它故焉,四者齐也。桀、纣即序于有天下之势[③],索为匹夫而不可得也,是无它故焉,四者并亡也。故百王之法不同若是,所归者一也。

〔注释〕 ① 罢(pí疲)士: 没有德行的人。罢,通“疲”,弱,无能。 ② 在: 当为衍文。 ③ 序: 当为“厚”字之误。

上莫不致爱其下而制之以礼,上之于下,如保赤子。政令制度,所以接下之人百姓,有不理者如豪末[①],则虽孤独鳏寡必不加焉。故下之亲上欢如父母,可杀而不可使不顺。君臣上下,贵贱长幼,至于庶人,莫不以是为隆正。然后皆内自省以谨于分,是百王之所以同也[②],而礼法之枢要也。然后农分田而耕,贾分货而贩,百工分事而劝,士大夫分职而听,建国诸侯之君分土而守,三公总方而议,则天子共己而止矣。出若入若,天下莫不平均,莫不治辨,是百王之所同而礼法之大分也。

〔注释〕 ① 豪末: 同“毫末”。 ② 以: 当为衍文。

若夫贯日而治平,权物而称用,使衣服有制,宫室有度,人徒有数,丧祭械用皆有等宜,以是用挟于万物[①],尺寸寻丈莫得不循乎制度数量然后行,则是官人使吏之事也,不足数于大君子之前。故君人者立隆政本朝而当，所使要百事者诚仁人也，则身佚而国治，功大而名美，上可以王，下可以霸。立隆正本朝而不当，所使要百事者非仁人也，则身劳而国乱，功废而名辱，社稷必危，是人君者之枢机也。故能当一人而天下取，失当一人而社稷危，不能当一人而能当千百人者，说无之有也。既能当一人，则身有何劳而为，垂衣裳而天下定。故汤用伊尹，文王用吕尚[②]，武王用召公[③]，成王用周公旦。卑者五伯，齐桓公闺门之内，县乐奢泰游抏之修[④]，于天下不见谓修，然九合诸侯，一匡天下，为五伯长，是亦无它故焉，知一政于管仲也，是君人者之要守也。知者易为之兴力而功名綦大，舍是而孰足为也？故古之人有大功名者，必道是者也；丧其国，危其身者，必反是者也。故孔子曰："知者之知，固以多矣，有以守少，能无察乎？愚者之知，固以少矣，有以守多，能无狂乎？"此之谓也。

〔注释〕 ① 用：当为"周"字。 ② 吕尚：姓姜，名尚，字子牙，世称姜太公，文王尊他为师，后辅佐武王灭商，封于齐。 ③ 召(shào 绍)公：姓姬，名奭，周文王的儿子，辅佐武王灭商，封于召(今陕西岐山一带)。 ④ 泰：同"汰"。抏：同"玩"。

治国者，分已定，则主相、臣下、百吏各谨其所闻，不务听其所不闻；各谨其所见，不务视其所不见。所闻所见诚以齐矣。则虽幽闲隐辟[①]，百姓莫敢不敬分安制以化其上，是治国之征也。主道治近不治远，治明不治幽，治一不治二。主能治近则远者理，主能治明则幽者化，主能当一则百事正。夫兼听天下，日有余而治不足者如此也，是治之极也。既能治近，又务治远；既能治明，又务见幽；既能当一，又务正百，是过者也。过，犹不及也，辟之是犹立直木而求其景之枉也。不能治近，又务治远；不能察明，又务见幽；不能当一，又务正百，是悖者也。辟之是犹立枉木而求其景之直也。故明主好要而暗主好详。主好要则百事详，主好详则百事荒。君者，论一相[②]，陈一法，明一指，以兼覆之，兼炤之[③]，以观其盛者也[④]。相者，论列百官之长，要百事之听，以饰朝廷臣下百吏之分[⑤]，度其功劳，论其庆赏，岁终奉其成功以效于君。当则可，不当则废。故君人劳于索之，而休于使之。

〔注释〕 ① 辟：通“僻”，僻远。 ② 论：通“抡”，选择。 ③ 炤：通“照”，明察。 ④ 盛：通“成”，成就。 ⑤ 饰：通“饬”，整治。

用国者，得百姓之力者富，得百姓之死者强，得百姓之誉者荣。三得者具而天下归之，三得者亡而天下去之；天下归之之谓王，天下去之之谓亡。汤、武者，循其道，行其义，兴天下同利，除天下同害，天下归之。故厚德音以先之，明礼义以道之，致忠信以爱之，赏贤使能以次之[①]，爵服赏庆以申重之，时其事、轻其任以调齐之，潢然兼覆之，养长之，如保赤子。生民则致宽，使民则綦理，辩政令制度，所以接天下之人百姓[②]，有非理者如豪末，则虽孤独鳏寡必不加焉。是故百姓贵之如帝，亲之如父母，为之出死断亡而不愉者[③]，无它故焉，道德诚明，利泽诚厚也。乱世不然：污漫、突盗以先之，权谋倾覆以示之，俳优、侏儒、妇女之请谒以悖之[④]，使愚诏知，使不肖临贤，生民则致贫隘，使民则綦劳苦。是故百姓贱之如尪[⑤]，恶之如鬼，日欲司间而相与投藉之[⑥]，去逐之。卒有寇难之事[⑦]，又望百姓之为己死，不可得也，说无以取之焉。孔子曰："审吾所以适人，适人之所以来我也[⑧]。"此之谓也。

〔注释〕 ① 赏：当作"尚"字。 ② 天：当为衍文。 ③ 不：当为衍文。一说"愉"当为"偷"字。 ④ 俳(pái 排)优：古代唱戏的人。侏儒：因发育不良身材矮小的人。 ⑤ 尪(wāng 汪)：通"尫"，残疾人。 ⑥ 司：同"伺"。 ⑦ 卒(cù 促)：通"猝"，突然。 ⑧ 适：当为衍文。

伤国者何也？曰：以小人尚民而威[①]，以非所取于民而巧[②]，是伤国之大灾也。大国之主也，而好见小利，是伤国；其于声色、台榭、园囿也，愈厌而好新，是伤国；不好循正其所以有，啖啖常欲人之有[③]，是伤国。三邪者在匈中[④]，而又好以权谋倾覆之人断事其外，若是，则权轻名辱，社稷必危，是伤国者也。大国之主也，不隆本行，不敬旧法，而好诈故，若是，则夫朝廷群臣亦从而成俗于不隆礼义而好倾覆也。朝廷群臣之俗若是，则夫众庶百姓亦从而成俗于不隆礼义而好贪利矣。君臣上下之俗莫不若是，则地虽广，权必轻；人虽众，兵必弱；刑罚虽繁，令不下通。夫是之谓危国，是伤国者也。

〔注释〕 ① 尚：通"上"，居于……上。 ② 所：时。 ③ 啖啖(dàn 淡)：贪婪的样子。 ④ 匈：通"胸"。

儒者为之不然，必将曲辨[①]：朝廷必将隆礼义而审贵贱，若是，则士大夫莫不敬节死制者矣。百官则将齐其制度，重其官秩，若是，则百吏莫不畏法而遵绳矣。关市几而不征，质律禁止而不偏，如是，则商贾莫不敦悫而无诈矣。百工将时斩伐，佻其期日而利其巧任[②]，如是，则百工莫不忠信而不楛矣[③]。县鄙将轻田野之税，省刀布之敛，罕举力役，无夺农时，如是，则农夫莫不朴力而寡能矣。士大夫务节死制，然而兵劲。百吏畏法循绳，然后国常不乱。商贾敦悫无诈则商旅安，货通财[④]，而国求给矣。百工忠信而不楛，则器用巧便而财不匮矣。农夫朴力而寡能，则上不失天时，下不失地利，中得人和，而百事不废。是之谓政令行，风俗美。以守则固，以征则强，居则有名，动则有功。此儒之所谓曲辨也。

〔注释〕 ① 辨：通“办”，治理。 ② 佻(yáo 遥)：通“傜”，宽缓。 ③ 楛(kǔ 苦)：粗劣。 ④ 货通财：当为“货财通”。

【鉴赏】 “王道”和“霸道”二者之间的利弊，是春秋战国时期的士人，尤其是儒生们的争论热点。虽然士人们最终的理想，也只能托庇于大小诸侯的礼遇而得以实现，但“霸道”仍成为大部分人所摈弃的治国思想。一直到周室衰竭的战国中后期，儒生们才渐渐转变长久以来的固执，开始期盼新的天下君主。而“王霸”一题，也可解为“称王与称霸之道”。正如荀子在文中所言：“义立而王，信立而霸，权谋立而亡。”以对礼义的崇尚来定义王道，以信用的守持来定义霸道，实际上是王霸并提，回避了历来儒家对这两个概念在政治、道德上的种种严格区分，来应对诸侯君主，尤其是大国统治者的逐鹿雄心。

在荀子看来，一个理想国家的状态是自上而下地推崇礼义。处于上位的统治者倘若要实现国定乃至天下大定的理想抱负，则须“挈国以呼礼义而无以害之”，由此达到“下仰上以义”的境界。而霸道虽未能完全以礼义来号令民众，达到孔子所说的“北辰居其所而众星共之”(《论语・为政》)的完美状态，却能约定举国上下言行一致，“乡方略，审劳佚，谨畜积，修战备，齺然上下相信，而天下莫之敢当”。

然而无论是王道还是霸道，两种政治模式的设想同样要求统治者严于修身，从而使一国之法令、政策能够自上而下地推行。在荀子看来，统治者倘若要使自己的邦国长治久安，则必须为治国思想确立长久推行的指导思想，即“义立”与“信立”，通过长久存在于人们心中的共同信仰和道德来维护一个政权的神圣地位。“援夫千岁之信法以持之也，安与夫千岁之信士为之也。……以夫千岁之法自持者，是乃千岁之信士矣。”荀子虽然将国之长久存在归因于制度的秉持，但制度的秉持仍要通过一代代心存礼义的道德之士来维系。因此，荀子虽然在此强调了法律、制度的长久作用，却仍将这种制度归于人治的范畴，这也是儒、法两家学说的一大区别。

国家的长久兴盛既依赖于“千岁之士”的把持，则君主的择取贤良就显得至关重要。“治国有道，人主有职”，国家的安定除了君主的自我修行和安抚民众之外，更重要的是选取人才。尤其是任命一个国相来辅佐，“使臣下百吏莫不宿道乡方而务”，使得自己的臣民各秉所长，明确分工分职，从而达到上下有序的和谐社会。君主要达到垂拱而治是可能的，但这绝不等于道家所宣扬的“无为而治”，而是“立隆政本朝而当，所使要百事者诚仁人也”。正是认识自我，选择人才也成为后世君主的明智策略之一。此一论断之后百年，汉高祖刘邦平定天下总结经验，亦谓自己虽不如张子房、萧何、韩信而能取天下，却能择人之长，为己所用，正此断言之明证。

礼的作用在于设定，作为维护一个社会和谐稳定的基本要素，“礼”在这里既带有道德训化的意味，也有一定的强制性。“上莫不致爱其下而制之以礼，上之于下，如保赤子。政令制度，所以接下之人百姓，有不理者如豪末，则虽孤独鳏寡必不加焉。故下之亲上欢如父母，可杀而不可使不顺。君臣上下，贵贱长幼，至于庶人，莫不以是为隆正。然后皆内自省以谨于分，是百王之所以同也，而礼法之枢要也。然后农分田而耕，贾分货而贩，百工分事而劝，士大夫分职而听，建国诸侯之君分土而守，三公总方而议，则天子共己而止矣。出若入若，天下莫不平均，莫不治辨，是百王之所同而礼法之大分也。”从荀子滔滔不绝的论述中我们可以看到，他推崇的“礼”实际上是礼和法的结合，既包括等级名分，也有政令制度。因此，我们能够说，荀子通过“礼法”概念的创造而使礼获得了法的性质和特征。

〖君　道〗

有乱君，无乱国；有治人，无治法。羿之法非亡也，而羿不世中；禹之法犹存，而夏不世王。故法不能独立，类不能自行，得其人则存，失其人则亡。法者，治之端也；君子者，法之原也。故有君子则法虽省，足以遍矣；无君子则法虽具，失先后之施，不能应事之变，足以乱矣。不知法之义而正法之数者，虽博，临事必乱。故明主急得其人，而暗主急得其势。急得其人，则身佚而国治，功大而名美，上可以王，下可以霸；不急得其人而急得其势，则身劳而国乱，功废而名辱，社稷必危。故君人者劳于索之，而休于使之。《书》曰："惟文王敬忌，一人以择。"[①]此之谓也。

〔注释〕 ① "《书》曰"句：引自《尚书·康诰》，但与今本《尚书》略有出入。

合符节、别契券者[①]，所以为信也；上好权谋，则臣下百吏诞诈之人乘是而后欺。探筹、投钩者[②]，所以为公也；上好曲私，则臣下百吏乘是而后偏。衡石、称县者[③]，所以为平也；上好倾覆，则臣下百吏乘是而后险。斗、斛、敦、概者[④]，所以为啧也[⑤]；上好贪利，则臣下百吏乘是而后丰取刻与，以无度取于民。故械数者，治之流也，非治之原也；君子者，治之原也。

官人守数，君子养原，原清则流清，原浊则流浊。故上好礼义，尚贤使能，无贪利之心，则下亦将綦辞让，致忠信，而谨于臣子矣。如是，则虽在小民，不待合符节、别契券而信，不待探筹、投钩而公，不待衡石、称县而平，不待斗斛敦概而啧。故赏不用而民劝，罚不用而民服，有司不劳而事治，政令不烦而俗美，百姓莫敢不顺上之法，象上之志，而劝上之事，而安乐之矣。故藉敛忘费，事业忘劳，寇难忘死，城郭不待饰而固，兵刃不待陵而劲，敌国不待服而诎，四海之民不待令而一。夫是之谓至平。《诗》曰："王犹允塞，徐方既来。"[⑥]此之谓也。

〔注释〕 ① 契券：古代作凭据用的契约，一分为二，双方各执一半。 ② 探筹：抽签。投钩：抓阄。 ③ 衡石：泛指称重量的器物。衡，秤。石，古重量单位，一百二十斤为一石。县：通"悬"，指秤砣。 ④ 斗、斛(hú 胡)、敦(duì 兑)：都是古代量器。概：刮平斗斛的木板。 ⑤ 啧(zé 则)：实际。 ⑥ "《诗》曰"句：引自《诗经・大雅・常武》。犹，道。允，确实。塞，充满。

请问为人君？曰：以礼分施，均遍而不偏。请问为人臣？曰：以礼待君[①]，忠顺而不懈。请问为人父？曰：宽惠而有礼。请问为人子？曰：敬爱而致文。请问为人兄？曰：慈爱而见友。请问为人弟？曰：敬诎而不苟。请问为人夫？曰：致功而不流，致临而有辨。请问为人妻？曰：夫有礼，则柔从听侍；夫无礼，则恐惧而自竦也[②]。此道也，偏立而乱，俱立而治，其足以稽矣。请问兼能之奈何？曰：审之礼也。古者先王审礼以方皇周浃于天下[③]，动无不当也。故君子恭而不难[④]，敬而不巩[⑤]，贫穷而不约，富贵而不骄，并遇变态而不穷，审之礼也。故君子之于礼，敬而安之；其于事也，径而不失；其于人也，寡怨宽裕而无阿；其所为身也，谨修饰而不危[6]；其应变故也，齐给便捷而不惑；其于天地万物也，不务说其所以然而致善用其材；其于百官之事、技艺之人也，不与之争能而致善用其功；其待上也，忠顺而不懈；其使下也，均遍而不偏；其交游也，缘义而有类；其居乡里也，容而不乱。是故穷则必有名，达则必有功，仁厚兼覆天下而不闵，明达用天地、理万变而不疑，血气和平，志意广大，行义塞于天地之间，仁知之极也。夫是之谓圣人，审之礼也。

〔注释〕 ① 待：当为“侍”字。 ② 竦(sǒng 耸)：肃敬。 ③ 方(páng 旁)皇：广大。 ④ 难：通“戁”(nǎn)，畏惧。 ⑤ 巩：通“恐”，恐惧。 ⑥ 危：通“诡”，诡诈。

请问为国？曰：闻修身，未尝闻为国也。君者，仪也[1]，仪正而景正；君者，槃也[2]，槃圆而水圆；君者，盂也，盂方而水方。君射则臣决[3]。楚庄王好细腰[4]，故朝有饿人。故曰：闻修身，未尝闻为国也。

〔注释〕 ① 仪：日晷(guǐ 轨)，利用日影来测量时间的仪器。此句下当有“民者，景也”一句。 ② 槃：通“盘”。此句下当有“民者，水也”一句。 ③ 决：古代射箭时套在右手大拇指上的象骨套子。 ④ 楚庄王：依史书记载当为“楚灵王”。

君者，民之原也，原清则流清，原浊则流浊。故有社稷者而不能爱民、不能利民，而求民之亲爱己，不可得也。民不亲不爱，而求其为己用、为己死，不可得也。民不为己用、不为己死，而求兵之劲、城之固，不可得也。兵不劲、城不固，而求敌之不至，不可得也。敌至而求无危削、不灭亡，不可得也。危削、灭亡之情举积此矣，而求安乐，是狂生者也。狂生者，不胥时而落。故人主欲强固安乐，则莫若反之民；欲附下一民，则莫若反之政；欲修政美国[①]，则莫若求其人。彼或蓄积而得之者不世绝，彼其人者，生乎今之世而志乎古之道。以天下之王公莫好之也，然而于是独好之[②]；以天下之民莫欲之也[③]，然而于是独为之；好之者贫，为之者穷，然而于是独犹将为之也[④]，不为少顷辍焉。晓然独明于先王之所以得之，所以失之，知国之安危、臧否若别白黑。是其人者也，大用之，则天下为一，诸侯为臣；小用之，则威行邻敌；纵不能用，使无去其疆域，则国终身无故。故君人者爱民而安，好士而荣，两者无一焉而亡。《诗》曰："介人维藩，大师为垣。"[⑤]此之谓也。

〔**注释**〕 ① 国：当为"俗"字。 ② 于是：当为"是子"。下两个"于是"同。③ 欲：当为"为"字。 ④ 独：当为衍文。 ⑤ "《诗》曰"句：引自《诗经·大雅·板》。

道者，何也？曰：君道也[①]。君者，何也？曰：能群也。能群也者何也？曰：善生养人者也，善班治人者也[②]，善显设人者也[③]，善藩饰人者也。善生养人者人亲之，善班治人者人安之，善显设人者人乐之，善藩饰人者人荣之。四统者俱而天下归之[④]，夫是之谓能群。不能生养人者人不亲也，不能班治人者人不安也，不能显设人者人不乐也，不能藩饰人者人不荣也。四统者亡而天下去之，夫是之谓匹夫。故曰：道存则国存，道亡则国亡。省工贾，众农夫，禁盗贼，除奸邪，是所以生养之也。天子三公，诸侯一相，大夫擅官，士保职，莫不法度而公，是所以班治之也。论德而定次，量能而授官，皆使其人载其事而各得其所宜。上贤使之为三公，次贤使之为诸侯，下贤使之为士大夫，是所以显设之也。修冠弁、衣裳、黼黻、文章、琱琢、刻镂皆有等差，是所以藩饰之也。故由天子至于庶人也，莫不骋其能，得其志，安乐其事，是所同也。衣暖而食充，居安而游乐，事时制明而用足，是又所同也。若夫重色而成文章，重味而成珍备，是所衍也。圣王财衍以明辨异，上以饰贤良而明贵贱，下以饰长幼而明亲疏，上在王公之朝，下在百姓之家，天下晓然皆知其非以为异也，将以明分达治而保万世也。故天子、诸侯无靡费之用，士大夫无流淫之行，百吏官人无怠慢之事，众庶百姓无奸怪之俗，无盗贼之罪，其能以称义遍矣。故曰："治则衍及百姓，乱则不足及王公。"此之谓也。

〔**注释**〕 ① 君道：当为"君之所道"。 ② 班：通"辨"，治理。 ③ 显设：任用。 ④ 俱：通"具"。

至道大形：隆礼至法则国有常，尚贤使能则民知方，纂论公察则民不疑，赏克罚偷则民不怠[①]，兼听齐明则天下归之。然后明分职，序事业，材技官能，莫不治理，则公道达而私门塞矣，公义明而私事息矣。如是，则德厚者进而佞说者止，贪利者退而廉节者起。《书》曰："先时者杀无赦，不逮时者杀无赦。"[②]人习其事而固，人之百事如耳目鼻口之不可以相借官也，故职分而民不探[③]，次定而序不乱，兼听齐明而百事不留。如是，则臣下、百吏至于庶人莫不修己而后敢安正，诚能而后敢受职，百姓易俗，小人变心，奸怪之属莫不反悫。夫是之谓政教之极。故天子不视而见，不听而聪，不虑而知，不动而功，块然独坐而天下从之如一体，如四胑之从心[④]。夫是之谓大形。《诗》曰："温温恭人，维德之基。"[⑤]此之谓也。

〔注释〕 ① 克：当为"免"字，通"勉"。 ② "《书》曰"句：见伪古文《尚书·胤征》。 ③ 探：当为"慢"字。 ④ 胑(zhī 支)：同"肢"。 ⑤ "《诗》曰"句：见《诗·大雅·抑》。

为人主者，莫不欲强而恶弱，欲安而恶危，欲荣而恶辱，是禹、桀之所同也。要此三欲，辟此三恶，果何道而便？曰：在慎取相，道莫径是矣。故知而不仁不可，仁而不知不可，既知且仁，是人主之宝也，而王霸之佐也。不急得，不知；得而不用，不仁。无其人而幸有其功，愚莫大焉。今人主有六患[①]：使贤者为之，则与不肖者规之；使知者虑之，则与愚者论之；使修士行之，则与污邪之人疑之。虽欲成功，得乎哉！譬之是犹立直木而恐其景之枉也，惑莫大焉。语曰："好女之色，恶者之孽也。公正之士，众人之痤也[②]。循乎道之人[③]，污邪之贼也。"今使污邪之人论其怨贼而求其无偏，得乎哉！譬之是犹立枉木而求其景之直也，乱莫大焉。故古之人为之不然。其取人有道，其用人有法。取人之道，参之以礼；用人之法，禁之以等。行义动静，度之以礼；知虑取舍，稽之以成；日月积久，校之以功。故卑不得以临尊，轻不得以县重，愚不得以谋知，是以万举不过也。故校之以礼，而观其能安敬也；与之举措迁移，而观其能应变也；与之安燕，而观其能无流慆也[④]；接之以声色、权利、忿怒、患险，而观其能无离守也。彼诚有之者与诚无之者，若白黑然，可诎邪哉！故伯乐不可欺以马，而君子不可欺以人，此明王之道也。

〔注释〕 ① 六：疑为“大”字之误。 ② 痤(cuó 嵯)：疖子。 ③ 乎：当为衍文。 ④ 慆(tāo 滔)：通“滔”，放荡。

人主欲得善射，射远中微者，县贵爵重赏以招致之，内不可以阿子弟，外不可以隐远人，能中是者取之，是岂不必得之之道也哉！虽圣人不能易也。欲得善驭速致远者[①]，一日而千里，县贵爵重赏以招致之，内不可以阿子弟，外不可以隐远人，能致是者取之，是岂不必得之之道也哉！虽圣人不能易也。欲治国驭民，调壹上下，将内以固城，外以拒难，治则制人，人不能制也，乱则危辱灭亡可立而待也。然而求卿相辅佐，则独不若是其公也，案唯便嬖亲比己者之用也，岂不过甚矣哉！故有社稷者莫不欲强，俄则弱矣；莫不欲安，俄则危矣；莫不欲存，俄则亡矣。古有万国，今有十数焉，是无它故，莫不失之是也。故明主有私人以金石珠玉，无私人以官职事业，是何也？曰：本不利于所私也。彼不能而主使之，则是主暗也；臣不能而诬能，则是臣诈也。主暗于上，臣诈于下，灭亡无日，俱害之道也。夫文王非无贵戚也，非无子弟也，非无便嬖也[②]，倜然乃举太公于州人而用之[③]，岂私之也哉！以为亲邪？则周姬姓也，而彼姜姓也。以为故邪？则未尝相识也。以为好丽邪？则夫人行年七十有二，齫然而齿堕矣[④]。然而用之者，夫文王欲立贵道，欲白贵名，以惠天下，而不可以独也，非于是子莫足以举之，故举是子而用之。于是乎贵道果立，贵名果明[⑤]，兼制天下，立七十一国，姬姓独居五十三人，周之子孙苟不狂惑者，莫不为天下之显诸侯，如是者，能爱人也。故举天下之大道，立天下之大功，然后隐其所怜所爱，其下犹足以为天下之显诸侯。故曰："唯明主为能爱其所爱，暗主则必危其所爱。"此之谓也。

〔注释〕 ①"速"字前当脱一"及"字。 ②便嬖(bì)：宠臣、亲信。 ③倜(tì 惕)然：超远的样子。州人：当为"舟人"。 ④齳(yǔn 允)：同"齫"，没有牙齿的样子。 ⑤明：疑为"白"之误。

墙之外，目不见也；里之前[①]，耳不闻也；而人主之守司，远者天下，近者境内，不可不略知也。天下之变，境内之事，有弛易齵差者矣[②]，而人主无由知之，则是拘胁蔽塞之端也。耳目之明，如是其狭也；人主之守司，如是其广也；其中不可以不知也，如是其危也。然则人主将何以知之？曰：便嬖左右者，人主之所以窥远收众之门户牖向也，不可不早具也。故人主必将有便嬖左右足信者然后可，其知惠足使规物、其端诚足使定物然后可，夫是之谓国具。人主不能不有游观安燕之时，则不得不有疾病物故之变焉。如是，国者事物之至也如泉原，一物不应，乱之端也。故曰：人主不可以独也。卿相辅佐，人主之基、杖也[③]，不可不早具也。故人主必将有卿相辅佐足任者然后可，其德音足以填抚百姓，其知虑足以应待万变然后可，夫是之谓国具。四邻诸侯之相与，不可以不相接也，然而不必相亲也。故人主必将有足使喻志决疑于远方者然后可。其辩说足以解烦，其知虑足以决疑，其齐断足以距难，不还秩[④]，不反君，然而应薄扞患足以持社稷然后可[5]，夫是之谓国具。故人主无便嬖左右足信者谓之暗，无卿相辅佐足任者谓之独，所使于四邻诸侯者非其人谓之孤，孤独而晻谓之危。国虽若存，古之人曰亡矣。《诗》曰："济济多士，文王以宁。"[6]此之谓也。

〔**注释**〕 ① 里：指居民区，周代以二十五家为一里，里有门。 ② 齵(yú)差：参差不齐。 ③ 基：当为"綦"字，指鞋带。 ④ 还：营。秩：当为"私"字。 ⑤ 扞：同"捍"，抵御。 ⑥ "《诗》曰"句：见《诗经·大雅·文王》。

材人：愿悫拘录[1]，计数纤啬而无敢遗丧[2]，是官人使吏之材也。修饬端正，尊法敬分而无倾侧之心，守职循业[3]，不敢损益，可传世也，而不可使侵夺，是士大夫官师之材也。知隆礼义之为尊君也，知好士之为美名也，知爱民之为安国也，知有常法之为一俗也，知尚贤使能之为长功也，知务本禁末之为多材也，知无与下争小利之为便于事也，知明制度、权物称用之为不泥也，是卿相辅佐之材也，未及君道也。能论官此三材者而无失其次，是谓人主之道也。若是，则身佚而国治，功大而名美，上可以王，下可以霸，是人主之要守也。人主不能论此三材者，不知道此道，安值将卑势出劳[4]，并耳目之乐[5]，而亲自贯日而治详，一内而曲辨之[6]，虑与臣下争小察而綦偏能，自古及今，未有如此而不乱者也。是所谓"视乎不可见，听乎不可闻，为乎不可成"，此之谓也。

〔**注释**〕 ① 愿悫：谨慎诚实。拘录：通"劬碌"，勤劳。 ② 纤啬：精打细算。 ③ 循：当为"修"字。 ④ 值：同"直"，只是。 ⑤ 并：通"屏"，摒弃。 ⑥ 内：当为"日"字。

【鉴赏】 荀子一生，三为稷下学宫之祭酒，也曾奔走于齐、秦、赵、魏之间，向君主们宣讲自己的哲学思想和政治理想。作为儒者，他的际遇比孔子和另外一位儒家的代表人物孟子要好一些，但总的来说，仍是郁郁不得志。当诸侯们试图向这位端立于学术大殿上的儒者发问时，到底有多少虚心求教，又有多少敷衍戏谑的成分呢？而这些好奇和猜忌目光最终往往集中于这么一个问题："请问为国？"此时，荀子凝神正颜道："闻修身，未尝闻为国也。"君主是万民的仪表，是天下的标准。您那么急迫地问我如何治国，于其身也，却身不正，礼不尊，人才不重，何谈为国之道呢？

荀子因势利导，继续说：河水的清澈取决于水源的纯净，而不是河道的变更。先王的法律条令至今仍在，但曾经辉煌一时的大治之国早已经四分五裂，这难道不应归咎于历代的君主吗？所以，一个国家治乱的关键不但在于法律的严谨和各部门官吏的尽心尽职，更在于作为统治中心的君主理应担负起最重要的责任。

什么是君主最重要的责任呢？除了修身正己之外，荀子在此又提出了君者的必要条件：隆礼至法，选相取才。运用礼、法这些统治的工具，来建立上下有序、各守其位、各尽其用的稳定社会。因此，统治之道的核心就在于"能群"，团结一切可以团结的力量，把整个社会组织成一个紧密协作的集体，从而加强国家的中央集权，达到君民一体的理想境界。在荀子的政治蓝图中，君主承担着一个国家的宗教领袖、法律的制订者和维护者的责任，一言一行都严格遵守礼法的规定，并且宣扬礼法的尊严，因此，后世儒者往往诟病于此，认为荀子的思想带有浓重的法家色彩。

事实上，在君主如何实行君道这一问题上，荀子也始终在现实和理想中苦苦思索，反复权衡。儒家至仁、大治的蓝图是他终生所追求的理想，但在烽烟四起、狡诈丛生的现实面前，君贤臣忠也只是一场一厢情愿的幻梦。梦醒了，便又是欺诈丛生、你死我活的相互屠戮。因此，在具体贯彻时，荀子也往往会出现两难的矛盾。一方面，他认为君主要亲贤人、远小人，竭力批驳"唯便嬖亲比己者之用"的做法，认为这是国家衰弱的发端；另一方面，为了避免君主为下臣所蒙蔽，他又肯定左右亲信的作用："便嬖左右者,人主之所以窥远收众之门户牖向也,不可不早具也。"其初衷是为了加强君主权力的集中,而事实上却也埋下了君臣猜忌、小人弄权的种子。

从根本上来说,荀子的思想始终给人一种戴着镣铐跳舞的感觉。这一镣铐就是君主集权。虽然他对君主提出了种种的要求,例如修身、隆礼、选相、重贤等等,但这所有的一切最终仍是为君主服务的。相对于孟子的民本思想,荀子眼中的君主几乎是不可动摇、不可替代的国家核心。作为天下黎民的本原,他的爱民、利民最终目的是"求民之亲爱己","求其为己用,为己死",以保得自己的国家兵劲城固。可见,在温情脉脉的礼法面纱之下,荀子所维护的仍是君尊臣卑的森严等级。从这一点来看,其对于法律的推崇也以此为前提。"法者,治之端也;君子者,法之原也",在法治和人治的根本区别上,荀子还是选择了后者;而在民本和君本之间,更是毫无犹疑地选择了后者。虽然在后世正统的官方儒学之中,荀子并未列名,但他的思想却为后世统治者汲取,维护着君权至上的千年体统。

臣道

人臣之论[①]:有态臣者,有篡臣者,有功臣者,有圣臣者。内不足使一民,外不足使距难,百姓不亲,诸侯不信,然而巧敏佞说,善取宠乎上,是态臣者也。上不忠乎君,下善取誉乎民,不恤公道通义,朋党比周,以环主图私为务[②],是篡臣者也。内足使以一民,外足使以距难[③],民亲之,士信之,上忠乎君,下爱百姓而不倦,是功臣者也。上则能尊君,下则能爱民;政令教化,刑下如影;应卒遇变[④],齐给如响;推类接誉[⑤],以待无方,曲成制象,是圣臣者也。故用圣臣者王,用功臣者强，用篡臣者危，用态臣者亡。态臣用则必死，篡臣用则必危，功臣用则必荣，圣臣用则必尊。故齐之苏秦⑥、楚之州侯⑦、秦之张仪⑧，可谓态臣者也。韩之张去疾⑨、赵之奉阳⑩、齐之孟尝，可谓篡臣也。齐之管仲、晋之咎犯⑪、楚之孙叔敖，可谓功臣矣。殷之伊尹、周之太公，可谓圣臣矣。是人臣之论也，吉凶贤不肖之极也，必谨志之而慎自为择取焉，足以稽矣。

〔注释〕 ① 论：通"伦"，类别。 ② 环：通"营"，迷惑。 ③ 距：通"拒"，抵抗。 ④ 卒：通"猝"，突然。 ⑤ 誉：通"与"，同类。 ⑥ 苏秦：战国时洛阳人，主张合纵抗秦，佩六国相印。合纵失败后至齐，与齐大夫争宠，被刺杀。 ⑦ 州侯：楚襄王的佞臣。 ⑧ 张仪：战国时魏国人，曾任秦相，主张连横，破苏秦的六国合纵。 ⑨ 张去疾：战国时韩国之相，生平不详。 ⑩ 奉阳：即奉阳君，战国时赵肃侯的弟弟，曾任赵相。 ⑪ 咎犯：春秋时晋国人，名狐偃，字犯，晋文公重耳的舅父，曾随重耳出亡十九年。咎，通"舅"。

从命而利君谓之顺，从命而不利君谓之谄；逆命而利君谓之忠，逆命而不利君谓之篡；不恤君之荣辱，不恤国之臧否，偷合苟容，以持禄养交而已耳，谓之国贼。君有过谋过事，将危国家、陨社稷之惧也，大臣、父兄有能进言于君，用则可，不用则去，谓之谏；有能进言于君，用则可，不用则死，谓之争；有能比知同力，率群臣百吏而相与强君挢君①，君虽不安，不能不听，遂以解国之大患，除国之大害，成于尊君安国，谓之辅；有能抗君之命，窃君之重，反君之事，以安国之危，除君之辱，功伐足以成国之大利，谓之拂②。故谏、争、辅、拂之人，社稷之臣也，国君之宝也，明君所尊厚也，而暗主惑君以为己贼也。故明君之所赏，暗君之所罚也；暗君之所赏，明君之所杀也。伊尹、箕子可谓谏矣，比干、子胥可谓争矣[③]，平原君之于赵可谓辅矣[④]，信陵君之于魏可谓拂矣[⑤]。传曰："从道不从君。"此之谓也。故正义之臣设，则朝廷不颇；谏、争、辅、拂之人信，则君过不远；爪牙之士施，则仇雠不作；边境之臣处，则疆垂不丧[⑥]。故明主好同而暗主好独，明主尚贤使能而飨其盛[⑦]，暗主妒贤畏能而灭其功。罚其忠，赏其贼，夫是之谓至暗，桀纣所以灭也。

〔注释〕 ① 挢(jiǎo 矫)：通"矫"，纠正。 ② 拂(bì 必)：通"弼"，矫正。 ③ 子胥：姓伍，名员，字子胥，春秋时楚国人，受楚王迫害逃到吴国，为吴大夫。后苦谏吴王夫差，反对与越国求和，被逼自杀。 ④ 平原君：即赵胜，赵惠文王之弟，三任赵相，曾联合楚、魏抗秦救赵。 ⑤ 信陵君：即魏无忌，战国时魏安釐王的弟弟。秦攻赵时，曾窃取兵符亲率军队破秦存赵。 ⑥ 垂：通"陲"，边疆。 ⑦ 飨(xiǎng 享)：享受。盛：通"成"。

事圣君者，有听从，无谏争；事中君者，有谏争，无谄谀；事暴君者，有补削[①]，无挢拂。迫胁于乱时，穷居于暴国，而无所避之，则崇其美，扬其善，违其恶[②]，隐其败，言其所长，不称其所短，以为成俗。《诗》曰："国有大命，不可以告人，妨其躬身。"[③]此之谓也。

〔注释〕 ① 削：缝。 ② 违：通"讳"，回避。 ③ "《诗》曰"句：引诗是逸诗，不见今本《诗经》。

恭敬而逊，听从而敏，不敢有以私决择也，不敢有以私取与也，以顺上为志，是事圣君之义也。忠信而不谀，谏争而不谄，挢然刚折，端志而无倾侧之心，是案曰是，非案曰非，是事中君之义也。调而不流，柔而不屈，宽容而不乱，晓然以至道而无不调和也[①]，而能化易，时关内之[②]，是事暴君之义也。若驭朴马，若养赤子，若食喂人，故因其惧也而改其过，因其忧也而辨其故[③]，因其喜也而入其道，因其怒也而除其怨：曲得所谓焉。《书》曰："从命而不拂，微谏而不倦，为上则明，为下则逊。"[④]此之谓也。

〔注释〕 ① 然：当为衍文。 ② 关：入。内：通"纳"。 ③ 辨：通"变"，改变。④ "《书》曰"句：引文不见今本《尚书》，是佚文。拂，违背。

事人而不顺者，不疾者也；疾而不顺者，不敬者也；敬而不顺者，不忠者也；忠而不顺者，无功者也；有功而不顺者，无德者也。故无德之为道也，伤疾、堕功[①]、灭苦，故君子不为也。

〔注释〕 ① 堕（huī 灰）：同"隳"，毁坏。

有大忠者，有次忠者，有下忠者，有国贼者。以德复君而化之[①]，大忠也；以德调君而补之[②]，次忠也；以是谏非而怒之，下忠也；不恤君之荣辱，不恤国之臧否，偷合苟容，以之持禄养交而已耳，国贼也。若周公之于成王也，可谓大忠矣；若管仲之于桓公，可谓次忠矣；若子胥之于夫差[③]，可谓下忠矣；若曹触龙之于纣者[④]，可谓国贼矣。

〔注释〕 ① 复：通"覆"，覆盖，影响。 ② 补：当为"辅"字。 ③ 夫差：春秋末年吴国国君,后为越王勾践所灭。 ④ 曹触龙:商纣王的大臣,生平不详。

仁者必敬人。凡人非贤则案不肖也。人贤而不敬,则是禽兽也;人不肖而不敬,则是狎虎也[①]。禽兽则乱,狎虎则危,灾及其身矣。《诗》曰:"不敢暴虎,不敢冯河。人知其一,莫知其它。战战兢兢,如临深渊,如履薄冰。"[②]此之谓也。故仁者必敬人。敬人有道:贤者则贵而敬之,不肖者则畏而敬之;贤者则亲而敬之,不肖者则疏而敬之。其敬一也,其情二也。若夫忠信端悫而不害伤[③],则无接而不然,是仁人之质也。忠信以为质,端悫以为统,礼义以为文,伦类以为理,喘而言,臑而动[④],而一可以为法则。《诗》曰:"不僭不贼,鲜不为则。"[⑤]此之谓也。

〔注释〕 ① 狎(xiá 暇):戏弄。 ② "《诗》曰"句:见《诗经·小雅·小旻》。暴,空手搏斗。冯(píng 平),徒步涉水。 ③ 端悫:正直诚谨。 ④ 臑:当为"蠕"字。 ⑤ "《诗》曰"句:见《诗经·大雅·抑》。

恭敬,礼也;调和,乐也;谨慎,利也;斗怒,害也。故君子安礼乐利,谨慎而无斗怒,是以百举不过也[①]。小人反是。

〔注释〕 ① 百举:办理各种事情。

通忠之顺,权险之平,祸乱之从声,三者非明主莫之能知也。争然后善,戾然后功[①],出死无私,致忠而公,夫是之谓通忠之顺,信陵君似之矣。夺然后义,杀然后仁,上下易位然后贞[②],功参天地,泽被生民,夫是之谓权险之平,汤、武是也。

过而通情，和而无经，不恤是非，不论曲直，偷合苟容，迷乱狂生，夫是之谓祸乱之从声，飞廉、恶来是也[③]。传曰："斩而齐，枉而顺，不同而一。"《诗》曰："受小球大球，为下国缀旒。"[④]此之谓也。

〔注释〕 ① 戾(lì 力)：违背。 ② 贞：正。 ③ 飞廉、恶来：见《儒效》篇。④ "《诗》曰"句：见《诗经·商颂·长发》。球，通"捄"，法度。缀旒(liú 流)，表率。缀，表记。旒，旌旗下的垂饰物。

【鉴赏】 "从道不从君"，是春秋战国时期的士人喊出的最响亮的口号之一。各国君主为了互相争霸，尽力争取名望过人的士人，借以增强自身的政治号召力，士人的社会地位自然也由此得到提高，士阶层对自我的肯定和独立于政治权力的自信也是此后的任何朝代所没有的。即使是入世从政、为人臣者，也希求在依附王权和道德独立之间获得尽可能的平衡。此篇与《君道》篇相对，尽述为臣之道，缓缓叙来，颇似夫子自道。

荀子首先按两个标准，即是否听从君主的命令、言行举止是否对君主有利，将为人臣者分为四类：顺、谄、忠、篡。篡之极端名为"国贼"，忠之极端名为"谏、争、辅、拂"。所谓谏、争、辅、拂，皆是"从道不从君"的典型。而细察这两个评判标准，其中曲直又颇值得玩味。一个理想化的大臣，自然是既有利于国家又能合乎君主的心意，但这样的人在现实中却很难找到，君臣际遇能够如此融洽而有益于国家，也许又可以应和那句"金风玉露一相逢，便胜却人间无数"(《鹊桥仙》)。但更多的情况，臣子常常是只有利于国家但不合乎君主的胃口，或者时时迎合君主的心意而不利于国家。前者虽然往往在历史上受到后人颂扬，但在其有生之年也许并不得志，实现抱负的天地也颇为有限，甚至时时面临杀身之祸。而时常能随和君主心意的臣子却是颇为得意的，至少在形式上如此。因为他们的所有理想就是服侍好自己的主人，为君主的私欲时刻准备。所以，在一般状态下，能更迅速地实现自己的心理期望，获得赏识而身处高位。

这样的分类看似清晰可辨，事实上却非常容易出现问题。首先，在生活中我们也往往受到各种各样的约束，而由此对于同一件事的是非曲直也会各有论断。仁者见仁，智者见智，处于不同位置的人，看法也往往不一样。从命与否是显见的，而是否利君却未可知，而由此臣子的谏争进言的价值也就有待反复思量了。其次，所谓"利君"的外延也是宽泛的，在君主的私利和公利之间，短期利益与长远利益之间如何辨别，何去何从？这是为臣者的抉择，也是为君者体察每个臣子特点优劣，"慎自为择取"的关键。

处于当时的严酷现实之中，荀子和大部分士人的心灵是惨怛而无奈的。"迫胁于乱时，穷居于暴国，而无所避之"，是其现实的真实写照。每个士人身处其中，其回答也带有强烈的个人色彩。激进刚烈如孟子，则曰"天下有道，以道殉身；天下无道，以身殉道"（《孟子·尽心上》）。而避让韬晦如荀子，则曰"崇其美，扬其善，违其恶，隐其败，言其所长，不称其所短，以为成俗"，实行渐变的改革辅正，主张恭敬、调和、谨慎地侍奉君主，而非暴力革命。也正是在荀子这里，臣的地位开始降低，在价值理想与现实存在的矛盾中，荀子不得不放弃某些理想，以适应社会现实，开始了价值理想工具化的历程。而后世的一些儒者也就此继续沿着荀子的思路前行了。

致　士

衡听[①]、显幽、重明、退奸、进良之术：朋党比周之誉，君子不听；残贼加累之谮[②]，君子不用；隐忌雍蔽之人，君子不近；货财禽犊之请，君子不许。凡流言、流说、流事、流谋、流誉、流愬[③]，不官而衡至者，君子慎之。闻听而明誉之，定其当而当，然后士其刑赏而还与之[④]，如是则奸言、奸说、奸事、奸谋、奸誉、奸愬莫之试也，忠言、忠说、忠事、忠谋、忠誉、忠愬莫不明通，方起以尚尽矣[⑤]。夫是之谓衡听、显幽、重明、退奸、进良之术。

〔注释〕 ① 衡：通“横”，广。 ② 谮(zèn 怎去声)：诬陷。 ③ 愬(sù 诉)：通“诉”，诉说。 ④ 士：当为“出”字。 ⑤ 尚：通“上”。尽：通“进”，上进，呈献。

川渊深而鱼鳖归之，山林茂而禽兽归之，刑政平而百姓归之，礼义备而君子归之。故礼及身而行修，义及国而政明，能以礼挟而贵名白[①]，天下愿，令行禁止，王者之事毕矣。《诗》曰：“惠此中国，以绥四方。”[②]此之谓也。川渊者，龙鱼之居也；山林者，鸟兽之居也；国家者，士民之居也。川渊枯则龙鱼去之，山林险则鸟兽去之[③]，国家失政则士民去之。无土则人不安居，无人则土不守，无道法则人不至，无君子则道不举。故土之与人也，道之与法也者，国家之本作也。君子也者，道法之总要也，不可少顷旷也。得之则治，失之则乱；得之则安，失之则危；得之则存，失之则亡。故有良法而乱者有之矣，有君子而乱者，自古及今，未尝闻也，传曰：“治生乎君子，乱生于小人。”此之谓也。

〔注释〕 ① 挟：通“浃”，周遍。 ② “《诗》曰”句：见《诗经·大雅·民劳》。 ③ 险：通“俭”，草木稀疏。

得众动天，美意延年。诚信如神，夸诞逐魂[①]。

〔注释〕 ① 案：此四句与全文风格颇不相符，疑为它篇之误脱。

人主之患，不在乎不言用贤，而在乎诚必用贤[1]。夫言用贤者口也，却贤者行也，口行相反而欲贤者之至、不肖者之退也，不亦难乎！夫耀蝉者务在明其火、振其树而已，火不明，虽振其树，无益也。今人主有能明其德，则天下归之，若蝉之归明火也。

〔注释〕 ①“诚”前当脱一“不”字。

临事接民而以义，变应宽裕而多容，恭敬以先之，政之始也；然后中和察断以辅之，政之隆也[1]；然后进退诛赏之，政之终也。故一年与之始，三年与之终。用其终为始，则政令不行而上下怨疾，乱所以自作也。《书》曰：“义刑义杀，勿庸以即，女惟曰‘未有顺事’。”[2]言先教也。

〔注释〕 ① 隆：中。 ②“《书》曰”句：见《尚书·康诰》，但与今本《尚书》不尽相同。

程者[1]，物之准也；礼者，节之准也。程以立数，礼以定伦，德以叙位，能以授官。凡节奏欲陵[2]，而生民欲宽，节奏陵而文，生民宽而安。上文下安，功名之极也，不可以加矣。

〔注释〕 ① 程：度量衡的总称。 ② 陵：严格。

君者，国之隆也；父者，家之隆也。隆一而治，二而乱。

自古及今，未有二隆争重而能长久者。

师术有四，而博习不与焉：尊严而惮，可以为师；耆艾而信[①]，可以为师；诵说而不陵不犯，可以为师；知微而论，可以为师。故师术有四，而博习不与焉。水深而回，树落则粪本，弟子通利则思师。《诗》曰："无言不雠，无德不报。"[②]此之谓也。

〔注释〕 ① 耆(qí其)艾：五十岁称"艾"，六十岁称"耆"。 ② "《诗》曰"句：见《诗经·大雅·抑》。雠，应答。

赏不欲僭[①]，刑不欲滥，赏僭则利及小人，刑滥则害及君子。若不幸而过，宁僭无滥；与其害善，不若利淫。

〔注释〕 ① 僭(jiàn见)：过分。

【鉴赏】 诸侯并起，逐鹿中原，各国之间竞争的不仅仅在于国力、兵力上的比拼，更在于对优秀人才的争夺。"得之则治，失之则乱；得之则安，失之则危；得之则存，失之则亡"，招徕能人才士的数量多寡，牵系着国家的安危存亡。所以，小至大夫卿相，大至各国君主，都竭尽其能地招纳门客，为己所用。荀子在齐之稷下"三为祭酒"，结交各国往来之宾；又游历诸国，游说君主，于此感触颇深。"君子也者，道法之总要也"，便是其对于士人作用的经典论述。

所谓道法，乃是一个社会正义和公平的准绳，而从另一意义上来说又是一个国家民众的集体信仰。道法的坚守能否保持，归根到底在于这个国家是否存在这样的君子。"为政以德，譬如北辰居其所而众星共之"(《论语·为政》)，君子们便是围绕"北辰"的群星，辅佐君主，区分是非黑白，维护国家的“道法”所在。不过，君子所坚守的何止于单纯的礼法？在人心流散的乱世之中，芸芸众生皆以利益为尚，随波逐流。唯有君子了解先贤的美德，通悉古今兴衰之关键，在“众人皆醉”之际，坚守心中的道德和理想；也唯有君子，能直面人间的生灵涂炭，不懈地思索于终极，远瞻于未来，守护着国家的命运。也正因此，在荀子看来，寻求国士比建设制度更能对国家的存亡起决定作用，“有君子而乱者，自古及今，未尝闻也”。

然而，“招贤纳士”虽然成为一句响亮的口号，但打开尘封已久的历史卷册，到底又有多少君主将这句口号落于实处？且不论后世秦之坑儒扑灭多少智慧之光，更不论明之廷杖令天下士人斯文扫地，清之文字狱使华夏万马齐喑。早在令后人景仰不已的百家争鸣时代，多半也不过只是可闻而不可见的梦想。回归现实，耳濡目染的是惨烈持久的战争吞并、尔虞我诈。有治国抱负的人四处碰壁，郁郁不得志，而鸡鸣狗盗之辈却被尊为上宾。面对这些热闹与虚华，荀子洞悉深刻，“夫言用贤者口也，却贤者行也，口行相反而欲贤者之至、不肖者之退也，不亦难乎！夫耀蝉者务在明其火、振其树而已，火不明，虽振其树，无益也。”君主们言行不一，打着招募贤人的旗号，却专注于私利，礼义不备，刑政不平，亲佞人而远君子，如此又怎能期待天下归心呢？荀子的诘问正点中了诸侯的软肋，而这一深刻的论断也未尝不是他对于自己终生不得志原因的总结。

君子士人既为国家道法之根本，而其人亦与礼法合而为一，成为万民师法的对象。因此，在荀子看来，君子本身也承担了引导、教化民众的职责。正是出于教化这一点，荀子以“尊严而惮”、“耆艾而信”、“诵说而不陵不犯”、“知微而论”为人师的四大必要条件。为人师者，既承担教化之责，便不仅仅是知识的灌输，而是化育万民，树立信仰，对社会风气有导引之责。因此，为师者于己，则须时时自我审视，思考生活中的精微道理，求得学识的精进；于人，则悉心教导，向求教之人讲解古代的经典，务求合乎真理道义，导人向善。

对于荀子不以博学为师，有人认为，乃是荀子重“道”而轻“术”的表现。不过从另一个角度来看，知识的掌握固然重要，却始终不能穷尽。因此，树立正确严谨的治学之风，培养时时思考的良好习惯也许比所谓“博学”更为重要，而这些却往往在教与学的过程中被忽视了。尤其是今天这个功利而浮躁的世界中，荀子的这番话，恰如当头棒喝，能使我们重新去思考一些渐渐淡忘却非常重要的东西。

议　兵

临武君与孙卿子议兵于赵孝成王前①。王曰：“请问兵要。”

临武君对曰：“上得天时，下得地利，观敌之变动，后之发，先之至，此用兵之要术也。”

孙卿子曰：“不然。臣所闻古之道，凡用兵攻战之本在乎壹民。弓矢不调，则羿不能以中微；六马不和，则造父不能以致远；士民不亲附，则汤、武不能以必胜也。故善附民者，是乃善用兵者也。故兵要在乎善附民而已。”

临武君曰：“不然。兵之所贵者势利也，所行者变诈也。善用兵者，感忽悠暗，莫知其所从出，孙、吴用之，无敌于天下②，岂必待附民哉！”

〔注释〕 ① 临武君：战国时楚国将领。孙卿子：即荀况。赵孝成王：名丹，赵惠文王的儿子。　② 孙：孙武，春秋时齐国人，吴国阖闾的大将，著名军事家。吴：吴起，战国时卫国人，著名军事家，曾在魏国为将。

孙卿子曰：“不然。臣之所道，仁人之兵，王者之志也。

君之所贵，权谋势利也；所行，攻夺变诈也，诸侯之事也。仁人之兵，不可诈也。彼可诈者，怠慢者也，路亶者也[①]，君臣上下之间滑然有离德者也[②]。故以桀诈桀，犹巧拙有幸焉。以桀诈尧，譬之若以卵投石，以指挠沸；若赴水火，入焉焦没耳。故仁人上下，百将一心，三军同力，臣之于君也，下之于上也，若子之事父、弟之事兄，若手臂之扞头目而覆胸腹也，诈而袭之，与先惊而后击之，一也。且仁人之用十里之国，则将有百里之听；用百里之国，则将有千里之听；用千里之国，则将有四海之听。必将聪明警戒，和传而一[③]。故仁人之兵聚则成卒，散则成列，延则若莫邪之长刃，婴之者断；兑则若莫邪之利锋[④]，当之者溃；圜居而方止，则若盘石然，触之者角摧，案角鹿埵、陇种、东笼而退耳[⑤]。且夫暴国之君，将谁与至哉？彼其所与至者，必其民也。而其民之亲我欢若父母，其好我芬若椒兰；彼反顾其上则若灼黥，若仇雠。人之情，虽桀、跖，岂又肯为其所恶贼其所好者哉！是犹使人之子孙自贼其父母也，彼必将来告之，夫又何可诈也？故仁人用，国日明，诸侯先顺者安，后顺者危，虑敌之者削，反之者亡。《诗》曰：'武王载发，有虔秉钺；如火烈烈，则莫我敢遏。'[⑥]此之谓也。"

〔注释〕 ① 路亶(dàn 旦)：羸弱疲惫。路，通"露"，衰败，疲敝。亶，通"瘅"，疲惫，病。 ② 滑：当为"涣"字。 ③ 传：当为"抟"字。 ④ 莫邪(yé 爷)：古代传说中的利剑。 ⑤ 角：当为衍文。鹿埵(duǒ 朵)、陇种、东笼：都是古代方言，形容溃败披靡的样子。 ⑥ "《诗》曰"句：见《诗经·商颂·长发》。武王，指商汤。

孝成王、临武君曰："善！请问王者之兵设何道、何行而可？"

孙卿子曰:“凡在大王,将率末事也[①]。臣请遂道王者诸侯强弱存亡之效、安危之势。君贤者其国治,君不能者其国乱;隆礼贵义者其国治,简礼贱义者其国乱。治者强,乱者弱,是强弱之本也。上足卬[②],则下可用也;上不卬,则下不可用也。下可用则强,下不可用则弱,是强弱之常也。隆礼、效功,上也;重禄、贵节,次也;上功、贱节,下也,是强弱之凡也。好士者强,不好士者弱;爱民者强,不爱民者弱;政令信者强,政令不信者弱;民齐者强,民不齐者弱;赏重者强,赏轻者弱;刑威者强,刑侮者弱;械用兵革攻完便利者强[③],械用兵革窳楛不便利者弱[④];重用兵者强,轻用兵者弱;权出一者强,权出二者弱,是强弱之常也。齐人隆技击,其技也,得一首者则赐赎锱金[⑤],无本赏矣。是事小敌毳则偷可用也[⑥],事大敌坚则焉涣离耳。若飞鸟然,倾侧反复无日,是亡国之兵也,兵莫弱是矣,是其去赁市、佣而战之几矣。魏氏之武卒,以度取之,衣三属之甲[⑦],操十二石之弩,负服矢五十个,置戈其上,冠軸带剑[⑧],赢三日之粮,日中而趋百里,中试则复其户,利其田宅,是数年而衰而未可夺也,改造则不易周也。是故地虽大,其税必寡,是危国之兵也。秦人,其生民也陿阸[⑨],其使民也酷烈,劫之以势,隐之以阸,忸之以庆赏[⑩],鰌之以刑罚[⑪],使天下之民所以要利于上者,非斗无由也。阸而用之,得而后功之,功赏相长也,五甲首而隶五家,是最为众强长久,多地以正。故四世有胜,非幸也,数也。故齐之技击不可以遇魏氏之武卒,魏氏之武卒不可以遇秦之锐士,秦之锐士不可以当桓、文之节制,桓、文之节制不可以敌汤、武之仁义,有遇之者,若以焦熬投石焉。兼是数国者,皆干赏蹈利之兵也,佣徒鬻卖之道也，未有贵上、安制、綦节之理也；诸侯有能微妙之以节，则作而兼殆之耳。故招近募选[12]，隆势诈，尚功利，是渐之也；礼义教化，是齐之也。故以诈遇诈，犹有巧拙焉；以诈遇齐，辟之犹以锥刀堕太山也，非天下之愚人莫敢试。故王者之兵不试。汤、武之诛桀、纣也，拱挹指麾而强暴之国莫不趋使[13]，诛桀、纣若诛独夫。故《泰誓》曰：'独夫纣。'[14]此之谓也。故兵大齐则制天下，小齐则治邻敌。若夫招近募选，隆势诈，尚功利之兵，则胜不胜无常，代翕代张，代存代亡，相为雌雄耳矣。夫是之谓盗兵，君子不由也。故齐之田单[15]、楚之庄蹻[16]、秦之卫鞅[17]、燕之缪虮[18]，是皆世俗之所谓善用兵者也，是其巧拙强弱则未有以相君也，若其道一也，未及和齐也，掎契司诈[19]，权谋倾覆，未免盗兵也。齐桓、晋文、楚庄、吴阖闾、越勾践，是皆和齐之兵也，可谓入其域矣，然而未有本统也，故可以霸而不可以王。是强弱之效也。"

〔注释〕 ① 率：通"帅"，将率，将帅，将领。 ② 卬：通"仰"。 ③ 攻：通"工"，巧，工巧。功完，工巧完备。 ④ 窳楛（yǔ kǔ 雨苦）：器物粗劣、不牢固。 ⑤ 锱（zī 资）：古重量单位，八两为一锱。 ⑥ 毳：通"脆"，脆弱。 ⑦ 三属（zhǔ 嘱）：古代士兵身上穿的三片相连的铠甲，上身一，髀部一，胫部一。 ⑧ 軸（zhòu 宙）：通"胄"。 ⑨ 陿隘（xiá è 狭饿）：同"狭阨"。 ⑩ 忸（niǔ 纽）：通"狃"，习惯。 ⑪ 鳅（qiū 秋）：逼近。 ⑫ 近：当为"延"字。 ⑬ 挹（yì 义）：通"揖"，拜揖，作揖。 ⑭《泰誓》：《尚书》篇名。 ⑮ 田单：战国时齐国将领。燕攻齐，下七十余城，田单率军坚守墨城（今山东平度东南），用火牛阵大破燕军，收复失地，被封为安平君。 ⑯ 庄蹻（qiāo 敲）：楚威王时的将领，后率军造反，割据云南、贵州一带。 ⑰ 卫鞅：即商鞅，战国中期著名的法家代表，曾在秦国实行变法。 ⑱ 缪虮：人名，事迹不详。 ⑲ 契：通"挈"。掎挈，抓住。司：通"伺"，窥伺。

孝成王、临武君曰："善！请问为将。"

孙卿子曰："知莫大乎弃疑，行莫大乎无过，事莫大乎无悔。事至无悔而止矣，成不可必也。故制号政令，欲严以威；庆赏刑罚，欲必以信；处舍收臧[1]，欲周以固；徙举进退，欲安以重，欲疾以速；窥敌观变，欲潜以深，欲伍以参；遇敌决战，必道吾所明，无道吾所疑，夫是之谓六术。无欲将而恶废，无急胜而忘败，无威内而轻外，无见其利而不顾其害，凡虑事欲孰而用财欲泰[2]，夫是之谓五权。所以不受命于主有三：可杀而不可使处不完，可杀而不可使击不胜，可杀而不可使欺百姓，夫是之谓三至。凡受命于主而行三军，三军既定，百官得序，群物皆正，则主不能喜，敌不能怒，夫是之谓至臣。虑必先事而申之以敬，慎终如始，终始如一，夫是之谓大吉。凡百事之成也必在敬之，其败也必在慢之。故敬胜怠则吉，怠胜敬则灭；计胜欲则从，欲胜计则凶。战如守，行如战，有功如幸。敬谋无圹[3]，敬事无圹，敬吏无圹，敬众无圹，敬敌无圹。夫是之谓五无圹。谨行此六术、五权、三至而处之以恭敬无圹，夫是之谓天下之将，则通于神明矣。"

〔**注释**〕 ① 臧：通"藏"，收藏。 ② 孰：通"熟"，成熟，审慎。泰：不吝啬。③ 圹：通"旷"，松懈。

临武君曰："善！请问王者之军制。"

孙卿子曰："将死鼓，御死辔，百吏死职，士大夫死行列。闻鼓声而进，闻金声而退[1]，顺命为上，有功次之。令不进而进，犹令不退而退也，其罪惟均。不杀老弱，不猎禾稼[2]，服者不禽[3]，格者不舍，犇命者不获[4]。凡诛，非诛其百姓也，诛其乱百姓者也；百姓有扞其贼，则是亦贼也。以故顺刃者生，苏刃者死[5]，犇命者贡。微子开封于宋[6]，曹触龙断于军[7]，殷之服民，所以养生之者也，无异周人。故近者歌讴而乐之，远者竭蹷而趋之，无幽闲辟陋之国莫不趋使而安乐之，四海之内若一家，通达之属莫不从服，夫是之谓人师。《诗》曰：'自西自东，自南自北，无思不服。'[8]此之谓也。王者有诛而无战，城守不攻，兵格不击，上下相喜则庆之。不屠城，不潜军，不留众，师不越时。故乱者乐其政，不安其上，欲其至也。"

临武君曰："善！"

〔注释〕 ① 金声：敲钲(zhēng 征)的声音。古时作战，击鼓表示进军，鸣金表示收兵。 ② 猎：通"躐"，践踏。 ③ 禽：通"擒"，擒拿，捉拿。 ④ 犇(bēn 奔)：同"奔"。 ⑤ 苏：通"傃"(sù 素)，向。 ⑥ 微子：名启，商纣的庶兄，降周后封于宋。刘向避汉景帝讳，改"启"为"开"。 ⑦ 曹触龙：商纣王之将。见《臣道》篇。 ⑧ "《诗》曰"句：见《诗经·大雅·文王有声》。

陈嚣问孙卿子曰[1]："先生议兵，常以仁义为本。仁者爱人，义者循理，然则又何以兵为？凡所为有兵者，为争夺也。"

孙卿子曰："非女所知也。彼仁者爱人，爱人，故恶人之害之也；义者循理，循理，故恶人之乱之也。彼兵者，所以禁暴除害也，非争夺也。故仁人之兵，所存者神，所过者化，若时雨之降，莫不说喜。是以尧伐驩兜[2]，舜伐有苗[3]，禹伐共工[4]，汤伐有夏，文王伐崇[5]，武王伐纣，此四帝两王，皆以仁义之兵行于天下也。故近者亲其善，远方慕其德[6]，兵不血刃，远迩来服，德盛于此，施及四极。《诗》曰：'淑人君子，其仪不忒。'[7]此之谓也。"

〔注释〕 ① 陈嚣：荀子的学生。 ② 驩(huān 欢)兜：尧时的部落首领，传说被尧流放于崇山。 ③ 有苗：又称"三苗"，尧舜时的部落。 ④ 共工：禹时的部落首领，传说被禹流放到幽州。 ⑤ 崇：商朝诸侯国名。 ⑥ 德：当为"义"字。 ⑦ "《诗》曰"句：见《诗经·曹风·尸鸠》。

李斯问孙卿子曰[1]："秦四世有胜，兵强海内，威行诸侯，非以仁义为之也，以便从事而已。"

孙卿子曰："非女所知也。女所谓便者，不便之便也；吾所谓仁义者，大便之便也。彼仁义者，所以修政者也，政修则民亲其上，乐其君，而轻为之死。故曰：'凡在于军[2]，将率末事也。'秦四世有胜，諰諰然常恐天下之一合而轧己也[3]，此所谓末世之兵，未有本统也。故汤之放桀也，非其逐之鸣条之时也[4]；武王之诛纣也，非以甲子之朝而后胜之也[5]；皆前行素修也，此所谓仁义之兵也。今女不求之于本而索之于末，此世之所以乱也。"

〔注释〕 ① 李斯：荀子的学生，战国末期法家代表人物之一，后为秦国的丞相。 ② 军：当为"君"字。 ③ 諰諰(xǐ 喜)然：恐惧的样子。轧：倾轧。 ④ 鸣条：古地名，在今山西运城。 ⑤ 甲子之朝：武王克纣之日(见《尚书·牧誓》)。

礼者，治辨之极也[1]，强国之本也，威行之道也，功名之总也。王公由之，所以得天下也；不由，所以陨社稷也。故坚甲利兵不足以为胜，高城深池不足以为固，严令繁刑不足以为威，由其道则行，不由其道则废。楚人鲛革犀兕以为甲[2]，鞈如金石[3]，宛钜铁釶[4]，惨如蜂虿[5]，轻利僄遬[6]，卒如飘风[7]，然而兵殆于垂沙[8]，唐蔑死[9]，庄蹻起，楚分而为三四。是岂无坚甲利兵也哉？其所以统之者非其道故也。汝、颍以为险[10]，江、汉以为池[11]，限之以邓林[12]，缘之以方城[13]，然而秦师至而鄢、郢举[14]，若振槁然。是岂无固塞隘阻也哉？其所以统之者非其道故也。纣刳比干，囚箕子，为炮烙刑[15]，杀戮无时，臣下懔然莫必其命，然而周师至而令不行乎下，不能用其民。是岂令不严、刑不繁也哉？其所以统之者非其道故也。古之兵，戈矛弓矢而已矣，然而敌国不待试而诎；城郭不辨，沟池不抇[16]，固塞不树，机变不张，然而国晏然不畏外而明内者[17]，无它故焉，明道而分钧之，时使而诚爱之，下之和上也如影响，有不由令者然后诛之以刑[18]。故刑一人而天下服，罪人不邮其上[19]，知罪之在己也。是故刑罚省而威流，无它故焉，由其道故也。古者帝尧之治天下也，盖杀一人、刑二人而天下治。传曰："威厉而不试，刑错而不用。"此之谓也。

〔注释〕 ① 辨：通"办"，治理。 ② 鲛革：鲨鱼皮。兕(sì 四)：雌犀牛。 ③ 鞈(gé 革)：坚固的样子。 ④ 宛：楚国地名，在今河南南阳。鉇(shī 施)：矛。 ⑤ 虿(chài 柴去声)：蝎子一类的毒虫。 ⑥ 僄遬(piào sù 票速)：轻捷。遬，同"速"。 ⑦ 卒(cù 促)：通"猝"，忽然。 ⑧ 垂沙：古地名。 ⑨ 唐蔑：即唐昧，楚将。楚怀王时，秦、齐、韩、魏联合攻楚被杀。 ⑩ 汝、颍：都是水名，均流入淮河。 ⑪ 江、汉：长江和汉水。 ⑫ 邓林：楚北部邓地的山林。 ⑬ 方城：楚国北部的山名。 ⑭ 鄢、郢：均为楚地名，分别在今湖北宜城南和湖北江陵北，两地曾先后为楚都。 ⑮ 炮烙：相传纣王所制造的一种酷刑。 ⑯ 抇：当为"扫"(hú 胡)字，同"掘"。 ⑰ 明：当为衍文。内：当为"固"字。 ⑱ 诛：当为"俟"字。 ⑲ 邮：怨。

凡人之动也，为赏庆为之，则见害伤焉止矣。故赏庆、刑罚、势诈不足以尽人之力，致人之死。为人主上者也，其所以接下之百姓者无礼义忠信，焉虑率用赏庆、刑罚、势诈除阸其下[①]，获其功用而已矣。大寇则至，使之持危城则必畔[②]，遇敌处战则必北，劳苦烦辱则必犇，霍焉离耳[③]，下反制其上。故赏庆、刑罚、势诈之为道者，佣徒粥卖之道也，不足以合大众，美国家，故古之人羞而不道也。故厚德音以先之，明礼义以道之，致忠信以爱之，尚贤使能以次之，爵服庆赏以申之，时其事、轻其任以调齐之，长养之，如保赤子。政令以定，风俗以一，有离俗不顺其上，则百姓莫不敦恶[④]，莫不毒孽，若祓不祥[⑤]，然后刑于是起矣。是大刑之所加也，辱孰大焉？将以为利邪？则大刑加焉，身苟不狂惑戆陋，谁睹是而不改也哉？然后百姓晓然皆知修上之法[⑥]，像上之志而安乐之。于是有能化善、修身、正行、积礼义、尊道德，百姓莫不贵敬，莫不亲誉，然后赏于是起矣。是高爵丰禄之所加也，荣孰大焉？将以为害邪？则高爵丰禄以持养之，生民之属，孰不愿也？雕雕焉县贵爵重赏于其前[⑦]，县明刑大辱于其后[⑧]，虽欲无化，能乎哉？故民归之如流水，所存者神，所为者化而顺。暴悍勇力之属为之化而愿，旁辟曲私之属为之化而公，矜纠收缭之属为之化而调，夫是之谓大化至一。《诗》曰："王犹允塞，徐方既来。"[⑨]此之谓也。

〔**注释**〕 ① 焉：语助词。虑率：大凡，大抵。除阸：威逼。除，当为"险"字。② 畔：通"叛"。 ③ 霍焉：离散的样子。 ④ 敦：通"憝"(duì 对)，怨恨。 ⑤ 祓(fú 服)：古时一种除灾驱邪的仪式，此指驱除。 ⑥ 修：当为"循"字。 ⑦ 雕雕焉：明白的样子。 ⑧ 县：通"悬"，悬挂。 ⑨ "《诗》曰"句：见《诗经·大雅·常武》。

凡兼人者有三术：有以德兼人者，有以力兼人者，有以富兼人者。彼贵我名声，美我德行，欲为我民，故辟门除涂以迎吾入，因其民，袭其处[①]，而百姓皆安，立法施令莫不顺比，是故得地而权弥重，兼人而兵俞强[②]，是以德兼人者也。非贵我名声也，非美我德行也，彼畏我威，劫我势，故民虽有离心，不敢有畔虑，若是，则戎甲俞众，奉养必费，是故得地而权弥轻，兼人而兵俞弱，是以力兼人者也；非贵我名声也，非美我德行也，用贫求富，用饥求饱，虚腹张口来归我食，若是，则必发夫掌窌之粟以食之[③]，委之财货以富之，立良有司以接之，已朞三年[④]，然后民可信也，是故得地而权弥轻，兼人而国俞贫，是以富兼人者也。故曰：以德兼人者王，以力兼人者弱，以富兼人者贫。古今一也。

〔注释〕 ① 袭：因。 ② 俞：通"愈"。 ③ 掌：当为"禀"字，同"廪"，米仓。窌(jiào 窖)：地窖。 ④ 朞：通"綦"，极。

兼并易能也，唯坚凝之难焉。齐能并宋而不能凝也[①]，故魏夺之[②]；燕能并齐而不能凝也[③]，故田单夺之；韩之上地[④]，方数百里，完全富足而趋赵[⑤]，赵不能凝也，故秦夺之[⑥]。故能并之而不能凝，则必夺；不能并之又不能凝其有，则必亡。能凝之，则必能并之矣。得之则凝，兼并无强。古者汤以薄[⑦]，武王以滈[⑧]，皆百里之地也，天下为一，诸侯为臣，无它故焉，能凝之也。故凝士以礼，凝民以政，礼修而士服，政平而民安。士服民安，夫是之谓大凝，以守则固，以征则强，令行禁止，王者之事毕矣。

〔注释〕 ① 齐能并宋：公元前 286 年，齐伐宋，宋偃王出逃，死于温。 ② 魏夺之：公元前284年，魏与秦、赵、韩、燕共伐齐，齐湣王出逃，魏国得到了原属宋国的大部分土地。 ③ 燕能并齐：公元前284年，燕昭王派乐毅伐齐，攻陷齐国七十余城，齐仅剩莒、即墨二城。 ④ 上地：即上党，在今山西长治。 ⑤ 趋赵：公元前262年秦伐韩，韩上党郡不愿降秦而降赵。 ⑥ 秦夺之：公元前262年，秦昭王派白起攻伐已降赵的上党，赵国派老将廉颇率军拒秦，双方相持三年，不分胜负。后秦用反间计，使赵任命赵括为将，被白起大败于长平，占领了上党。 ⑦ 薄：通"亳"，地名，在今河南商丘。商汤曾建都于此。 ⑧ 滈：通"镐(hào 号)"，地名，在今陕西西安。西周国都。

【鉴赏】 荀子提倡义战，以"仁人之兵，王者之志"统一全国，使四海之内亲若一家是他的理想，也是他在《议兵》中不厌其烦地申述阐释的主旨。战争要循"礼"，这原本是春秋及之前的先人久已达成的共识。那时候的战争，大致发生在贵族之间，参战人数不多，作战规模也不大。开战之前，对阵双方有各种繁复的礼节，开战以后，也不会有过分的杀戮。整个战斗过程有种种公认的规则，敌对双方多能保持足够的互相尊重，并不一定要你死我活。正是出于对这种"军礼"文化的尊重和恪守，宋襄公在泓水之战中才固执坚持君子不乘人之危，不鼓不成列，即使最后被楚军打得落花流水，大败而归，受到众人的质疑和指责，却依然不改初衷。

但历史并没有因为宋襄公的坚持而沿着义战的方向发展下去，为争夺权力而杀得双眼血红的争霸战争愈演愈烈，仁义道德在赤裸裸的利害关系面前变得不堪一击。主张兵者诡道的孙子因其五战入郢大破楚军的功勋赢取了赫赫声名，他所推崇的战争不需要温情，手段可以无所不用其极的战争理念也随之风行。在这样的背景下，荀子重提务须以"仁"制兵，让身为其弟子的陈嚣与李斯也很不理解，前者发出"仁者爱人，义者循理，然则又何以兵为？凡所为有兵者，为争夺也"的疑问，后者则干脆说："秦四世有胜，兵强海内，威行诸侯，非以仁义为之也，以便从事而已。"

荀子与陈嚣、李斯的分歧在于对战争目的的理解不同。荀子认为用兵是为了禁暴除害，给百姓一个更安乐、有序的生活空间，而不是为了一己私欲的拼死争夺。怀着这样的理想,荀子痛恨交战时欺诈无道,更痛恨视人命如草芥的肆意屠杀,因为“凡诛,非诛其百姓也,诛其乱百姓者也”。如果我们对白起长平坑降卒四十万、项羽新安杀俘虏二十万的历史不能遗忘的话,我们应该为荀子的这一呼吁喝彩。哪怕春秋战国乃至整个古代历史的演变进程已经证明荀子的战争理想只是一个不可企及的梦,但仍然不代表道德对战争的制约作用可以被弃若敝屣。

李斯议兵时,以秦的崛起质疑荀子对仁的推崇,不久,更是只身入秦,最终助秦王嬴政完成了统一全国的大业,荀子的义战思想由此愈加式微。然而,当尚武的强秦二世而亡,如匆匆一现的昙花在历史的舞台谢去,荀子“兼并易能也,唯坚凝之难焉”的声音当会在整日忙于厮杀的人们耳边再次响起吧。

强 国

刑范正①,金锡美,工冶巧,火齐得,剖刑而莫邪已。然而不剥脱,不砥厉,则不可以断绳;剥脱之,砥厉之,则劙盘盂、刎牛马忽然耳②。彼国者,亦强国之剖刑已。然而不教诲,不调一,则入不可以守,出不可以战;教诲之,调一之,则兵劲城固,敌国不敢婴也③。彼国者亦有砥厉,礼义节奏是也。故人之命在天,国之命在礼。人君者隆礼尊贤而王,重法爱民而霸,好利多诈而危,权谋倾覆幽险而亡。

〔注释〕 ① 刑范:浇铸器物的模子。刑,通“型”。 ② 劙(lí 离):割。盘盂:试剑的铜器。刎(wěn 吻):割断。 ③ 婴:通“撄”,侵犯。

威有三:有道德之威者,有暴察之威者,有狂妄之威者。

此三威者，不可不孰察也。礼义则修，分义则明，举错则时，爱利则形[①]，如是，百姓贵之如帝，高之如天，亲之如父母，畏之如神明，故赏不用而民劝，罚不用而威行，夫是之谓道德之威。礼乐则不修，分义则不明，举错则不时，爱利则不形，然而其禁暴也察，其诛不服也审，其刑罚重而信，其诛杀猛而必，黭然而雷击之[②]，如墙厌之[③]，如是，百姓劫则致畏，嬴则敖上[④]，执拘则最[⑤]，得间则散，敌中则夺，非劫之以形势，非振之以诛杀，则无以有其下，夫是之谓暴察之威。无爱人之心，无利人之事，而日为乱人之道，百姓讙敖则从而执缚之[⑥]，刑灼之，不和人心，如是，下比周贲溃以离上矣[⑦]，倾覆灭亡可立而待也，夫是之谓狂妄之威。此三威者，不可不孰察也。道德之威成乎安强，暴察之威成乎危弱，狂妄之威成乎灭亡也。

〔注释〕 ① 形：通“刑”，法。 ② 黭(yǎn 掩)：通“奄”。而：通“如”，如同，犹如。 ③ 厌：通“压”，压倒，倒塌。 ④ 嬴：通“赢”，宽松。敖：通“傲”，傲慢。 ⑤ 最：当为“冣”(jù 聚)字之误，聚。 ⑥ 讙(huān 欢)：喧哗。敖：通“嗷”，喧噪。 ⑦ 贲：通“奔”，奔走。

公孙子曰[①]：“子发将西伐蔡[②]，克蔡，获蔡侯，归致命曰：‘蔡侯奉其社稷而归之楚，舍属二三子而治其地[③]。’既，楚发其赏，子发辞曰：‘发诫布令而敌退，是主威也；徙举相攻而敌退，是将威也；合战用力而敌退，是众威也。臣舍不宜以众威受赏。’”讥之曰：“子发之致命也恭，其辞赏也固。夫尚贤使能，赏有功，罚有罪，非独一人为之也，彼先王之道也，一人之本也，善善恶恶之应也，治必由之，古今一也。古者明王之举大事，立大功也，大事已博，大功已立，则君享其成，群臣享其功，士大夫益爵，官人益秩，庶人益禄。是以为善者劝，为不善者沮，上下一心，三军同力，是以百事成而功名大也。今子发独不然，反先王之道，乱楚国之法，堕兴功之臣，耻受赏之属，无僇乎族党而抑卑其后世[④]，案独以为私廉，岂不过甚矣哉！故曰：子发之致命也恭，其辞赏也固。”

〔注释〕 ① 公孙子：齐相，其人不详。 ② 子发：楚国令尹，姓景，名舍，字子发。③ 舍：子发自称。属（zhǔ 嘱）：嘱托。 ④ 僇（lù 路）：羞辱。

荀卿子说齐相曰：“处胜人之势，行胜人之道，天下莫忿，汤武是也；处胜人之势，不以胜人之道，厚于有天下之势，索为匹夫不可得也，桀、纣是也。然则得胜人之势者，其不如胜人之道远矣。夫主相者，胜人以势也，是为是，非为非，能为能，不能为不能，并己之私欲[①]，必以道夫公道通义之可以相兼容者，是胜人之道也。今相国上则得专主，下则得专国，相国之于胜人之势，亶有之矣[②]。然则胡不驱此胜人之势赴胜人之道[③]，求仁厚明通之君子而托王焉，与之参国政，正是非？如是，则国孰敢不为义矣？君臣上下，贵贱长少，至于庶人，莫不为义，则天下孰不欲合义矣？贤士愿相国之朝，能士愿相国之官，好利之民莫不愿以齐为归，是一天下也。相国舍是而不为，案直为是世俗之所以为，则女主乱之宫，诈臣乱之朝，贪吏乱之官，众庶百姓皆以贪利争夺为俗，曷若是而可以持国乎？今巨楚县吾前，大燕鰌吾后[④]，劲魏钩吾右[⑤]，西壤之不绝若绳，楚人则乃有襄贲、开阳以临吾左[⑥]，是一国作谋则三国必起而乘我，如是，则齐必断而为四三，国若假城然耳[⑦]，必为天下大笑。曷若？两者孰足为也？夫桀、纣，圣王之后子孙也，有天下者之世也，势籍之所存，天下之宗室也，土地之大，封内千里，人之众数以亿万，俄而天下倜然举去桀、纣而犇汤、武[⑧]，反然举恶桀、纣而贵汤、武[⑨]，是何也？夫桀、纣何失而汤、武何得也？曰：是无它故焉，桀纣者，善为人所恶也；而汤武者，善为人所好也。人之所恶何也？曰：污漫、争夺、贪利是也。人之所好者何也？曰：礼义、辞让、忠信是也。今君人者，辟称比方则欲自并乎汤、武，若其所以统之，则无以异于桀、纣，而求有汤、武之功名可乎？故凡得胜者必与人也，凡得人者必与道也。道也者何也？曰：礼让忠信是也。故自四五万而往者强胜，非众之力也，隆在信矣；自数百里而往者安固，非大之力也，隆在修政矣。今已有数万之众者也，陶诞、比周以争与；已有数百里之国者也，污漫、突盗以争地。然则是弃已之所安强，而争已之所以危弱也，损已之所不足，以重已之所有余，若是其悖缪也，而求有汤、武之功名可乎？辟之是犹伏而咶天[⑩]，救经而引其足也[⑪]，说必不行矣，愈务而愈远。为人臣者不恤已行之不行，苟得利而已矣，是渠冲入穴而求利也[⑫]，是仁人之所羞而不为也。故人莫贵乎生，莫乐乎安，所以养生安乐者莫大乎礼义。人知贵生乐安而弃礼义，辟之是犹欲寿而歾颈也[⑬]，愚莫大焉。故君人者爱民而安，好士而荣，两者无一焉而亡。《诗》曰：'价人维藩，大师维垣。'[⑭]"此之谓也。

〔注释〕 ① 并：通"屏"，屏弃。 ② 亶(dǎn胆)：诚然。 ③ 驱：驾驭。 ④ 鰌(qiū秋)：通"遒"，逼迫。 ⑤ 钩：牵制。 ⑥ 襄贲、开阳：均楚国地名，在今山东临沂北。 ⑦ 假：借。 ⑧ 倜然：远离的样子。 ⑨ 反然：通“翻然”，改变的样子。 ⑩ 咶(shì 试)：通“舐”。 ⑪ 经：缢。 ⑫ 渠冲：攻城的大车。 ⑬ 殇(wěn 吻)：同“刎”。 ⑭ “《诗》曰”句：见《诗经·大雅·板》。

力术止，义术行。曷谓也？曰：秦之谓也。威强乎汤、武，广大乎舜、禹，然而忧患不可胜校也，諰諰然常恐天下之一合而轧己也，此所谓力术止也。曷谓乎威强乎汤、武？汤、武也者，乃能使说己者用耳。今楚父死焉[①]，国举焉，负三王之庙而辟于陈、蔡之间，视可、司间[②]，案欲剡其胫而以蹈秦之腹[③]，然而秦使左案左，使右案右，是乃使仇人役也，此所谓威强乎汤、武也。曷谓广大乎舜、禹也？曰：古者百王之一天下、臣诸侯也，未有过封内千里者也。今秦南乃有沙羡与俱[④]，是乃江南也，北与胡、貉为邻[⑤]，西有巴、戎[⑥]，东在楚者乃界于齐，在韩者踰常山乃有临虑[⑦]，在魏者乃据圉津[⑧]，即去大梁百有二十里耳[⑨]，其在赵者剡然有苓而据松柏之塞[⑩]，负西海而固常山，是地遍天下也[⑪]。威动海内，强殆中国，然而忧患不可胜校也，諰諰然常恐天下之一合而轧己也，此所谓广大乎舜、禹也。然则奈何？曰：节威反文，案用夫端诚信全之君子治天下焉，因与之参国政，正是非，治曲直，听咸阳[⑫]，顺者错之，不顺者而后诛之。若是，则兵不复出于塞外而令行于天下矣；若是，则虽为之筑明堂于塞外而朝诸侯[⑬]，殆可矣。假今之世，益地不如益信之务也。

〔注释〕 ① 楚父：楚顷襄王的父亲楚怀王。怀王三十年(前 299 年)，受骗入秦见秦昭王，被扣留，后死于秦。 ② 司：通“伺”，伺机。 ③ 剡(yǎn 掩)：兴起。 ④ 沙羡：地名，在今湖北武汉。 ⑤ 胡、貉(mò 陌)：古时称北部少数民族为胡，称东北部少数民族为貉。 ⑥ 巴：国名，在今四川东部一带。戎：古时称西部少数民族为戎。 ⑦ 常山：即恒山。临虑：地名，在今河南。 ⑧ 圉(yǔ 语)津：当作“围津”，地名，在今河南。 ⑨ 大梁：魏国的国都，今河南开封。 ⑩ 苓：古地名，地址不详。 ⑪ 下文“此所谓广大乎舜、禹也”一句当移至本句后。 ⑫ 咸阳：战国时秦国国都，在今陕西咸阳东。 ⑬ 明堂：古时天子宣明政教及举行大典的地方。

应侯问孙卿子曰[①]：“入秦何见？”

孙卿子曰：“其固塞险，形势便，山林川谷美，天材之利多，是形胜也。入境，观其风俗，其百姓朴，其声乐不流污，其服不挑[②]，甚畏有司而顺，古之民也。及都邑官府，其百吏肃然，莫不恭俭、敦敬、忠信而不楛，古之吏也。入其国，观其士大夫，出于其门，入于公门，出于公门，归于其家，无有私事也，不比周，不朋党，倜然莫不明通而公也，古之士大夫也。观其朝廷，其间听决百事不留，恬然如无治者，古之朝也。故四世有胜，非幸也，数也。是所见也。故曰：佚而治，约而详，不烦而功，治之至也。秦类之矣。虽然，则有其諰矣[③]。兼是数具者而尽有之，然而县之以王者之功名，则倜倜然其不及远矣。是何也？则其殆无儒邪？故曰：粹而王，驳而霸，无一焉而亡。此亦秦之所短也。”

〔注释〕 ① 应侯：即范雎，战国时魏人，秦昭王相，封于应，故称应侯。 ② 挑：通“佻”，轻佻，轻薄。 ③ 諰：忧惧。

积微，月不胜日，时不胜月，岁不胜时。凡人好敖慢小事[①]，大事至然后兴之务之，如是则常不胜夫敦比于小事者矣[②]。是何也？则小事之至也数[③]，其县日也博[④]，其为积也大；大事之至也希，其县日也浅，其为积也小。故善日者王，善时者霸，补漏者危，大荒者亡。故王者敬日，霸者敬时，仅存之国危而后戚之，亡国至亡而后知亡，至死而后知死，亡国之祸败不可胜悔也。霸者之善箸焉[⑤]，可以时托也[⑥]；王者之功名不可胜日志也。财物货宝以大为重，政教功名反是，能积微者速成。《诗》曰："德輶如毛，民鲜克举之。"[⑦]此之谓也。

〔注释〕 ① 敖：通"傲"，轻慢，轻视。 ② 敦比：治理。 ③ 数（shuò 硕）：频繁。④ 县：通"悬"，悬挂。博：多。 ⑤ 箸：通"著"，显著，彰著。 ⑥ 托：当为"记"字之误。 ⑦ "《诗》曰"句：见《诗经·大雅·烝民》。輶（yóu 由），轻。

凡奸人之所以起者，以上之不贵义，不敬义也。夫义者，所以限禁人之为恶与奸者也。今上不贵义，不敬义，如是，则下之人百姓皆有弃义之志，而有趋奸之心矣，此奸人之所以起也。且上者，下之师也，夫下之和上，譬之犹响之应声，影之像形也。故为人上者不可不顺也[①]。夫义者，内节于人而外节于万物者也，上安于主而下调于民者也。内外上下节者，义之情也。然则凡为天下之要，义为本而信次之。古者禹、汤本义务信而天下治，桀、纣弃义倍信而天下乱，故为人上者必将慎礼义、务忠信然后可。此君人者之大本也。

〔注释〕 ① 顺：通"慎"，谨慎。

堂上不粪[①]，则郊草不瞻旷芸[②]；白刃扞乎胸[③]，则目不见流矢；拔戟加乎首[④]，则十指不辞断。非不以此为务也，疾养缓急之有相先者也[⑤]。

〔**注释**〕 ① 粪：扫除。 ② 瞻旷：当为衍文。芸：通“耘”，除去。 ③ 扞：犯。④ 拔：疾。 ⑤ 疾：痛。养：通“痒”，疾痒，痛痒。

【鉴赏】 孔、孟对社会政治都抱有理想主义的坚持，与之相比，荀子虽然也始终把“王道”当作最高目标，但他同时认为“霸道”也不无可取之处。在他“隆礼尊贤而王，重法爱民而霸，好利多诈而危，权谋倾覆幽险而亡”的梯级模式里，作为次一级的理想目标，霸道的位置仅次于王道。正是在这种意义上，荀子有保留地肯定了当时的强秦。

与对秦国自然环境和资源的赞美相比，荀子对秦的吏治显然更为欣赏，认为“及(秦)都邑官府，其百吏肃然，莫不恭俭、敦敬、忠信而不楛，古之吏也”，其激赏之情溢于言表。“廉政”的概念最先是由春秋时的齐国大夫晏婴提出来的，他曾在拒绝齐景公的封地时说，“所以贫而不恨者，以善为师也。今封，易婴之师。师已轻，封已重矣。敢辞”(《绎史》卷七十七上)。清廉在这里被作为善德的源头活水看待，被后来的法家进一步制度规章化，运用于当时僻处西陲、经济文化相对落后的秦国，对抑制官吏队伍的腐败化趋势，保障官僚机构高效有序运转作用甚巨。与此同时，苟且偷安、腐败日盛的东方六国，正如被蛀虫蛀空的大树，日渐飘摇欲坠，一旦秦国发起攻势，便如遭遇狂风暴雨般纷纷轰然倒地。

秦国的崛起是荀子生活时代无法回避的事实，大国争霸成为当时议论国政时一个绕不过去的现实课题，荀子对“霸道”的折衷接受态度就是他对时代强势所作的有限让步，这从荀子对“富国”、“强国”、“霸”、“兵”、“法”等主题的关注上可见一斑。设若在当时难以抵挡的秦的强势之下，荀子完全采用儒家的政治资源和智慧来解决法家所关注的富国强兵主题，即使不被认为是迂腐，至少也被认为是不现实。但从儒家的仁义和王道来衡量，秦当然并非荀子标举的理想之治，“其殆无儒邪”是他对其为何不够理想的解释。在以力量决高下的战国末期，又有着秦以法术而强盛的背景，荀子对儒家道德理想主义的坚持彰显了他巨大的勇气。

而秦国后来的现实果真如荀子所说，亡于文化的过于专制和暴力。

哪怕是在其统一之初尚国富兵强时，六国旧贵族和诸多儒生都敢于在朝廷公开毁议秦政。当然儒生们为此付出了惨重的代价，“焚书坑儒”成为儒者们永远挥之不去的惨痛记忆。但原本期望能二世、三世乃至千秋万代传下去的秦王朝最终如昙花一现，不能不说当初荀子所指出的其文化、政治政策上的偏颇是其如此收场的重要原因所在。

天　论

天行有常，不为尧存，不为桀亡。应之以治则吉，应之以乱则凶。强本而节用，则天不能贫；养备而动时，则天不能病；修道而不贰[①]，则天不能祸。故水旱不能使之饥渴[②]，寒暑不能使之疾，祆怪不能使之凶[③]。本荒而用侈，则天不能使之富；养略而动罕[④]，则天不能使之全；倍道而妄行，则天不能使之吉。故水旱未至而饥，寒暑未薄而疾[⑤]，祆怪未至而凶。受时与治世同，而殃祸与治世异，不可以怨天，其道然也。故明于天人之分，则可谓至人矣。不为而成，不求而得，夫是之谓天职。如是者，虽深，其人不加虑焉；虽大，不加能焉；虽精，不加察焉。夫是之谓不与天争职。天有其时，地有其财，人有其治，夫是之谓能参。舍其所以参而愿其所参，则惑矣。列星随旋，日月递炤[⑥]，四时代御，阴阳大化，风雨博施，万物各得其和以生，各得其养以成，不见其事而见其功，夫是之谓神。皆知其所以成，莫知其无形，夫是之谓天。唯圣人为不求知天。

〔**注释**〕 ① 修：当为“循”字。贰：当为“忒”字之误。 ② 渴：疑为衍文。

③ 祆：同“妖”，妖异，怪异。 ④ 略：减少。罕：希。 ⑤ 薄：迫近。 ⑥ 炤：同“照”，照耀。

天职既立，天功既成，形具而神生，好恶、喜怒、哀乐臧焉[①]，夫是之谓天情。耳目鼻口形能，各有接而不相能也，夫是之谓天官。心居中虚以治五官，夫是之谓天君。财非其类[②]，以养其类，夫是之谓天养。顺其类者谓之福，逆其类者谓之祸，夫是之谓天政。暗其天君，乱其天官，弃其天养，逆其天政，背其天情，以丧天功，夫是之谓大凶。圣人清其天君，正其天官，备其天养，顺其天政，养其天情，以全其天功。如是，则知其所为，知其所不为矣，则天地官而万物役矣。其行曲治[③]，其养曲适，其生不伤，夫是之谓知天。故大巧在所不为，大智在所不虑。所志于天者[④]，已其见象之可以期者矣；所志于地者，已其见宜之可以息者矣；所志于四时者，已其见数之可以事者矣；所志于阴阳者，已其见知之可以治者矣[⑤]。官人守天而自为守道也。

〔**注释**〕 ① 臧：通“藏”，蕴藏。 ② 财：通“裁”，裁制，利用。 ③ 曲：周遍。 ④ 志：认识。 ⑤ 知：当为“和”字。

治乱天邪？曰：日月、星辰、瑞历[①]，是禹、桀之所同也，禹以治，桀以乱，治乱非天也。时邪？曰：繁启蕃长于春夏[②]，畜积收臧于秋冬，是又禹、桀之所同也，禹以治，桀以乱，治乱非时也。地邪？曰：得地则生，失地则死，是又禹、桀之所同也，禹以治，桀以乱，治乱非地也。《诗》曰：“天作高山，大王荒之；彼作矣，文王康之。”[③]此之谓也。

〔注释〕 ① 瑞历：历象，天体运行的现象。 ② 繁：多。启：萌芽。 ③“《诗》曰”句：见《诗经·周颂·天作》。高山，指岐山，在今陕西岐山东北。

天不为人之恶寒也辍冬，地不为人之恶辽远也辍广，君子不为小人匈匈也辍行[①]。天有常道矣，地有常数矣，君子有常体矣。君子道其常而小人计其功。《诗》曰：“何恤人之言兮！”[②]此之谓也。

〔注释〕 ① 匈匈：通“讻讻”，喧哗的声音。 ②“《诗》曰”句：不见于今本《诗经》，当为佚诗。句首疑脱“礼义之不愆”五字。

楚王后车千乘，非知也；君子啜菽饮水[①]，非愚也。是节然也[②]。若夫心意修[③]，德行厚，知虑明，生于今而志乎古，则是其在我者也。故君子敬其在己者，而不慕其在天者；小人错其在己者[④]，而慕其在天者。君子敬其在己者而不慕其在天者，是以日进也；小人错其在己者而慕其在天者，是以日退也。故君子之所以日进与小人之所以日退，一也。君子小人之所以相县者在此耳。

〔注释〕 ① 啜(chuò 绰)：吃。菽：豆类，泛指粗粮。 ② 节：时运。 ③ 心：当为“志”字。 ④ 错：通“措”，放弃。

星队、木鸣[①]，国人皆恐，曰：是何也？曰：无何也，是天地之变，阴阳之化，物之罕至者也，怪之可也，而畏之非也。夫日月之有蚀，风雨之不时，怪星之党见[②]，是无世而不常有之。上明而政平，则是虽并世起，无伤也；上暗而政险，则是虽无一至者，无益也。夫星之队，木之鸣，是天地之变，阴阳之化，物之罕至者也，怪之可也，而畏之非也。物之已至者，人祆则可畏也。楛耕伤稼，耘耨失薉[3]，政险失民，田薉稼恶，籴贵民饥[4]，道路有死人，夫是之谓人祆。政令不明，举错不时，本事不理，夫是之谓人祆。礼义不修，内外无别，男女淫乱，则父子相疑，上下乖离，寇难并至，夫是之谓人祆。祆是生于乱，三者错，无安国。其说甚尔[5]，其菑甚惨[6]。勉力不时，则牛马相生，六畜作祆[7]，可怪也，而不可畏也[8]。传曰："万物之怪，书不说。无用之辩，不急之察，弃而不治。"若夫君臣之义，父子之亲，夫妇之别，则日切瑳而不舍也[9]。

〔注释〕 ① 队：同"坠"，下落，坠落，划过天空。 ② 党：通"傥"，偶然。 ③ 耘耨失薉：当作"枯耘伤岁"。 ④ 籴(dí 笛)：买粮。 ⑤ 尔：通"迩"，近。 ⑥ 菑：通"灾"，灾祸，灾难。 ⑦ 以上三句与文义不顺，疑在上面"本事不理"句之下。 ⑧ 不：当作"亦"字。 ⑨ 瑳：同"磋"，切瑳，切磋，钻研，讲求。

雩而雨[1]，何也？曰：无何也，犹不雩而雨也。日月食而救之[2]，天旱而雩，卜筮然后决大事，非以为得求也，以文之也。故君子以为文，而百姓以为神。以为文则吉，以为神则凶也。

〔注释〕 ① 雩(yú 鱼)：古时求雨的祭祀。 ② 日月食而救之：古人以为日食和月食是天狗把它们吞吃了，于是敲盆击鼓想吓跑天狗来救日、月。

在天者莫明于日月，在地者莫明于水火，在物者莫明于珠玉，在人者莫明于礼义。故日月不高，则光晖不赫；水火不积，则晖润不博；珠玉不睹乎外[①]，则王公不以为宝；礼义不加于国家，则功名不白[②]。故人之命在天，国之命在礼。君人者隆礼尊贤而王，重法爱民而霸，好利多诈而危，权谋倾覆幽险而尽亡矣。大天而思之，孰与物畜而制之？从天而颂之，孰与制天命而用之？望时而待之，孰与应时而使之？因物而多之，孰与骋能而化之？思物而物之，孰与理物而勿失之也？愿于物之所以生，孰与有物之所以成？故错人而思天，则失万物之情。

〔注释〕 ① 睹：当为“睹”(dǔ睹)字，明亮。 ② 白：显著。

百王之无变，足以为道贯。一废一起，应之以贯，理贯不乱。不知贯，不知应变，贯之大体未尝亡也。乱生其差，治尽其详。故道之所善，中则可从，畸则不可为，匿则大惑[①]。水行者表深，表不明则陷；治民者表道，表不明则乱。礼者，表也。非礼，昏世也。昏世，大乱也。故道无不明，外内异表，隐显有常，民陷乃去。

〔注释〕 ① 匿：通“慝”(tè特)，差错。

万物为道一偏，一物为万物一偏，愚者为一物一偏，而自以为知道，无知也。慎子有见于后[①]，无见于先；老子有见于诎[②]，无见于信[③]；墨子有见于齐[④]，无见于畸[⑤]；宋子有见于少[⑥]，无见于多。有后而无先，则群众无门；有诎而无信，则贵贱不分；有齐而无畸，则政令不施；有少而无多，则群众不化。《书》曰：“无有作好，遵王之道；无有作恶，遵王之路。”此之谓也。

〔注释〕 ① 慎子：指慎到。见《修身》。 ② 老子：道家的创始人，相传是春秋时楚国苦县人，姓李，名耳，字伯阳，号老聃。诎：通“屈”，委曲求全。 ③ 信：通“伸”，伸展，进取。 ④ 墨子：即墨翟。见《修身》。 ⑤ 畸：不齐。 ⑥ 宋子：即宋钘。见《非十二子》篇。

【鉴赏】 上至帝王将相，下至黎民百姓，古人早已习惯于将自己的未来交付给神秘莫测的命运。观星、卜卦、祭天、祈雨、求神，是他们日常生活中必不可少的一部分，甚至会在一定程度上左右他们对于人、事、物的判断取舍。作为儒家经典之一的《中庸》，也曾有过这样的论调：“国家将兴，必有祯祥；国家将亡，必有妖孽。”然而荀子却认为，自然界种种诡异奇特的现象，与个人的荣辱得失乃至国家的盛衰兴亡之间并没有绝对的、必然的联系。“列星随旋，日月递炤，四时代御，阴阳大化，风雨博施”，面对不可捉摸的自然之天，人们不必战战兢兢如履薄冰，只要“明于天人之分”，懂得“天行有常”，进而掌握自然之天的运行规律，就能够“制天命而用之”。在中国历史上，终于有一个响亮的声音唤醒了匍匐在“神天”脚下的人们，告诉他们原来“天”并非是具有独裁意志的上帝化身。苍茫宇宙间，所有的功过都只是“不为而成，不求而得”。“天不为人之恶寒也辍冬，地不为人之恶辽远也辍广”，自然界既不会为任何温存善良的心灵而感动，也不会被任何为非作歹的暴徒所激怒。那些为了民间冤情动容，“雪飞六月”、“亢旱三年”的“青天”，不过是文学作品中略带夸张的想象罢了。沉睡的心灵一旦觉醒，所有的愚民手段都将黯然失色，所有的堂皇借口也将瓦解破碎。荀子指引世人认识到自身从来不是比“天”低贱、只能听凭“天”来安排命运的族类。“人”可以平等地看待自我与上苍的关系，甚至可以通过自己的努力来驱使“天”、征服“天”。“道者，非天之道，非地之道，人之所以道也，君子之所道也。”（《儒效》）荀子认为，要改善个人的生活，不能乞求上天的怜悯与施舍，而必须依靠自身的努力奋斗。同样，要主宰国家的治乱之势,也不能寄望于天时地利的巧合或是祭祀占卜的吉凶,而必须依靠君臣子民齐心协力地贯彻礼义之道。

从某种意义上,荀子的"天人相分"论中颇含有一些批判道家思想特别是庄子"天人合一"论的意味。面对"天"与"人"的关系,庄子主张"无以人灭天"(《庄子·秋水》),认为一切应当顺其自然,不能因为人类无穷尽的欲望,就肆意地向自然无度索取或是对万物本性妄加改造。他的思想已经超越了人类以自我为中心的价值观,进入到"天地与我并生,而万物与我为一"(《庄子·齐物论》)的境界。但荀子并不赞许庄子对于生命与自然的诗意信仰,他在《解蔽》篇中就曾经指责庄子的哲学思想"蔽于天而不知人"。荀子心中自有一座理性机制的天平,富国王霸的梦想砌成了它的底座,道德礼义的约束铸就了它的指针,而现实政治利益则是天平上唯一的砝码。他用这座天平来衡量世间一切思想的价值,合之者视若珍宝,"日切瑳而不舍";逆之者打入冷宫,统统归类为"无用之辩,不急之察",最终"弃而不治"。荀子眼见世人领受着"楛耕伤稼,耘耨失薉,政险失民,田薉稼恶,籴贵民饥,道路有死人"等诸多苦难险恶,不由地质问起现有体制下"政令不明,举错不时,本事不理……礼义不修"的各种漏洞。"大巧在所不为,大智在所不虑",比起缥缈在云端的空头理论,或是并不会对社会生活造成根本影响的流星、日蚀,他宁愿更多地关注于现实生活。明乎此,蕴含于《天论》中的热切初衷也就卓然自现。我们既可以将其视作荀子对于往日敬天事鬼的民族文化传统的坚决反叛,也可以把它当成是荀子对于未来社会合理开发利用自然的一次启蒙。只可惜凡事过犹不及,身处战国末年的荀子又怎能预见到近世人类对于自然的疯狂掠夺与不计后果的肆意破坏呢?

正 论

世俗之为说者曰:"主道利周①。"是不然。主者,民之唱也[②];上者,下之仪也。彼将听唱而应,视仪而动。唱默则民无应也,仪隐则下无动也。不应不动,则上下无以相有也[③]。若是,则与无上同也,不祥莫大焉。故上者,下之本也,上宣明则下治辨矣[④],上端诚则下愿悫矣,上公正则下易直矣。治辨则易一,愿悫则易使,易直则易知。易一则强,易使则功,易知则明,是治之所由生也。上周密则下疑玄矣[⑤],上幽险则下渐诈矣,上偏曲则下比周矣。疑玄则难一,渐诈则难使,比周则难知。难一则不强,难使则不功,难知则不明,是乱之所由作也。故主道利明不利幽,利宣不利周。故主道明则下安,主道幽则下危。故下安则贵上,下危则贱上。故上易知则下亲上矣,上难知则下畏上矣。下亲上则上安,下畏上则上危。故主道莫恶乎难知,莫危乎使下畏己。传曰:"恶之者众则危。"《书》曰:"克明明德。"[⑥]《诗》曰:"明明在下。"[⑦]故先王明之,岂特玄之耳哉!

〔**注释**〕 ① 周:隐密。 ② 唱:倡导。 ③ 有:当为"胥"字,通"须",等待。 ④ 辨:通"办",治理。 ⑤ 玄:通"眩",迷惑。 ⑥ "《书》曰"句:见《尚书·尧典》,今本作"克明俊德"。 ⑦ "《诗》曰"句:见《诗经·大雅·大明》。

世俗之为说者曰:"桀、纣有天下,汤、武篡而夺之。"是不然。以桀、纣为常有天下之籍则然,亲有天下之籍则不然[①],天下谓在桀、纣则不然。古者天子千官,诸侯百官。以是千官也,令行于诸夏之国,谓之王;以是百官也,令行于境内,国虽不安,不至于废易遂亡[②],谓之君。圣王之子也,有天下之后也,势籍之所在也,天下之宗室也,然而不材不中,内则百姓疾之,外则诸侯叛之,近者境内不一,遥者诸侯不听,令不行于境内，甚者诸侯侵削之，攻伐之，若是，则虽未亡，吾谓之无天下矣。圣王没，有势籍者罢不足以县天下[3]，天下无君，诸侯有能德明威积，海内之民莫不愿得以为君师。然而暴国独侈，安能诛之，必不伤害无罪之民，诛暴国之君若诛独夫。若是，则可谓能用天下矣。能用天下之谓王。汤、武非取天下也，修其道，行其义，兴天下之同利，除天下之同害，而天下归之也。桀、纣非去天下也，反禹、汤之德，乱礼义之分，禽兽之行，积其凶，全其恶，而天下去之也。天下归之之谓王，天下去之之谓亡。故桀、纣无天下而汤、武不弑君，由此效之也。汤、武者，民之父母也；桀纣者，民之怨贼也。今世俗之为说者，以桀、纣为君而以汤、武为弑，然则是诛民之父母而师民之怨贼也，不祥莫大焉。以天下之合为君，则天下未尝合于桀、纣也。然则以汤、武为弑，则天下未尝有说也，直堕之耳[4]。故天子唯其人。天下者，至重也，非至强莫之能任；至大也，非至辨莫之能分；至众也，非至明莫之能和。此三至者，非圣人莫之能尽，故非圣人莫之能王。圣人备道全美者也，是县天下之权称也[5]。桀、纣者，其知虑至险也，其至意至暗也[6]，其行之为至乱也[7]；亲者疏之，贤者贱之，生民怨之，禹、汤之后也，而不得一人之与；刳比干，囚箕子，身死国亡，为天下之大僇[8]，后世之言恶者必稽焉，是不容妻子之数也。故至贤畴四海[9]，汤、武是也；至罢不能容妻子，桀、纣是也。今世俗之为说者，以桀、纣为有天下而臣汤、武，岂不过甚矣哉！譬之，是犹伛巫、跛匡大自以为有知也[10]。故可以有夺人国，不可以有夺人天下；可以有窃国，不可以有窃天下也。可以夺之者可以有国，而不可以有天下；窃可以得国，而不可以得天下。是何也？曰：国，小具也，可以小人有也，可以小道得也，可以小力持也；天下者，大具也，不可以小人有也，不可以小道得也，不可以小力持也。国者，小人可以有之，然而未必不亡也；天下者，至大也，非圣人莫之能有也。

〔注释〕 ① 不：当为衍文。 ② 遂：通“坠”。 ③ 罢：通“疲”。县：通“悬”。 ④ 堕：毁，污蔑。 ⑤ 权称：秤，这里指标准。 ⑥ 至意：当为“志意”。 ⑦ 之：当为衍文。 ⑧ 僇：通“戮”，杀戮。 ⑨ 畴：保。 ⑩ 匡(wāng 汪)：通“尪”，残疾人。

世俗之为说者曰：“治古无肉刑而有象刑[①]：墨黥[②]；慅婴[③]；共[④]，艾毕[⑤]；菲[⑥]，对屦[⑦]；杀，赭衣而不纯[⑧]。治古如是。”是不然。以为治邪？则人固莫触罪，非独不用肉刑，亦不用象刑矣。以为人或触罪矣，而直轻其刑，然则是杀人者不死，伤人者不刑也。罪至重而刑至轻，庸人不知恶矣，乱莫大焉。凡刑人之本，禁暴恶恶，且征其未也[⑨]。杀人者不死而伤人者不刑，是谓惠暴而宽贼也，非恶恶也。故象刑殆非生于治古，并起于乱今也。治古不然。凡爵列、官职、赏庆、刑罚，皆报也，以类相从者也。一物失称，乱之端也。夫德不称位，能不称官，赏不当功，罚不当罪，不祥莫大焉。昔者武王伐有商，诛纣，断其首，县之赤旆[⑩]。夫征暴诛悍，治之盛也。杀人者死，伤人者刑，是百王之所同也，未有知其所由来者也。刑称罪则治，不称罪则乱。故治则刑重，乱则刑轻，犯治之罪固重，犯乱之罪固轻也。《书》曰：“刑罚世轻世重。”[⑪]此之谓也。

〔注释〕 ① 肉刑：指黥(qíng 晴，脸上刺字后涂墨)、劓(yì 义，割鼻子)、剕(fèi 肺，剁脚)、宫(破坏生殖器)、大辟(砍头)等刑罚。象刑:象征性的刑罚。 ② 墨黥:用墨画脸代替黥刑。 ③ 慅婴:同"草缨",在罪犯冠上加草带代替劓刑。"慅婴"前疑夺"劓"字。 ④ 共:通"宫",宫刑。指阉割男子生殖器,破坏女子生殖机能(一说将女子禁闭宫中为奴)。 ⑤ 艾(yì 义):通"刈",割。毕:通"韠"(bì 必),古代衣服上的蔽膝。 ⑥ 菲:通"剕",砍断脚的刑罚。 ⑦ 对:当为"紨"(bǎng 绑)字,麻鞋。 ⑧ 赭(zhě 者):红褐色。不纯(zhǔn 准):不镶边,此处指没有衣领。 ⑨ 征:通"惩",惩戒。 ⑩ 旆(pèi 佩):旌旗。 ⑪ "《书》曰"句:见《尚书·吕刑》。

世俗之为说者曰:"汤、武不能禁令。是何也?曰:楚、越不受制。"是不然。汤、武者,至天下之善禁令者也。汤居亳,武王居鄗,皆百里之地也,天下为一,诸侯为臣,通达之属莫不振动从服以化顺之[①],曷为楚、越独不受制也?彼王者之制也,视形势而制械用,称远迩而等贡献,岂必齐哉!故鲁人以榶[②],卫人用柯[③],齐人用一革[④],土地刑制不同者,械用备饰不可不异也。故诸夏之国同服同仪,蛮、夷、戎、狄之国同服不同制。封内甸服[⑤],封外侯服[⑥],侯卫宾服[⑦],蛮夷要服[⑧],戎狄荒服[⑨]。甸服者祭,侯服者祀,宾服者享,要服者贡,荒服者终王。日祭、月祀、时享、岁贡[⑩],夫是之谓视形势而制械用,称远近而等贡献,是王者之至也。彼楚、越者,且时享、岁贡、终王之属也,必齐之日祭、月祀之属然后曰受制邪?是规磨之说也[⑪],沟中之瘠也,则未足与及王者之制也。语曰:"浅不足与测深,愚不足与谋知,坎井之蛙不可与语东海之乐。"此之谓也。

〔注释〕 ① 振:通"震",震慑。 ② 榶(táng 唐):碗。 ③ 柯:盂,古时盛食物的器具。 ④ 一革:未详,可能是皮革制成的器具。 ⑤ 封内:都城周围五百里的地方。甸服:耕种王田,来服事天子。甸服以下以五百里为一区划分依次为侯服、宾服、要服、荒服。 ⑥ 封外：甸服之外五百里。侯服：担任警卫来服事天子。⑦ 侯卫：指侯圻和卫圻。京城方圆五百里之外的地区分为侯圻、甸圻、另圻、采圻、卫圻等，其间各距五百里。宾服：按时进贡朝见天子。 ⑧ 要服：用礼义教化约束，使之服从。 ⑨ 荒服：不定期向天子进贡。 ⑩ 句末当有"终王"二字。⑪ 规磨：揣测。

世俗之为说者曰："尧、舜擅让[①]。"是不然。天子者，势位至尊，无敌于天下，夫有谁与让矣？道德纯备，智惠甚明，南面而听天下，生民之属莫不振动从服以化顺之，天下无隐士，无遗善，同焉者是也，异焉者非也，夫有恶擅天下矣？曰："死而擅之。"是又不然。圣王在上，图德而定次，量能而授官，皆使民载其事而各得其宜，不能以义制利，不能以伪饰性[②]，则兼以为民。圣王已没，天下无圣，则固莫足以擅天下矣。天下有圣而在后者[③]，则天下不离，朝不易位，国不更制，天下厌然与乡无以异也，以尧继尧，夫又何变之有矣？圣不在后子而在三公，则天下如归，犹复而振之矣，天下厌然与乡无以异也，以尧继尧，夫又何变之有矣？唯其徙朝改制为难。故天子生则天下一隆，致顺而治，论德而定次，死则能任天下者必有之矣。夫礼义之分尽矣，擅让恶用矣哉？曰："老衰而擅。"是又不然。血气筋力则有衰，若夫智虑取舍则无衰。曰："老者不堪其劳而休也。"是又畏事者之议也。天子者，势至重而形至佚，心至愉而志无所诎，而形不为劳，尊无上矣。衣被则服五采[④]，杂间色，重文绣，加饰之以珠玉；食饮则重大牢而备珍怪[⑤]，期臭味[⑥]，曼而馈[⑦]，代皋而食[⑧]，《雍》而彻乎五祀[⑨]，执荐者百人侍西房；居则设张容[⑩]，负依而坐，诸侯趋走乎堂下；出户而巫觋有事[⑪]，出门而宗祀有事[⑫]，乘大路、趋越席以养安[13]，侧载睪芷以养鼻[14]，前有错衡以养目[15]，和鸾之声[16]，步中《武》、《象》，驺中《韶》[17]、《护》以养耳，三公奉軶持纳[18]，诸侯持轮挟舆先马，大侯编后，大夫次之，小侯、元士次之，庶士介而夹道，庶人隐窜，莫敢视望；居如大神，动如天帝，持老养衰，犹有善于是者与不[19]？老者，休也，休犹有安乐恬愉如是者乎？故曰：诸侯有老，天子无老，有擅国，无擅天下，古今一也。夫曰"尧、舜擅让"，是虚言也，是浅者之传，陋者之说也，不知逆顺之理，小大、至不至之变者也，未可与及天下之大理者也。

〔**注释**〕 ① 擅：通"禅"(shàn)。禅让，天子把帝位让给贤者。 ② 伪：人为。 ③ "后"下当脱"子"字。 ④ 五采：青、赤、黄、白、黑五种颜色。 ⑤ 大牢：即"太牢"，祭祀用的猪、牛、羊。 ⑥ 期：通"綦"，极。臭(xiù 秀)味：香味。 ⑦ 曼：通"万"，古代一种列队舞蹈。 ⑧ 代睪：当为"伐皋"，击鼓。皋，通"鼛"(gāo 高)，大鼓。 ⑨《雍》：《诗经·周颂》的乐章名。彻：通"撤"。五祀：古时的五种祭祀，此专指灶社。 ⑩ 张：通"帐"，帷帐，幕帐。容：屏风，曲屏。 ⑪ 觋(xí 习)：《国语·楚语》："在男曰觋，在女曰巫。"觋，"能斋肃事神明者"，是男巫。 ⑫ 祀：当为"祝"字。 ⑬ 大路：即"大辂"，天子乘坐的车。越席：用蒲草编的席子。 ⑭ 睪(zé 泽)：通"泽"，泽兰。泽兰和芷，均为香草名。 ⑮ 错：交错的花纹。衡：车辕前的横木。 ⑯ 和鸾：都是车上的铃，和在轼(车厢前的横木)前，鸾在衡上。 ⑰ 驺：通"趋"，速行。 ⑱ 軶(è 饿)：同"轭"，驾车时套在牲口上的曲木。纳：通"軜"，驷马车上两旁两匹马的内侧缰绳。 ⑲ 不：同"否"。

世俗之为说者曰："尧、舜不能教化，是何也？曰：朱、象不化[1]。"是不然也。尧、舜，至天下之善教化者也，南面而听天下，生民之属莫不振动从服以化顺之；然而朱、象独不化，是非尧、舜之过，朱、象之罪也。尧、舜者，天下之英也；朱、象者，天下之嵬，一时之琐也。今世俗之为说者不怪朱、象，而非尧、舜，岂不过甚矣哉！夫是之谓嵬说。羿、蠭门者，天下之善射者也，不能以拨弓、曲矢中[②]；王梁、造父者，天下之善驭者也，不能以辟马[③]、毁舆致远；尧、舜者，天下之善教化者也，不能使嵬琐化。何世而无嵬，何时而无琐，自太皞、燧人莫不有也[④]。故作者不祥，学者受其殃，非者有庆。《诗》曰："下民之孽，匪降自天；噂沓背憎，职竞由人。"[⑤]此之谓也。

〔注释〕 ① 朱：尧的儿子，封于丹，故称丹朱。象：舜的异母弟弟，传说多次谋害舜。 ② "中"下当脱"微"字。 ③ 辟：通"躄"(bì 必)，瘸腿。 ④ 太皞(hào 浩)：传说是远古东夷族首领。燧人：即燧人氏，传说是人工取火的发明者。 ⑤ "《诗》曰"句：见《诗经·小雅·十月之交》。噂沓(zǔn tà 撙踏)，当面谈笑。

世俗之为说者曰："太古薄葬，棺厚三寸，衣衾三领[①]，葬田不妨田，故不掘也。乱今厚葬饰棺，故扫也[②]。"是不及知治道，而不察于扫不扫者之所言也。凡人之盗也，必以有为，不以备不足，足则以重有余也[③]。而圣王之生民也，皆使当厚优犹不知足[④]，而不得以有余过度。故盗不窃，贼不刺，狗豕吐菽粟，而农贾皆能以货财让，风俗之美，男女自不取于涂而百姓羞拾遗[⑤]。故孔子曰："天下有道，盗其先变乎！"虽珠玉满体，文绣充棺，黄金充椁，加之以丹矸[⑥]，重之以曾青[⑦]，犀象以为树，琅玕、龙兹、华觐以为实[⑧]，人犹且莫之扫也。是何也？则求利之诡缓[⑨]，而犯分之羞大也。夫乱今然后反是：上以无法使，下以无度行，知者不得虑，能者不得治，贤者不得使。若是，则上失天性，下失地利，中失人和。故百事废，财物诎而祸乱起。王公则病不足于上，庶人则冻馁羸瘠于下，于是焉桀、纣群居，而盗贼击夺以危上矣。安禽兽行，虎狼贪，故脯巨人而炙婴儿矣。若是，则有何尤扣人之墓、抉人之口而求利矣哉？虽此倮而薶之[10]，犹且必扣也，安得葬薶哉？彼乃将食其肉而龁其骨也。夫曰："太古薄葬，故不扣也；乱今厚葬，故扣也。"是特奸人之误于乱说，以欺愚者而潮陷之以偷取利焉[11]，夫是之谓大奸。传曰："危人而自安，害人而自利。"此之谓也。

〔注释〕 ① 三领：三件。 ② 扣：古"掘"字。 ③ 足：当为衍文。 ④ 当厚：疑为"富厚"之误。不：当为衍文。 ⑤ 取：通"聚"，相聚，相会。 ⑥ 丹矸(gān 肝)：丹砂。 ⑦ 曾青：一种青色颜料。 ⑧ 琅玕、龙兹、华觐(jìn 尽)：皆为珠宝名。 ⑨ 诡：责。 ⑩ 倮：同"裸"。薶：同"埋"，埋葬。 ⑪ 潮：当为"淖"字。

子宋子曰[1]："明见侮之不辱，使人不斗。人皆以见侮为辱，故斗也；知见侮之为不辱，则不斗矣。"应之曰："然则亦以人之情为不恶侮乎？"曰："恶而不辱也。"曰："若是，则必不得所求焉。凡人之斗也，必以其恶之为说，非以其辱之为故也。今俳优、侏儒、狎徒詈侮而不斗者[2]，是岂鉅知见侮之为不辱哉[3]？然而不斗者，不恶故也。今人或入其央渎[4]，窃其猪彘，则援剑戟而逐之，不避死伤，是岂以丧猪为辱也哉？然而不惮斗者，恶之故也。虽以见侮为辱也，不恶则不斗；虽知见侮为不辱，恶之则必斗。然则斗与不斗邪，亡于辱之与不辱也，乃在于恶之与不恶也。夫今子宋子不能解人之恶侮，而务说人以勿辱也，岂不过甚矣哉！金舌弊口，犹将无益也。不知其无益则不知；知其无益也，直以欺人则不仁。不仁不知，辱莫大焉。将以为有益于人，则与无益于人也[5]，则得大辱而退耳。说莫病是矣。”

〔注释〕 ① 子宋子：指宋钘(jiān 肩)，战国时哲学家。 ② 俳(pái 排)优：古时的滑稽演员。狎(xiá 霞)：戏弄。詈(lì 立)：骂。 ③ 鉅：通“讵”，岂。 ④ 央渎：排水沟。 ⑤ 与：通“举”，都。

子宋子曰：“见侮不辱。”应之曰：凡议，必将立隆正然后可也。无隆正，则是非不分而辨讼不决。故所闻曰：“天下之大隆，是非之封界，分职名象之所起，王制是也。”故凡言议期命，是非以圣王为师[①]，而圣王之分，荣辱是也。是有两端矣：有义荣者，有势荣者；有义辱者，有势辱者。志意修，德行厚，知虑明，是荣之由中出者也，夫是之谓义荣。爵列尊，贡禄厚，形势胜，上为天子诸侯，下为卿相士大夫，是荣之从外至者也，夫是之谓势荣。流淫污僈，犯分乱理，骄暴贪利，是辱之由中出者也，夫是之谓义辱。詈侮捽搏[②]，捶笞膑脚[③]，斩断枯磔[④]，藉靡舌绊[⑤]，是辱之由外至者也，夫是之谓势辱。是荣辱之两端也。故君子可以有势辱，而不可以有义辱；小人可以有势荣，而不可以有义荣。有势辱无害为尧，有势荣无害为桀。义荣、势荣，唯君子然后兼有之；义辱、势辱，唯小人然后兼有之。是荣辱之分也。圣王以为法，士大夫以为道，官人以为守，百姓以为成俗[⑥]，万世不能易也。今子宋子案不然[⑦]，独诎容为己，虑一朝而改之，说必不行矣。譬之是犹以塼涂塞江海也[⑧]，以焦侥而戴太山也[⑨]，蹎跌碎折不待顷矣[⑩]。二三子之善于子宋子者，殆不若止之，将恐得伤其体也[⑪]。

〔注释〕 ① 是非：当作“莫非”。 ② 捽(zúo 昨)搏：揪着头发打。 ③ 捶笞(chī

吃)：用杖、鞭抽打。膑脚：剔去膝盖骨。 ④ 枯：弃市暴尸。磔(zhé 折)：车裂。⑤ 藉：绳、缚。靡：通"縻"，绳、缚。舌缫(jǔ)：从后面捆缚。 ⑥ 为：当为衍文。⑦ 案：则。 ⑧ 塼：当作"抟"字，捏。 ⑨ 焦侥：传说中的矮子。 ⑩ 蹎：同"颠"，跌倒。 ⑪ 得：疑为"复"字之误。

子宋子曰："人之情，欲寡，而皆以己之情为欲多，是过也。"故率其群徒，辨其谈说，明其譬称，将使人知情欲之寡也。应之曰："然则亦以人之情为欲[①]。目不欲綦色，耳不欲綦声，口不欲綦味，鼻不欲綦臭，形不欲綦佚。此五綦者，亦以人之情为不欲乎？"曰："人之情欲是已。"曰："若是，则说必不行矣。以人之情为欲此五綦者而不欲多，譬之是犹以人之情为欲富贵而不欲货也，好美而恶西施也[②]。古之人为之不然。以人之情为欲多而不欲寡，故赏以富厚而罚以杀损也[③]，是百王之所同也。故上贤禄天下，次贤禄一国，下贤禄田邑，愿悫之民完衣食。今子宋子以是之情为欲寡而不欲多也，然则先王以人之所不欲者赏，而以人之所欲者罚邪？乱莫大焉。今子宋子严然而好说[④]，聚人徒，立师学，成文曲[⑤]，然而说不免于以至治为至乱也，岂不过甚矣哉！"

〔**注释**〕 ① 欲：当为衍文，此句当连下文。 ② 西施：春秋时越国的美女。③ 杀(shài 晒)：减少。 ④ 严然：同"俨然"，庄重的样子。 ⑤ 曲：当为"典"字。

【鉴赏】 荀子在《正论》一文中，一气驳倒了社会上流行的诸多"浅者之传、陋者之说"，让我们再次见识到他言辞中雄浑跌宕的霸气和缜密周全的逻辑。这些被批判的世俗言论，同时涉及王权、刑法、禁令、教化等各项国政要事以及荣辱、欲望等人性修养问题，甚至具体谈到了棺葬风俗与盗墓现象之间的联系，可谓包罗万象、涵盖广阔。在批驳过程中，荀子从未远离他一向关注的社会现实。他不但遵循着“君子必辩”的原则，在纷繁芜杂的各类话题间见招拆招、肆意游走，而且几乎每句话都围绕着“修身、治国、平天下”这一中心。

文章开篇针对当时社会上“主道利周”的保守观点，提出“主道利明不利幽，利宣不利周”的看法，认为上层统治者应当做到政务公开，而不是继续自以为是地推行愚民政策。官场上日益孳生的腐败欺瞒和民间与日俱增的怨声载道使荀子认识到，只有诚恳公正的君王大臣才能指引人民辨清是非黑白，才能帮助国家走向繁荣昌盛，暗箱操作的结果只能是上层统治者与下层民众两败俱伤。虽然荀子是从维护君权稳定的立场出发，但他的主张却恰巧与现代西方社会提倡的“公众知情权”不谋而合。可惜这一颇具“民主”特色的思想很快就因为封建专制王朝的雄霸天下而在中国历史上烟消云散，反倒是至圣先师孔夫子所谓“为尊者讳、为亲者讳、为贤者讳”的传统，不幸被扭曲变形，成了后世朝廷官官相护、上下欺瞒的堂皇“祖训”。

战国时期，谋臣策士的朝秦暮楚早已成为司空见惯的现象，战乱、篡夺造成的王位更替也是间或可闻。何谓“忠”，何谓“奸”，何谓“篡”，何谓“擅”，一时很难找到恒定的答案。在激烈的争论中，荀子以古鉴今，通过批判当时社会存在的“汤武篡权”说和“尧舜擅让”说，揭开了世子相袭制背后的形式化弊端，并进而提出“圣人为王”的又一主张。在荀子心中，至高无上的天子之位必须由“道德纯备，智惠甚明”的圣人来担当，选拔臣下也必须恪守“图德量能”的准则。因此无论君王与他的继承人之间是否具有亲密的血缘关系，只要在位时同为贤德之主，就无非是“以尧继尧”，“天下厌然与乡无以异也”，篡位与禅让的疑惑也就无从谈起了。荀子这种举贤使能的新潮主张，以及他“诛暴国之君若诛独夫”的惊世论调，正是对历来被视为国之正统的“天子血统论”的莫大冲击。长期以来，王朝英雄的后世子孙顶着祖先浴血奋战得来的皇冠在楼台宫宇间尽情享乐，他们的身上只保留了姓氏的空壳，却丢失了先王的贤德。“天下归之之谓王，天下去之之谓亡”，昏庸软弱的末代皇孙总是慌慌张张地在历史舞台上交替巡演着亡国的悲剧。而荀子则将其权力与责任视为一体，指出天子虽然可以“居如大神，动如天帝”，但同时也必须肩负起国计民生的重担，对内做到令行禁止、赏罚得当、教化众生，对外也能“称远近而等贡献”，这样才无愧为国之圣主。

《正论》的议题还涉及当时社会的棺葬风俗与盗墓现象。儒墨两家曾在厚葬薄葬的问题上争论不休，前者力主“破家而葬，服丧三年”（《韩非子·显学》），后者却只愿“桐棺三寸，服丧三月”（同上）。其实华美的厚葬或是简朴的薄葬，本身并不能诱惑或阻止匪徒的盗墓行为。透过这些琐碎的是是非非，荀子早已看清，盗墓只是普通民众心理失衡的一种外在表现，在无道昏君的统治下更曾出现人与人之间“食肉龁骨”的种种惨象。对比这样“禽兽行，虎狼贪”的乱世，圣王治下的太平盛世不免成为一种乌托邦式的美好幻想：“盗不窃，贼不刺，狗豕吐菽粟，而农贾皆能以货财让，风俗之美，男女自不取于涂而百姓羞拾遗。”荀子认为，当今之世“百事废，财物诎而祸乱起”的根本缘由，在于“知者不得虑，能者不得治，贤者不得使”，所以社会上的作奸犯科之徒才会如此猖狂地任意妄为。

在这样的形势下，士君子与其空等“黄河水清圣王出”，不如主动承担起复兴邦国的重任。文末荀子从宋钘“见侮不辱”的小小命题出发，引出“虽知见侮为不辱，恶之则必斗”的坚决主张。宋荣子的命题与《新约》里耶稣基督所说的“当敌人打你左脸的时候，把你的右脸也转过去给他”一语颇有相似之处，同样不把受到侮辱当作自身的耻辱。但荀子决不认同这种姑息养奸的作为，他义正辞严地提出：“君子可以有势辱，而不可以有义辱；小人可以有势荣，而不可以有义荣。”人世间的毁誉杠杆或许会因为社会公德的偶尔迷失而东倒西歪，但士君子内心的道德法则却始终不能随意偏离。就个人而言，“见侮不辱”或许称得上是胸怀宽广，但当事关国家领土与主权的时候，“见侮不辱”却会是对历史的无视与背叛，也将是这个国家丧失民族尊严与骨气的莫大耻辱。由此可见，这种历经世事的正义感能使一个国家与它的人民变得更为理智，懂得何时应当韬光养晦，何时又该挺身而出。要制定真正稳妥完善的国际策略，不仅得具备过人的胆识，还得拥有高超的智慧。如若两千年的中国思想史真像谭嗣同说的“皆为荀学”，但愿迈入新世纪的中国能够从传承已久的荀学中再度发掘如珠如玉的理论瑰宝，从而使自身变得更为美好，更为强大。

礼论

礼起于何也？曰：人生而有欲，欲而不得，则不能无求；求而无度量分界，则不能不争；争则乱，乱则穷。先王恶其乱也，故制礼义以分之，以养人之欲，给人之求，使欲必不穷乎物，物必不屈于欲，两者相持而长，是礼之所起也。故礼者，养也。刍豢稻粱，五味调香[①]，所以养口也；椒兰芬苾[②]，所以养鼻也；雕琢、刻镂，黼黻、文章，所以养目也；钟鼓、管磬，琴瑟、竽笙，所以养耳也；疏房、檖貌、越席、床笫、几筵[③]，所以养体也。故礼者，养也。君子既得其养，又好其别。曷谓别？曰：贵贱有等，长幼有差，贫富轻重皆有称者也。故天子大路越席，所以养体也；侧载睪芷，所以养鼻也；前有错衡，所以养目也；和鸾之声，步中《武》、《象》，趋中《韶》、《护》，所以养耳也；龙旗九斿[④]，所以养信也；寝兕、持虎、蛟韅、丝末、弥龙，所以养威也[⑤]；故大路之马必倍至教顺[⑥]，然后乘之，所以养安也。孰知夫出死要节之所以养生也？孰知夫出费用之所以养财也？孰知夫恭敬辞让之所以养安也？孰知夫礼义文理之所以养情也？故人苟生之为见，若者必死；苟利之为见，若者必害；苟怠惰偷懦之为安，若者必危；苟情说之为乐，若者必灭。故人一之于礼义，则两得之矣；一之于情性，则两丧之矣。故儒者将使人两得之者也，墨者将使人两丧之者也，是儒、墨之分也。

〔注释〕 ① 香：当作“盉”，通“和”，调和，调味。 ② 芬苾(bì必)：芬芳。 ③ 檖貇(suì mào 岁貌)：深邃的房屋。檖，通“邃”。貇，古“貌”字，庙。古代宫室也称庙。笫(zǐ紫)：竹编的床席。几筵：古人席地而坐，倚时用几，垫席称筵。 ④ 斿(yóu游)：旗上的飘带。 ⑤ 寝兕(sì寺)：伏着的犀牛。持虎：蹲着的虎。均为画在天子车轮上的图案。蛟韅(xiǎn显)：系在马肚下的皮带。末：通“幦”(mì密)，古代车轼上的覆盖物。弥：车耳，车厢两旁供人倚靠的地方。 ⑥ 倍：当为“信”字。

礼有三本：天地者，生之本也；先祖者，类之本也；君师者，治之本也。无天地恶生？无先祖恶出？无君师恶治？三者偏亡焉，无安人。故礼上事天，下事地，尊先祖而隆君师，是礼之三本也。故王者天太祖[①]，诸侯不敢坏，大夫士有常宗[②]，所以别贵始。贵始，得之本也[③]。郊止乎天子，而社止于诸侯，道及士大夫[④]，所以别尊者事尊，卑者事卑，宜大者巨，宜小者小也。故有天下者事十世[⑤]，有一国者事五世，有五乘之地者事三世，有三乘之地者事二世，持手而食者不得立宗庙，所以别积厚，积厚者流泽广，积薄者流泽狭也。大飨，尚玄尊[⑥]，俎生鱼[⑦]，先大羹[⑧]，贵食饮之本也。飨，尚玄尊而用酒醴，先黍稷而饭稻粱。祭，齐大羹而饱庶羞[⑨]，贵本而亲用也。贵本之谓文，亲用之谓理，两者合而成文，以归大一[⑩]，夫是之谓大隆。故尊之尚玄酒也，俎之尚生鱼也，俎之先大羹也[⑪]，一也。利爵之不醮也[⑫]，成事之不俎不尝也，三臭之不食也[⑬]，一也。大昏之未发齐也[⑭]，太庙之未入尸也，始卒之未小敛也，一也。大路之素未集也[⑮]，郊之麻绕也[⑯]，丧服之先散麻也[⑰]，一也。三年之丧，哭之不文也[⑱]，《清庙》之歌，一倡而三叹也，县一钟，尚拊之膈[19]，朱弦而通越也[20]，一也。

〔注释〕 ① 太祖：后世称开国皇帝为太祖。 ② 常宗：由嫡长子所传之宗，为族人百世不迁之大宗。 ③ 得：通“德”，道德。 ④ 道：祭路神。 ⑤ 十：当作“七”字。 ⑥ 玄尊：盛着清水的酒杯。 ⑦ 俎(zǔ 祖)：盛祭品的器皿。 ⑧ 大(tài 太)羹：不加调味品的肉汁。 ⑨ 齐：通“跻”，进献。 ⑩ 大一：即“太一”，太古时代。 ⑪ 俎：当为“豆”字。 ⑫ 利：古代祭祀时用代替死者受祭的活人叫做“尸”，把祭品端给尸的人叫“利”。醮(jiào 较)：喝尽。 ⑬ 臭：通“侑”(yòu 又)，劝食。 ⑭ 昏：同“婚”。发：举行。齐：通“醮”，古时婚礼中的一种仪式。 ⑮ 未：当为“末”字。集：当为衍文。 ⑯ 麻绕：麻布帽。绕，同“冕”。 ⑰ 散麻：小殓时主人在腰间系上麻带。 ⑱ 文：当为“反”字。 ⑲ 拊、膈：均为古乐器名。之：当为衍文。 ⑳ 朱弦：染成红色的丝弦。通越：在瑟底通一孔，使声音凝重。

凡礼，始乎棁[1]，成乎文，终乎悦校[2]。故至备，情文俱尽；其次，情文代胜；其下，复情以归大一也。天地以合，日月以明，四时以序，星辰以行，江河以流，万物以昌，好恶以节，喜怒以当，以为下则顺，以为上则明，万物变而不乱，贰之则丧也。礼岂不至矣哉！立隆以为极，而天下莫之能损益也。本末相顺[3]，终始相应，至文以有别，至察以有说。天下从之者治，不从者乱；从之者安，不从者危；从之者存，不从者亡。小人不能测也。礼之理诚深矣，“坚白”、“同异”之察入焉而溺；其理诚大矣，擅作典制辟陋之说入焉而丧；其理诚高矣，暴慢、恣睢、轻俗以为高之属入焉而队[4]。故绳墨诚陈矣，则不可欺以曲直；衡诚县矣，则不可欺以轻重；规矩诚设矣，则不可欺以方圆；君子审于礼，则不可欺以诈伪。故绳者，直之至；衡者，平之至；规矩者，方圆之至；礼者，道之极也。然而不法礼，不足礼，谓之无方之民；法礼足礼，谓之有方之士。

礼之中焉能思索，谓之能虑；礼之中焉能勿易，谓之能固。能虑能固，加好者焉，斯圣人矣。故天者，高之极也；地者，下之极也；无穷者，广之极也；圣人者，道之极也。故学者固学为圣人也，非特学为无方之民也。礼者，以财物为用，以贵贱为文，以多少为异，以隆杀为要。文理繁，情用省，是礼之隆也；文理省，情用繁，是礼之杀也；文理、情用相为内外表里，并行而杂[5]，是礼之中流也。故君子上致其隆，下尽其杀，而中处其中。步骤、驰骋、厉骛不外是矣[6]，是君子之坛宇、宫廷也。人有是[7]，士君子也；外是，民也；于是其中焉，方皇周挟[8]，曲得其次序，是圣人也。故厚者，礼之积也；大者，礼之广也；高者，礼之隆也；明者，礼之尽也。《诗》曰："礼仪卒度，笑语卒获。"[9]此之谓也。

〔注释〕 ① 棁(tuō脱)：通"脱"，疏略。 ② 校：当作"佼"(xiào效)字，愉悦。 ③ 顺：通"巡"，周行。 ④ 队：通"坠"，坠落，垮掉。 ⑤ 杂：通"集"，聚集。 ⑥ 厉骛(wù务)：飞跑。 ⑦ 有：通"域"，居住。 ⑧ 方皇：同"彷徨"。周挟：周遍。挟，通"浃"(jiā夹)。 ⑨ "《诗》曰"句：引自《诗经·小雅·楚茨》。

礼者，谨于治生死者也。生，人之始也；死，人之终也。终始俱善，人道毕矣。故君子敬始而慎终。终始如一，是君子之道，礼义之文也。夫厚其生而薄其死，是敬其有知而慢其无知也，是奸人之道而倍叛之心也。君子以倍叛之心接臧谷[1]，犹且羞之，而况以事其所隆亲乎！故死之为道也，一而不可得再复也，臣之所以致重其君，子之所以致重其亲，于是尽矣。故事生不忠厚、不敬文谓之野，送死不忠厚、不敬文谓之瘠[2]。君子贱野而羞瘠，故天子棺椁十重[3]，诸侯五重，大夫三重，士再重，然后皆有衣衾多少厚薄之数④，皆有翣蒌文章之等以敬饰之⑤，使生死终始若一，一足以为人愿，是先王之道，忠臣孝子之极也。天子之丧动四海，属诸侯⑥；诸侯之丧动通国，属大夫；大夫之丧动一国，属修士；修士之丧动一乡，属朋友；庶人之丧合族党，动州里。刑余罪人之丧不得合族党，独属妻子，棺椁三寸，衣衾三领，不得饰棺，不得昼行，以昏殣⑦，凡缘而往埋之⑧，反无哭泣之节，无衰麻之服⑨，无亲疏月数之等，各反其平，各复其始，已葬埋，若无丧者而止，夫是之谓至辱。礼者，谨于吉凶不相厌者也。纩纩听息之时⑩，则夫忠臣孝子亦知其闵已，然而殡殓之具未有求也；垂涕恐惧，然而幸生之心未已，持生之事未辍也；卒矣，然后作具之。故虽备家，必逾日然后能殡，三日而成服，然后告远者出矣，备物者作矣。故殡，久不过七十日，速不损五十日。是何也？曰：远者可以至矣，百求可以得矣，百事可以成矣，其忠至矣，其节大矣，其文备矣。然后月朝卜日，月夕卜宅⑪，然后葬也。当是时也，其义止，谁得行之？其义行，谁得止之？故三月之葬，其颏以生设饰死者也，殆非直留死者以安生也，是致隆思慕之义也。

〔**注释**〕 ① 臧：奴仆。谷：小孩。 ② 瘠：薄。 ③ 十：当作“七”。 ④ 衣衾(qīn 钦)：当作“衣食”。 ⑤ 翣蒌(shà jiè 煞介)：当作“蒌(liǔ 柳)翣”，古代棺木上的一种装饰物。 ⑥ 属：合。 ⑦ 殣(jìn 尽)：掩埋。 ⑧ 凡：平常。缘：衣服上的边饰。 ⑨ 衰(cuī 崔)：通“缞”，用麻布做的丧服。 ⑩ 纩纩(zhù kuàng 注旷)：把新棉絮放在临死者的鼻前，看其是否断气。纩，通“注”，安放。纩，新棉絮。 ⑪ 此两句当作“月朝卜宅，月夕卜日”。

丧礼之凡[①]：变而饰，动而远，久而平。故死之为道也，不饰则恶，恶则不哀，尔则玩[②]，玩则厌，厌则忘[③]，忘则不敬。一朝而丧其严亲，而所以送葬之者不哀不敬，则嫌于禽兽矣[④]，君子耻之。故变而饰，所以灭恶也；动而远，所以遂敬也；久而平，所以优生也。礼者，断长续短，损有余，益不足，达爱敬之文，而滋成行义之美者也。故文饰、粗恶，声乐、哭泣，恬愉、忧戚，是反也，然而礼兼而用之，时举而代御[⑤]。故文饰、声乐、恬愉，所以持平奉吉也；粗衰、哭泣、忧戚[⑥]，所以持险奉凶也。故其立文饰也至于窕冶[⑦]；其立粗衰也，不至于瘠弃；其立声乐恬愉也，不至于流淫惰慢；其立哭泣哀戚也，不至于隘慑伤生[⑧]，是礼之中流也。

〔注释〕 ① 凡：常道。 ② 尔：通"迩"，近。 ③ 忘：当为"怠"字。 ④ 嫌：近。 ⑤ 时：更。 ⑥ 衰：当为"恶"字。 ⑦ 窕(yáo 摇)：通"姚"，妖艳。 ⑧ 隘(ài 爱)：穷。慑：悲戚。

故情貌之变足以别吉凶，明贵贱亲疏之节，期止矣[①]；外是，奸也，虽难，君子贱之。故量食而食之，量要而带之[②]。相高以毁瘠，是奸人之道也，非礼义之文也，非孝子之情也，将以有为者也。故说豫娩泽[③]，忧戚萃恶[④]，是吉凶忧愉之情发于颜色者也。歌谣謸笑[⑤]，哭泣谛号[⑥]，是吉凶忧愉之情发于声音者也。刍豢、稻粱、酒醴，餰鬻、鱼肉、菽藿、酒浆[⑦]，是吉凶忧愉之情发于食饮者也。卑绕、黼黻、文织[⑧]，资粗、衰绖、菲繐、菅屦[⑨]，是吉凶忧愉之情发于衣服者也。疏房、檖貌、越席、床笫、几筵，属茨、倚庐、席薪、枕块[⑩]，是吉凶忧愉之情发于居处者也。两情者，人生固有端焉。若夫断之继之，博之浅之，益之损之，类之尽之，盛之美之，使本末终始莫不顺比，足以为万世则，则是礼也。非顺孰修为之君子，莫之能知也。故曰：性者，本始材朴也；伪者[11]，文理隆盛也。无性则伪之无所加，无伪则性不能自美。性伪合，然后圣人之名一，天下之功于是就也。故曰：天地合而万物生，阴阳接而变化起，性伪合而天下治。天能生物，不能辨物也；地能载人，不能治人也；宇中万物、生人之属，待圣人然后分也。《诗》曰："怀柔百神，及河乔岳。"[12]此之谓也。

〔注释〕 ① 期：当为"斯"字。 ② 要：通"腰"。 ③ 说：通"悦"。娩(wǎn 晚)：媚。 ④ 萃：通"悴"，面色憔悴。 ⑤ 謸：通"傲"，开玩笑。 ⑥ 谛(tí 啼)：通"啼"。 ⑦ 餰(zhān 沾)：通"饘"，稠粥。鬻：同"粥"，稀粥。藿：豆叶。酒浆：当为水浆。 ⑧ 卑绝：通"裨冕"，祭服。 ⑨ 衰绖(cuī dié 催蝶)：丧服。菲繐：薄而稀的布。菅(jiān 肩)屦：草鞋。 ⑩ 属茨：用草盖顶的房子。倚庐：守丧时住的简陋的木头房子。 ⑪ 伪：人为。 ⑫ "《诗》曰"句：引自《诗经·周颂·时迈》。乔岳，高山。

丧礼者，以生者饰死者也，大象其生以送其死也。故如死如生[1]，如亡如存，终始一也。始卒，沐浴、鬠体、饭唅[2]，象生执也。不沐则濡栉三律而止[3]，不浴则濡巾三式而止[4]。充耳而设瑱[5]，饭以生稻，唅以槁骨[6]，反生术矣。说亵衣[7]，袭三称，缙绅而无钩带矣[8]。设掩面儇目[9]，鬠而不冠笄矣[10]。书其名，置于其重[11]，则名不见而柩独明矣。荐器则冠有鍪而毋縰[12]，瓮庑虚而不实[13]，有簟席而无床笫，木器不成斫，陶器不成物，薄器不成内[14]，笙竽具而不和，琴瑟张而不均，舆藏而马反，告不用也。具生器以适墓，象徙道也。略而不尽，貌而不功[15]，趋舆而藏之，金革辔靷而不入[16]，明不用也。象徙道，又明不用也，是皆所以重哀也。故生器文而不功，明器貌而不用。凡礼，事生，饰欢也；送死，饰哀也；祭祀，饰敬也；师旅，饰威也。是百王之所同，古今之所一也，未有知其所由来者也。故圹垄，其貌象室屋也；棺椁，其貌象版盖斯象拂也[17]；无帾丝歶缕翣[18]，其貌以象菲帷帱尉也[19]。抗折[20]，其貌以象槾茨番阏也[21]。故丧礼者，无它焉，明死生之义，送以哀敬而终周藏也。故葬埋，敬藏其形也；祭祀，敬事其神也；其铭、诔、系世，敬传其名也。事生，饰始也；送死，饰终也。终始具而孝子之事毕，圣人之道备矣。刻死而附生谓之墨，刻生而附死谓之惑，杀生而送死谓之贼。大象其生以送其死，使死生终始莫不称宜而好善，是礼义之法式也，儒者是矣。

〔注释〕 ① 如：当为"事"字。下同。 ② 鬠(kuò 括)：把头发束起来。体：剪指甲。饭唅：把珠、玉、贝、米等放入死者口中。 ③ 栉(zhì 制)：梳篦总称。律：梳头发。 ④ 式：通"拭"。 ⑤ 瑱(tiàn 田去声)：塞耳的玉或棉。 ⑥ 槁骨：一种贝。⑦ 说：疑当为"设"字。亵(xiè 泻)衣：内衣。 ⑧ 缙：同"搢"，插。绅：束在腰间的大带。 ⑨ 儇(xuān 宣)目：覆盖死者面部的黑色方巾。 ⑩ 笄(jī 机)：簪子。 ⑪ 重：暂代神主牌的木牌。 ⑫ 鍪(móu 谋)：帽子。縰(xǐ 洗)：包头发的丝织物。 ⑬ 庑(wǔ 武)：同"瓬"，一种陶器。 ⑭ 内：当为"用"字。 ⑮ 貌：同"貌"。下同。⑯ 靷(yǐn 引)：系于车轴的皮带。 ⑰ 版：车两旁挡风沙的厢板。盖：车盖。斯：疑为"靳"字之误，车前的一种装置。拂：即"茀"，车后的一种装置。 ⑱ 无：通"幠"(hū 呼)，尸体上的覆盖物。帾(zhǔ 主)：通"褚"，棺材上的覆盖。歶(yú 鱼)：棺木上的一种装饰物。 ⑲ 菲：草帘。帷：帐子。尉：通"罻"(wèi 位)，网状的帷帐。 ⑳ 抗折：葬具。抗，用来挡土。折，用来垫在坑下。 ㉑ 槾(màn 慢)：粉刷墙壁或泥涂屋顶。茨(cí 慈)：用茅草盖房子。番：通"藩"，篱笆。阏(è 饿)：挡风尘的门。

三年之丧何也？曰：称情而立文，因以饰群，别亲疏、贵贱之节，而不可益损也。故曰：无适不易之术也。创巨者其日久，痛甚者其愈迟，三年之丧，称情而立文，所以为至痛极也。齐衰、苴杖、居庐、食粥、席薪、枕块①，所以为至痛饰也。三年之丧，二十五月而毕，哀痛未尽，思慕未忘，然而礼以是断之者，岂不以送死有已，复生有节也哉？凡生乎天地之间者，有血气之属必有知，有知之属莫不爱其类。今夫大鸟兽则失亡其群匹②，越月踰时则必反铅③；过故乡，则必徘徊焉，鸣号焉，踯躅焉④，踟蹰焉⑤，然后能去之也。小者是燕爵⑥，犹有啁噍之顷焉⑦，然后能去之。故有血气之属莫知于人，故人之于其亲也，至死无穷。将由夫愚陋淫邪之人与？则彼朝死而夕忘之，然而纵之，则是曾鸟兽之不若也，彼安能相与群居而无乱乎？将由夫修饰之君子与？则三年之丧，二十五月而毕，若驷之过隙，然而遂之，则是无穷也。故先王圣人安为之立中制节，一使足以成文理，则舍之矣。然则何以分之？曰：至亲以期断⑧。是何也？曰：天地则已易矣，四时则已遍矣，其在宇中者莫不更始矣，故先王案以此象之也。然则三年何也？曰：加隆焉，案使倍之，故再期也。由九月以下何也？曰：案使不及也。故三年以为隆，缌、小功以为杀⑨，期、九月以为间。上取象于天，下取象于地，中取则于人，人所以群居和一之理尽矣。故三年之丧，人道之至文者也，夫是之谓至隆，是百王之所同，古今之所一也。

〔注释〕 ① 齐衰（zī cuī 咨崔）：用熟麻布做的孝服。苴（jū 居）杖：服丧所用的竹杖。 ② 则：若。 ③ 铅（yán 沿）：通“沿”，循，顺着。 ④ 踯躅（zhí zhú 直竹）：徘徊不进。 ⑤ 踟蹰（chí chú 池除）：犹豫不决。 ⑥ 爵：雀。 ⑦ 啁噍（zhōu jiū 周究）：小鸟鸣叫声。 ⑧ 期（jī 基）：周年。 ⑨ 缌（sī 思）：古代五种丧服中最轻的一种,穿细麻布制的丧服,服期三个月。小功: 穿用较细的熟麻布制的丧服,服期五个月。

君之丧所以取三年,何也?曰:君者,治辨之主也,文理之原也,情貌之尽也,相率而致隆之,不亦可乎?《诗》曰:"恺悌君子,民之父母。"[①]彼君子者[②],固有为民父母之说焉。父能生之,不能养之[③];母能食之,不能教诲之;君者,已能食之矣,又善教诲之者也,三年毕矣哉!乳母,饮食之者也,而三月;慈母,衣被之者也,而九月;君,曲备之者也,三年毕乎哉?得之则治,失之则乱,文之至也;得之则安,失之则危,情之至也。两至者俱积焉,以三年事之犹未足也,直无由进之耳。故社,祭社也;稷[④],祭稷也;郊者,并百王于上天而祭祀之也。三月之殡何也?曰:大之也,重之也。所致隆也,所致亲也,将举措之,迁徙之,离宫室而归丘陵也,先王恐其不文也,是以繇其期[⑤],足之日也。故天子七月,诸侯五月,大夫三月,皆使其须足以容事[⑥],事足以容成,成足以容文,文足以容备,曲容备物之谓道矣。

〔注释〕 ① "《诗》曰"句: 见《诗经 · 大雅 · 泂酌》。恺悌(kǎi tì 凯替),平易近人。② 子: 当为衍文。 ③ 养: 当为"食"字。 ④ 稷: 谷神。 ⑤ 繇: 通"遥",久远。⑥ 须: 等待。

祭者,志意思慕之情也[①]。愅诡、唈僾而不能无时至焉[②]。故人之欢欣和合之时,则夫忠臣孝子亦愅诡而有所至矣。彼其所至者甚大动也,案屈然已[③],则其于志意之情者惆然不嗛[④],其于礼节者阙然不具。故先王案为之立文,尊尊亲亲之义至矣。故曰:祭者,志意思慕之情也,忠信爱敬之至矣,礼节文貌之盛矣，苟非圣人，莫之能知也。圣人明知之，士君子安行之，官人以为守，百姓以成俗。其在君子，以为人道也；其在百姓，以为鬼事也。故钟鼓、管磬、琴瑟、竽笙，《韶》、《夏》、《护》、《武》、《汋》、《桓》、《箾》、简[⑤]、《象》，是君子之所以为愅诡其所喜乐之文也。齐衰、苴杖、居庐、食粥、席薪、枕块，是君子之所以为愅诡其所哀痛之文也。师旅有制，刑法有等，莫不称罪，是君子之所以为愅诡其所敦恶之文也。卜筮视日，斋戒修涂[⑥]，几筵、馈荐、告祝[⑦]，如或飨之；物取而皆祭之，如或尝之；毋利举爵，主人有尊[⑧]，如或觞之；宾出，主人拜送，反易服，即位而哭，如或去之。哀夫！敬夫！事死如事生，事亡如事存，状乎无形影，然而成文。

〔**注释**〕 ① 情：当为“积”字。 ② 愅（gé 革）诡：变异感动的样子。唈僾（yì ài 亦爱）：郁闷不乐的样子。 ③ 屈：竭尽。 ④ 嗛（qiè 切）：满足。 ⑤《夏》：相传是禹时的舞曲名。《汋》（zhuó 酌）、《桓》：均是《诗经·周颂》的篇名。《箾》（shuò 烁）：歌颂周文王的舞曲名，见《左传·襄公二十九年》。简：当为衍文。 ⑥ 修涂：通“修除”，指清扫祠庙。 ⑦ 告祝：祭礼的一种仪节。祝，辅助祭祀的人。 ⑧ 有：通“侑”，劝。尊：一种酒器。

【鉴赏】 人生而有欲，食不果腹、衣不蔽体时欲饱暖，衣食无忧、三餐不愁时思名利，从某种程度说，正是人类永远无法满足的欲望才造就了这个永远不会停滞的社会。然而，“君子爱财，取之有道”，追求欲望的满足还是应该在一个既定的轨道里进行，不能混乱无绪，更不能毫无节制。“礼”就在这样的情境下作为一个核心概念，在荀子的思想学说中应运而生。“制礼义以分之，以养人之欲，给人之求”，“使欲必不穷乎物，物必不屈于欲，两者相持而长”，这就是荀子“隆礼”的缘由所在。他要让“礼”成为一种准则，在这个准则的制约下，既不妨碍个人对更高品质生活的渴求，又能保证整个社会健康有序地向前发展。

在众多或繁或简的礼仪中，荀子显然对丧礼给予了特别的关注，从殡殓器具的准备、故人体貌的整饰，到祭祀用品的选择、服丧期限的规定，都事无巨细地详尽说明。对于这些礼仪，墨家甚为不齿，认为“重为棺椁，多为衣衾，送死若徙；三年哭泣，扶后起，杖后行，耳无闻，目无见，此足以丧天下”(《墨子・公孟》)，极力主张节葬短丧。可就如墨家“尚俭”、“非乐”等思想虽令人肃然起敬，但若要求普天下都将之引以为处世信条并躬身实践的话，无疑会使很多人大为为难一样，节葬短丧也因非人之常情而少被接受。究其原因，则正如荀子所说：“生，人之始也；死，人之终也。终始俱善，人道毕矣。”且不论完整而不留遗憾地走完百味一生，体面而庄重地告别这个世界应是每一个人都会有的心愿，单单就生者而言，作为对长者最后所尽的孝道，也无论如何不该过分马虎。

一方面这是为人子女的责任。中华民族素有爱老敬老的传统，自尧舜始，历朝之事老礼仪即各成鸿制，由上至下“孝”的理念蔚然风行。作为孝道的重要延伸，丧礼自然得到了社会的极大关注。生则养，没则丧；养则观其顺，丧则观其哀，君子事老当如是。从某种角度来说后者应该比前者更隆重，因为人生的时间长，尽孝的机会多；人死却只有一次，过了想弥补都不再可能，故而更能检验人对尊者的感情。这就是荀子所指出的：“死之为道也，一而不可得再复也，臣之所以致重其君，子之所以致重其亲，于是尽矣。”

另一方面，作为长久被关注与阐释的传统，丧礼已经超出最初意义上的子辈为父辈事生送死的范畴，而具有了抽象的承载伦理观念的功能。曾子说：“慎终追远，民德归厚矣。”(《论语・学而》) 荀子说：“夫厚其生而薄其死，是敬其有知而慢其无知也，是奸人之道而倍叛之心也。”二者即是从正反两个角度分别述说了重死对于淳实笃厚之社会道德风气的形成的重要性。在这个意义层面上，丧礼已远非为单个人告别人世而举行的一个仪式，而成为一种伦理文化与民族精神的形成与传递过程。“事死如事生，事亡如事存，状乎无形影，然而成文。”比起其他很多礼仪，丧礼因为似乎是“无形影”地纯为死者而设而多有争议，但在荀子看来，这却是君子为人处世所该遵循的“礼”中的应有之意。

乐论

夫乐者，乐也，人情之所必不免也，故人不能无乐。乐则必发于声音，形于动静，而人之道，声音、动静、性术之变尽是矣。故人不能不乐，乐则不能无形，形而不为道[①]，则不能无乱。先王恶其乱也，故制《雅》、《颂》之声以道之，使其声足以乐而不流，使其文足以辨而不諰[②]，使其曲直、繁省、廉肉、节奏足以感动人之善心[③]，使夫邪污之气无由得接焉。是先王立乐之方也，而墨子非之，奈何！故乐在宗庙之中，君臣上下同听之，则莫不和敬；闺门之内，父子兄弟同听之，则莫不和亲；乡里族长之中，长少同听之，则莫不和顺。故乐者，审一以定和者也，比物以饰节者也[④]，合奏以成文者也，足以率一道，足以治万变。是先王立乐之术也，而墨子非之，奈何！

〔注释〕 ① 道：通“导”，引导。 ② 諰(xǐ喜)：邪。 ③ 廉肉：指声音的清晰和饱满。 ④ 比：合。物：乐器。

故听其《雅》、《颂》之声，而志意得广焉；执其干戚[①]，习其俯仰屈伸，而容貌得庄焉；行其缀兆[②]，要其节奏，而行列得正焉，进退得齐焉。故乐者，出所以征诛也，入所以揖让也。征诛揖让，其义一也。出所以征诛，则莫不听从；入所以揖让，则莫不从服。故乐者，天下之大齐也，中和之纪也，人情之所必不免也。是先王立乐之术也，而墨子非之，奈何！且乐者，先王之所以饰喜也；军旅铁钺者[③]，先王之所以饰怒也。先王喜怒皆得其齐焉。是故喜而天下和之，怒而暴乱畏之。先王之道，礼乐正其盛者也，而墨子非之。故曰：墨子之于道也，犹瞽之于白黑也，犹聋之于清浊也，犹欲之楚而北求之也。夫声乐之入人也深，其化人也速，故先王谨为之文。乐中平则民和而不流，乐肃庄则民齐而不乱。民和齐则兵劲城固，敌国不敢婴也[④]。如是，则百姓莫不安其处，乐其乡，以至足其上矣。然后名声于是白，光辉于是大，四海之民莫不愿得以为师。是王者之始也。乐姚冶以险，则民流僈鄙贱矣。流僈则乱，鄙贱则争。乱争则兵弱城犯，敌国危之。如是，则百姓不安其处，不乐其乡，不足其上矣。故礼乐废而邪音起者，危削侮辱之本也。故先王贵礼乐而贱邪音。其在序官也，曰："修宪命，审诛赏[⑤]，禁淫声，以时顺修，使夷俗邪音不敢乱雅，太师之事也。"

〔注释〕 ① 干戚：武舞的舞具。干，盾牌。戚，斧头。 ② 缀兆：舞蹈时舞者的行列位置。 ③ 铁钺(fū yuè 夫月)：古代的刑具。铁，同"斧"。钺，大斧。 ④ 婴：通"撄"，迫近，触犯。 ⑤ 诛赏：当为"诗商"。

墨子曰："乐者，圣王之所非也，而儒者为之，过也。"君子以为不然。乐者，圣人之所乐也，而可以善民心，其感人深，其移风易俗，故先王导之以礼乐而民和睦。夫民有好恶之情而无喜怒之应则乱。先王恶其乱也，故修其行，正其乐，而天下顺焉。故齐衰之服，哭泣之声，使人之心悲；带甲婴軸[①]，歌于行伍[②]，使人之心伤；姚冶之容，郑、卫之音[③]，使人之心淫；

绅、端、章甫[④]，舞《韶》、歌《武》，使人之心庄。故君子耳不听淫声，目不视女色，口不出恶言。此三者，君子慎之。凡奸声感人而逆气应之，逆气成象而乱生焉，正声感人而顺气应之，顺气成象而治生焉。唱和有应，善恶相象，故君子慎其所去就也。君子以钟鼓道志[⑤]，以琴瑟乐心，动以干戚，饰以羽旄[⑥]，从以磬管。故其清明象天，其广大象地，其俯仰周旋有似于四时。故乐行而志清，礼修而行成，耳目聪明，血气和平，移风易俗，天下皆宁，美善相乐。故曰：乐者，乐也。君子乐得其道，小人乐得其欲。以道制欲，则乐而不乱；以欲忘道，则惑而不乐。故乐者，所以道乐也。金石丝竹，所以道德也。乐行而民乡方矣[⑦]。故乐者，治人之盛者也，而墨子非之。且乐也者，和之不可变者也；礼也者，理之不可易者也。乐合同，礼别异，礼乐之统，管乎人心矣。穷本极变，乐之情也；著诚去伪，礼之经也。墨子非之，几遇刑也。明王已没，莫之正也。愚者学之，危其身也。君子明乐，乃其德也。乱世恶善，不此听也。于乎哀哉，不得成也！弟子勉学，无所营也[⑧]。

〔**注释**〕 ① 婴：系。鞈：同“胄”，头盔。 ② 行(háng 航)伍：军队。古代军队以五人为伍，二十五人为行。 ③ 郑、卫之音：指《诗经》中郑国和卫国的民歌，古时以郑声和卫声为淫声。 ④ 绅：古时士大夫系在腰间的大带。端：礼服。章甫：礼帽。 ⑤ 道：同“导”，引导。 ⑥ 羽旄(máo 毛)：野鸡毛和牦牛尾，均为舞具。 ⑦ 乡：通“向”，向往；仰慕。 ⑧ 营：通“荧”，惑乱。

声乐之象[①]：鼓大丽[②]，钟统实[③]，磬廉制[④]，竽笙箫和[⑤]，筦籥发猛[⑥]，埙篪翁博[⑦]，瑟易良，琴妇好[⑧]，歌清尽，舞意天道兼。鼓，其乐之君邪！故鼓似天，钟似地，磬似水，竽笙、箫和、筦钥似星辰日月[9]，鞉、柷、拊、鞷、椌、楬似万物[10]。曷以知舞之意？曰：目不自见，耳不自闻也，然而治俯仰、诎信、进退、迟速莫不廉制，尽筋骨之力以要钟鼓俯会之节，而靡有悖逆者，众积意谔谔乎[11]！

〔**注释**〕 ① 象：象征。 ② 丽：通“厉”，声音激越高亢。 ③ 统：通“充”，满。 ④ 廉制：指声音清晰有节奏。 ⑤ 箫：当为“肃”字。 ⑥ 筦籥（guǎn yuè 管月）：都是古代编管乐器。筦，同“管”。 ⑦ 埙（xūn 熏）：古代一种陶制乐器。篪（chí 池）：一种单管横吹乐器。翁博：通“滃渤”，声音低沉而宽广。 ⑧ 妇好：同“女好”，形容声音柔和婉转。 ⑨ 箫和：当为衍文。 ⑩ 鞉（táo 逃）、柷（zhù 祝）、拊（fǔ 府）、鞷（gé 革）、椌（qiāng 腔）、楬（qià 恰）：都是古代打击乐器。 ⑪ 谔谔（chí 迟）：谆谆，态度诚恳认真的样子。

吾观于乡[1]，而知王道之易易也。主人亲速宾及介[2]，而众宾皆从之，至于门外，主人拜宾及介而众宾皆入，贵贱之义别矣。三揖至于阶，三让以宾升，拜至，献酬[3]，辞让之节繁。及介省矣。至于众宾，升受，坐祭，立饮，不酢而降[4]。隆杀之义辨矣。工入，升歌三终[5]，主人献之；笙入三终，主人献之；间歌三终[6]，合乐三终，工告乐备，遂出。二人扬觯[7]，乃立司正[8]，焉知其能和乐而不流也。宾酬主人，主人酬介，介酬众宾，少长以齿，终于沃洗者焉。知其能弟长而无遗也。降，说屦[9]，升坐，修爵无数。饮酒之节，朝不废朝，莫不废夕。宾出，主人拜送，节文终遂。焉知其能安燕而不乱也[10]。贵贱明，隆杀辨，和乐而不流，弟长而无遗，安燕而不乱。此五行者，是足以正身安国矣。彼国安而天下安。故曰：吾观于乡，而知王道之易易也。

〔注释〕 ① 乡：此处指乡中饮酒的礼仪。 ② 主人：指乡大夫。速：迎接。宾：乡中饮酒，最贤能的人叫宾，次之叫介，地位最低的叫众宾。 ③ 献酬：主客互相敬酒，主人向客人敬酒叫献，客人回敬主人后，主人再回敬客人叫酬。 ④ 酢（zuò 做）：客人用酒回敬主人叫酢。 ⑤ 终：将一首歌或乐曲从头到尾唱一遍或演奏一遍叫一终。 ⑥ 间：轮流。 ⑦ 觯（zhì 志）：酒杯。 ⑧ 司正：负责监督礼仪的人。 ⑨ 说：通“脱”。说屦，脱鞋。 ⑩ 燕：通“宴”，安闲。

乱世之征：其服组①，其容妇，其俗淫，其志利，其行杂，其声乐险，其文章匿而采②，其养生无度，其送死瘠墨③，贱礼义而贵勇力，贫则为盗，富则为贼。治世反是也。

〔注释〕 ① 组：华丽。 ② 匿：通“慝”（tè 特），邪恶。 ③ 瘠墨：刻薄俭葬。

【鉴赏】 春秋战国时期，音乐、绘画、雕刻、建筑等各类艺术作品已逐渐成为统治阶级维护王权威信、实施政教风化、安定国情民心的有效手段。荀子金声玉振，道乐论音，即为阐明音乐与现实政治及社会风俗之间的密切联系。

《乐论》全文深入剖析了墨子的《非乐》篇中所存在的不合理因素。荀子与墨子都承认音乐有娱情悦性的作用，但两人对待音乐的态度却是截然相反。在墨子看来，社会就像一部有序运转的巨型机器，个体生命只是这部机器上或大或小的零件而已。因此，王公大人必须承担“听狱治政”的责任，士君子则要保证“仓廪府库”的殷实，农夫们在田间“多聚叔粟”，居家妇人也得“多治麻丝葛绪綑布缪”。只有每个人勤勤恳恳、按部就班地做好各自的分内事，社会才会稳定有序地发展。至于音乐之类的奢侈享受，只要列国攻伐、贼寇横行的时局还未得以改善，而民间仍然存在着“饥者不得食，寒者不得衣，劳者不得息”（《墨子·非乐上》）的疾苦，就完全不应予以考虑。否则就是玩物丧志，混淆视听，败坏民风，甚至还会耽误国政。

墨子这种“后天下之乐而乐”的精神可谓用心良苦，但荀子却不以为然。他曾在《富国》中写道：“墨术诚行则天下尚俭而弥贫，非斗而日争，劳苦顿萃而愈无功，愀然忧戚非乐而日不和。”荀子认为，墨子的学说扰乱天下，而墨子对于礼乐之道的认识就好比“瞽之于白黑”、“聋之于清浊”、“欲之楚而北求之也”，毫无可取之处。从短期发展来看，或许全身心投入经济建设的物质获益最快、最大、最明显，但若想要长期、合理、有效地发展，那还得冀望于国民的精神素质尤其是道德修养的纯备完善。所以在荀子心目中，音乐对于国家和民众都具有极其重要的作用。特别是先王制定的《雅》、《颂》之声，“足以感动人之善心，使夫邪污之气无由得接焉”。就个人而言，音乐的感化可以修养品德，陶冶情操，使其“耳目聪明，血气和平”，而且“志意得广”，“容貌得庄”。就整个社会而言，音乐的感化则可以使万民“和而不流”，“齐而不乱”，家庭内部相爱相亲，朝廷上下相慕相敬，攻防守御城固兵劲。同时，四方列国也会归顺服依，莫敢侵入。

在荀子的学说中，“礼”、“乐”总是相提并论的：“乐也者，和之不可变者也；礼也者，理之不可易者也。乐合同，礼别异，礼乐之统，管乎人心矣。”礼和乐在教化过程中各自扮演着不同的角色。先王制定“礼”，为的是区别长幼、尊卑、贵贱，使社会等级分明，宜于治理。但过分强化等级差异，则会造成各阶层的矛盾对立，进而形成种种不安定因素，所以这时就需要用“乐”来调和人际关系，构建和谐的社会状态。强大的政权与严厉的刑罚的确可以起到一定的威慑作用，但礼乐教化更能以一种春风遍在、秋水无痕的温和姿态渐渐渗透到人们灵魂深处的每个角落。贤明的君主应当懂得如何凭藉礼乐教化的相辅相成以达到移风易俗、治国安邦的目的，从而创立“天下皆宁，美善相乐”的太平盛世。

翻阅其他先秦典籍，我们会发现《礼记·乐记》曾以同样的语调对音乐条分缕析侃侃而谈，且篇幅更为铺张洋溢。《乐记》中“治世之音安以乐，其政和；乱世之音怨以怒，其政乖；亡国之音哀以思，其民困”之语，也因为《毛诗大序》的引用而得以广为流播，成为妇孺皆知的熟语。由于年代久远，材料缺乏，《乐记》的创作时间以及著作权归属，至今还是颇受争议的学术疑案。但它的存在至少可以证明，在百家学说蓬勃发展的战国时期，审音知政、观风变俗的思想并非是荀子的独门秘笈。

《乐记》中写道：“德者，性之端也；乐者，德之华也。”它将音乐看作一朵萌发自性灵、盛开在人间的道德花朵。这朵本该属于艺术花苑的奇葩，虽然长期流落在道德的异乡，不幸承载了过多政教风化的沉重负担，却仍然无法掩饰它自然清新瑰丽多姿的芳容。走过漫漫长路，我们才得以认清音乐纯洁而高贵的灵魂本质。《列子·汤问》记载着一段关于音乐的美丽传说：“伯牙善鼓琴，钟子期善听。伯牙鼓琴，志在登高山。钟子期曰：‘善哉！峨峨兮若泰山！’志在流水。钟子期曰：‘善哉！洋洋兮若江河！’伯牙所念，钟子期必得之。伯牙游于泰山之阴，卒逢暴雨，止于岩下；心悲，乃援琴而鼓之。初为霖雨之操，更造崩山之音。曲每奏，钟子期辄穷其趣。伯牙乃舍琴而叹曰：‘善哉，善哉，子之听夫志，想象犹吾心也。吾于何逃声哉？’”比起儒家学说中教化意味甚浓的礼乐传统，高山流水的故事或许更能触动我们内心深处的寂寞与荒凉。“不惜歌者苦，但伤知音稀。”（《古诗十九首》）只有音乐才能够不分国界、不分种族地传递生命的信仰，让我们愿意盼望，愿意宽容，愿意等待。离经叛道的嵇康在临刑就命的最后关头回望血色残阳，索琴独奏，在人世间留下了《广陵散》的绝唱。即使远隔千秋万代，我们也依然能够听到他琴声中蕴含的无限痛楚。正因为世事纷纭，人生无常，我们才更需要美好的音乐来点亮希望的光芒。“鸣琴在御，谁与鼓弹。仰慕同趣，其馨若兰。”（嵇康《赠秀才入军》）动人的乐声在广阔的天地间回转不息，它的慷慨激昂，它的柔情缱绻，它的闲适飘逸，它的神秘莫测，永远无形无影地为后世刻画着尘世的悲欢离合。大音希声，谁得与闻？

解蔽

凡人之患，蔽于一曲而暗于大理。治则复经[①]，两疑则惑矣[②]。天下无二道，圣人无两心。今诸侯异政，百家异说，则必或是或非，或治或乱。乱国之君，乱家之人[③]，此其诚心莫不求正而以自为也，妒缪于道而人诱其所迨也[④]。私其所积，唯恐闻其恶也；倚其所私，以观异术，唯恐闻其美也。是以与治虽走而是已不辍也[⑤]，岂不蔽于一曲而失正求也哉！心不使焉，则白黑在前而目不见，雷鼓在侧而耳不闻，况于使者乎[⑥]！德道之人[⑦]，乱国之君非之上，乱家之人非之下，岂不哀哉！

〔注释〕 ① 经：大道。 ② 两：指“一曲”和“大理”两个方面。 ③ 乱家：指蔽于一曲而暗于大理的各家学派。 ④ 缪：通“谬”，错误。迨：通“怡”，喜爱。 ⑤ 虽：当为“离”字。 ⑥ 使：当为“蔽”字。 ⑦ 德：通“得”，得到；掌握。

故为蔽[①]：欲为蔽，恶为蔽；始为蔽，终为蔽；远为蔽，近为蔽；博为蔽，浅为蔽；古为蔽，今为蔽。凡万物异则莫不相为蔽，此心术之公患也。

〔注释〕 ① 故：通“胡”，什么。

昔人君之蔽者，夏桀、殷纣是也。桀蔽于末喜、斯观[①]，而不知关龙逢[②]，以惑其心而乱其行；纣蔽于妲己、飞廉[③]，而不知微子启，以惑其心而乱其行。故群臣去忠而事私，百姓怨非而不用[4]，贤良退处而隐逃，此其所以丧九牧之地而虚宗庙之国也[5]。桀死于亭山[6]，纣县于赤旆[7]。身不先知，人又莫之谏，此蔽塞之祸也。成汤监于夏桀，故主其心而慎治之，是以能长用伊尹而身不失道，此其所以代夏王而受九有也[8]。文王监于殷纣，故主其心而慎治之，是以能长用吕望而身不失道，此其所以代殷王而受九牧也。远方莫不致其珍，故目视备色，耳听备声，口食备味，形居备官，名受备号，生则天下歌，死则四海哭，夫是之谓至盛。《诗》曰："凤凰秋秋，其翼若干，其声若箫。有凤有凰，乐帝之心。"[9]此不蔽之福也。

〔**注释**〕 ① 末喜：即"妺喜"，桀的妃子。斯观：桀的佞臣。 ② 关龙逢（páng 旁）：桀的贤臣。 ③ 妲（dá 达）己：纣的妃子。飞廉：纣的佞臣。 ④ 非：通"诽"，责骂。 ⑤ 九牧：九州。相传古代天下有九州，州的官长叫"牧"，故称"九牧"。虚：通"墟"。 ⑥ 亭：当为"鬲"字。 ⑦ 县：通"悬"，悬挂。 ⑧ 九有：九州。 ⑨ "《诗》曰"句：不见于今本《诗经》，当为佚诗。秋秋，同"跄跄"，舞姿优美。

昔人臣之蔽者，唐鞅、奚齐是也[1]。唐鞅蔽于欲权而逐载子[2]，奚齐蔽于欲国而罪申生[3]，唐鞅戮于宋，奚齐戮于晋。逐贤相而罪孝兄，身为刑戮，然而不知，此蔽塞之祸也。故以贪鄙、背叛、争权而不危辱灭亡者，自古及今，未尝有之也。鲍叔、宁戚、隰朋仁知且不蔽[4]，故能持管仲而名利福禄与管仲齐；召公、吕望仁知且不蔽，故能持周公而名利福禄与周公齐。传曰："知贤之为明，辅贤之谓能。勉之强之，其福必长。"此之谓也。此不蔽之福也。

〔注释〕 ① 唐鞅：战国时宋康王的臣子，后被康王所杀。奚齐：晋献公宠妃骊姬的儿子。 ② 载(通“戴”)子：宋国太宰戴驩(huān 欢)，后被唐鞅驱逐逃到齐国。 ③ 申生：晋献公的太子，奚齐的异母兄弟。后献公听信骊姬的谗言，逼申生自杀，立奚齐为继承人。 ④ 鲍叔、宁戚、隰(xí 席)朋：三人都是齐桓公的大臣。

昔宾孟之蔽者[①]，乱家是也。墨子蔽于用而不知文，宋子蔽于欲而不知得，慎子蔽于法而不知贤，申子蔽于势而不知知[②]，惠子蔽于辞而不知实，庄子蔽于天而不知人[③]。故由用谓之道，尽利矣。由俗谓之道[④]，尽嗛矣[⑤]；由法谓之道，尽数矣；由势谓之道，尽便矣；由辞谓之道，尽论矣；由天谓之道，尽因矣。此数具者，皆道之一隅也。夫道者，体常而尽变，一隅不足以举之。曲知之人，观于道之一隅而未之能识也，故以为足而饰之，内以自乱，外以惑人，上以蔽下，下以蔽上，此蔽塞之祸也。孔子仁知且不蔽，故学乱术[⑥]，足以为先王者也。一家得周道，举而用之，不蔽于成积也。故德与周公齐，名与三王并，此不蔽之福也。

〔注释〕 ① 宾孟：战国时来往于各诸侯国之间的游士。宾，客。孟，通“萌”，民。 ② 申子：指申不害，战国中期郑国人，法家代表人物之一。 ③ 庄子：指庄周，战国时宋国人，道家代表人物之一。 ④ 俗：当为“欲”字。 ⑤ 嗛(qiè 切)：通“慊”，满足。 ⑥ 乱：治。

圣人知心术之患，见蔽塞之祸，故无欲无恶，无始无终，无近无远，无博无浅，无古无今，兼陈万物而中县衡焉[①]。是故众异不得相蔽以乱其伦也。何谓衡？曰：道。故心不可以不知道。心不知道，则不可道而可非道。人孰欲得恣而守其所不可，以禁其所可？以其不可道之心取人，则必合于不道人，而不知合于道人[②]。以其不可道之心，与不道人论道人，乱之本也。夫何以知？曰[③]：心知道，然后可道；可道，然后能守道以禁非道。以其可道之心取人，则合于道人，而不合于不道之人矣。以其可道之心，与道人论非道，治之要也。何患不知？故治之要在于知道。

〔**注释**〕①县：衡量。衡：秤，指标准。县衡，同义复词，衡量。　②知：当为衍文。　③曰：当为衍文。

人何以知道？曰：心。心何以知？曰：虚壹而静[①]。心未尝不臧也[②]，然而有所谓虚；心未尝不满也[③]，然而有所谓一；心未尝不动也，然而有所谓静。人生而有知，知而有志。志也者，臧也，然而有所谓虚，不以所已臧害所将受谓之虚。心生而有知，知而有异，异也者，同时兼知之。同时兼知之，两也；然而有所谓一，不以夫一害此一谓之壹。心，卧则梦，偷则自行[④]，使之则谋。故心未尝不动也，然而有所谓静，不以梦剧乱知谓之静[⑤]。未得道而求道者，谓之虚壹而静。作之，则将须道者之虚则人[⑥]，将事道者之壹则尽，尽将思道者静则察[⑦]。知道察，知道行，体道者也。虚壹而静，谓之大清明。万物莫形而不见，莫见而不论，莫论而失位。坐于室而见四海，处于今而论久远，疏观万物而知其情，参稽治乱而通其度，经纬天地而材官万物，制割大理，而宇宙里矣[⑧]。恢恢广广[⑨]，孰知其极！睪睪广广[⑩]，孰知其德！涫涫纷纷[⑪]，孰知其形！明参日月，大满八极，夫是之谓大人！夫恶有蔽矣哉！

〔**注释**〕①壹：专一。　②臧：同“藏”，贮藏。　③满：当为“两”字。　④偷：

松懈。⑤ 剧：烦乱。⑥ 人：当为“入”字。⑦ 尽：当为衍文。⑧ 里：通“理”。⑨ 恢恢：宽广的样子。⑩ 孒孒(hào 浩)：通“皞皞”，广大的样子。广广：通“旷旷”，空旷的样子。⑪ 涫涫(guàn 灌)：同“滚滚”，水沸腾的样子。

心者，形之君也，而神明之主也，出令而无所受令。自禁也，自使也，自夺也，自取也，自行也，自止也。故口可劫而使墨云[①]，形可劫而使诎申[②]，心不可劫而使易意，是之则受，非之则辞。故曰：心容其择也，无禁必自见，其物也杂博，其情之至也不贰[③]。《诗》云：“采采卷耳，不盈倾筐。嗟我怀人，寘彼周行。”[④]倾筐易满也，卷耳易得也，然而不可以贰周行。故曰：心枝则无知[⑤]，倾则不精，贰则疑惑。以赞稽之，万物可兼知也。身尽其故则美，类不可两也，故知者择一而壹焉。

〔注释〕 ① 墨：通“默”，沉默。云：说话。② 诎申：通“屈伸”，弯曲或伸直。③ 情：通“精”，专精。④“《诗》云”句：引自《诗经·周南·卷耳》。卷耳，又名“苓耳”，一种植物，既可食用，也可入药。⑤ 枝：分散。

农精于田而不可以为田师，贾精于市而不可以为贾师[①]，工精于器而不可以为器师。有人也，不能此三技而可使治三官，曰：精于道者也，精于物者也[②]。精于物者以物物，精于道者兼物物。故君子壹于道而以赞稽物。壹于道则正，以赞稽物则察，以正志行察论，则万物官矣。昔者舜之治天下也，不以事诏而万物成。处一危之，其荣满侧；养一之微，荣矣而未知。故《道经》曰[③]：“人心之危，道心之微。”危微之几，惟明君子而后能知之。故人心譬如槃水[④]，正错而勿动[⑤]，则湛浊在下而清明在上[⑥]，则足以见须眉而察理矣。微风过之，湛浊动乎下，清明乱于上，则不可以得大形之正也。心亦如是矣。故导之以理，养之以清，物莫之倾，则足以定是非，决嫌疑矣。小物引之则其正外易，其心内倾，则不足以决庶理矣。故好书者众矣，而仓颉独传者⑦，壹也；好稼者众矣，而后稷独传者⑧，壹也。好乐者众矣，而夔独传者⑨，壹也；好义者众矣，而舜独传者，壹也。倕作弓⑩，浮游作矢⑪，而羿精于射；奚仲作车⑫，乘杜作乘马⑬，而造父精于御。自古及今，未尝有两而能精者也。曾子曰⑭："是其庭可以搏鼠⑮，恶能与我歌矣！"

〔注释〕 ① 贾：当为"市"字。 ② 此句前当脱一"非"字。 ③《道经》：可能是古代论述道的经典，今不可考。 ④ 槃：通"盘"，木盆。 ⑤ 错：通"措"，放置。 ⑥ 湛：通"沉"，湛浊，泥渣。 ⑦ 仓颉：传说黄帝时的史官，发明了文字。 ⑧ 后稷：传说是尧时的农官，周朝的始祖，姬姓，名弃。 ⑨ 夔(kuí 葵)：相传是尧、舜时的乐官。 ⑩ 倕：相传是古时的巧匠。 ⑪ 浮游：相传是箭的发明者，黄帝时人。 ⑫ 奚仲：相传是夏禹时掌管车服的官。 ⑬ 乘杜：即相土，商朝祖先契的孙子，发明了四马驾车法。 ⑭ 曾子：孔子的学生，名参(shēn 深)。 ⑮ 是：通"视"，看。庭：当作"莛"，小竹棍，既可用来击节唱歌，也可用来捕鼠。

空石之中有人焉①，其名曰觙。其为人也，善射以好思②。耳目之欲接则败其思，蚊虻之声闻则挫其精③，是以辟耳目之欲，而远蚊虻之声，闲居静思则通。思仁若是，可谓微乎？孟子恶败而出妻，可谓能自强矣；有子恶卧而焠掌④，可谓能自忍矣，未及好也⑤。辟耳目之欲，可谓能自强矣，未及思也。蚊虻之声闻则挫其精，可谓危矣，未可谓微也。夫微者，至人也。至人也，何强，何忍，何危？故浊明外景，清明内景。圣人纵其欲⑥，兼其情，而制焉者理矣。夫何强，何忍，何危？故仁者之行道也，无为也；圣人之行道也，无强也。仁者之思也恭，圣者之思也乐。此治心之道也。

〔注释〕 ① 空石：即穷石，古地名。 ② 射：射覆，猜谜。 ③ 挫：扰乱。 ④ 有子：孔子的学生有若。焠(cuì 翠)：烧灼。 ⑤ “好”下当脱一“思”字。 ⑥ 纵：当为“从”字。

凡观物有疑，中心不定，则外物不清。吾虑不清，则未可定然否也。冥冥而行者，见寝石以为伏虎也，见植林以为后人也[①]，冥冥蔽其明也。醉者越百步之沟，以为蹞步之浍也[②]；俯而出城门，以为小之闺也[③]，酒乱其神也。厌目而视者[④]，视一以为两；掩耳而听者，听漠漠而以为哅哅[⑤]，势乱其官也。故从山上望牛者若羊，而求羊者不下牵也，远蔽其大也；从山下望木者，十仞之木若箸[⑥]，而求箸者不上折也，高蔽其长也。水动而景摇，人不以定美恶，水势玄也[⑦]。瞽者仰视而不见星，人不以定有无，用精惑也。有人焉，以此时定物，则世之愚者也。彼愚者之定物，以疑决疑，决必不当。夫苟不当，安能无过乎？夏首之南有人焉[⑧]，曰涓蜀梁[⑨]。其为人也，愚而善畏。明月而宵行，俯见其影，以为伏鬼也，卬视其发[⑩]，以为立魅也，背而走，比至其家，失气而死，岂不哀哉！凡人之有鬼也，必以其感忽之间、疑玄之时正之[⑪]。此人之所以无有而有无之时也，而己以正事。故伤于湿而击鼓鼓痹[⑫]，则必有敝鼓丧豚之费矣，而未有俞疾之福也[⑬]。故虽不在夏首之南，则无以异矣。

〔注释〕 ① 后：当为“立”字。 ② 浍(kuài 快)：小沟。 ③ 闺：宫中小门。

④ 厌(yā 压)：通“压”，按。 ⑤ 哅哅(xiōng 胸)：喧闹声。 ⑥ 仞：古代长度单位，八尺为一仞。箸(zhù 住)：筷子。 ⑦ 玄：通“眩”，眩目。 ⑧ 夏首：古地名，在今湖北。 ⑨ 涓蜀梁：人名，事迹不详。 ⑩ 卬：古“仰”字。 ⑪ 正：当为“定”字。 ⑫ 本句当有脱误，疑应为“伤于湿而痹，痹而击鼓烹豚”。 ⑬ 俞：通“愈”，治愈治好。

凡以知，人之性也；可以知，物之理也。以可以知人之性，求可以知物之理而无所疑止之[1]，则没世穷年不能遍也。其所以贯理焉虽亿万[2]，已不足以浃万物之变[3]，与愚者若一。老身长子而与愚者若一，犹不知错[4]，夫是之谓妄人。故学也者，固学止之也。恶乎止之？曰：止诸至足。曷谓至足？曰：圣也[5]。圣也者，尽伦者也；王也者，尽制者也。两尽者，足以为天下极矣。故学者，以圣王为师，案以圣王之制为法，法其法，以求其统类，以务象效其人。向是而务，士也；类是而几，君子也；知之，圣人也。故有知非以虑是，则谓之惧[6]；有勇非以持是，则谓之贼；察孰非以分是，则谓之篡；多能非以修荡是[7]，则谓之知；辩利非以言是，则谓之詍[8]。传曰：“天下有二：非察是，是察非。”谓合王制与不合王制也。天下有不以是为隆正也，然而犹有能分是非、治曲直者邪？若夫非分是非，非治曲直，非辨治乱，非治人道，虽能之无益于人，不能无损于人。案直将治怪说，玩奇辞，以相挠滑也[9]；案强钳而利口，厚颜而忍诟，无正而恣睢，妄辨而几利；不好辞让，不敬礼节，而好相推挤。此乱世奸人之说也，则天下之治说者方多然矣。传曰：“析辞而为察，言物而为辨，君子贱之；博闻强志，不合王制，君子贱之。”此之谓也。为之无益于成也，求之无益于得也，忧戚之无益于几也[10]，则广焉能弃之矣[11]。不以自妨也，不少顷干之胸中。不慕往，不闵来，无邑怜之心[12]，当时则动，物至而应，事起而辨，治乱可否，昭然明矣。

〔注释〕 ① 疑：通“凝”，安定，止息。与“止”同义。 ② 贯：习。 ③ 已：终。浃(jiā 夹)：周遍。 ④ 错：通“措”，放弃。 ⑤ “圣”下当脱一“王”字。 ⑥ 惧：当为“攫”字。 ⑦ 荡：推行。 ⑧ 詍(yì 义)：多言。 ⑨ 挠滑(gǔ 骨)：扰乱。 ⑩ 几：通“冀”，希冀，希望；一说：几，事。 ⑪ 广：通“旷”，远。 ⑫ 邑：通“悒”，忧愁。

周而成，泄而败，明君无之有也；宣而成，隐而败，暗君无之有也。故君人者周则谗言至矣，直言反矣，小人迩而君子远矣。《诗》云：“墨以为明，狐狸而苍。”① 此言上幽而下险也。君人者宣则直言至矣，而谗言反矣，君子迩而小人远矣。《诗》云：“明明在下，赫赫在上。”② 此言上明而下化也。

〔注释〕 ① “《诗》云”句：不见于今本《诗经》，当为逸诗。 ② “《诗》云”句：见《诗经·大雅·大明》。

【鉴赏】 乱世不仅出英雄，混乱的政治局面往往也会引起学术思想的激烈碰撞，进而在碰撞中创造出一个精神上极度丰富多彩的年代。战国时期，“诸侯异政，百家异说”，政治上的争端使人痛苦，思想上的矛盾又使人迷惘。《汉书·艺文志》对此即有所载：“王道既微，诸侯力政，时君世主，好恶殊方，是以九家之术蜂出并作，各引一端，崇其所善，以此驰说，取合诸侯。”面对纷乱的时局，荀子试图以理性的力量为世人辟除诸般困扰，并尽己所能推广圣王之道，欲使天下复归清明。是为《解蔽》。

“凡以知，人之性也；可以知，物之理也。”人类怀着强烈的求知欲，坚持不懈地探索世间万物，最终才得以超越地球上其他生物，创造出属于自己的灿烂文明。但仅凭有限的个体生命，想要参破天地间流转不息的一切奥秘，“则没世穷年不能遍也”。这种“以有涯随无涯”所带来的无望感受，使所有的努力成为虚空与枉然。因而荀子认为，在短暂的人生中，人们无须事事寻根问底，那些奇辞怪说的空谈或是感时伤怀的情绪未必有助于解决任何现实问题。他建议人们努力学习圣王的礼乐法度，把“尽伦”、“尽制”当作追求学问的完满止境。

文中指出：“凡万物异则莫不相为蔽。”在学习圣王之道的漫长过程中，种种有形无形的诱惑都会蒙蔽人们的心灵：喜怒无常的君王成日痛饮狂歌寻欢享乐，决断国务时仅仅依照一己好恶，蔽于谗言而不自知。贪恋权势的臣子不负责任草率行事，权衡利弊时仅仅依照一己得失，蔽于功利而不自明。博古通今的学者固执己见排斥异说，对公理与正义置若罔闻，蔽于曲知而不自晓。眼见这些蔽惑给社会造成诸多危害，荀子不由警告世人：“以贪鄙、背叛、争权而不危辱灭亡者，自古及今，未尝有之也。”

凡人多被七情六欲冲昏了头脑，得道的圣人却能做到“兼陈万物而中县衡”。其根本原因就在于圣人始终让自己的心灵保持着“虚壹而静”的状态。所谓“虚”，是指人们在学习新兴事物时，要避免既有知识结构对自身思维的束缚，只有摒除成见，抛开回忆，才能在理智上和感情上都迸发出焕然一新的光彩。所谓“壹”，是指人们不应在各类学说面前迷失自我，弄得“彼亦一是非，此亦一是非”（《庄子·齐物论》）。要见识大道真貌，必须具有专一的信念与坚定的恒心。拥有了容纳万物的虚怀，再加上专一的心志，人们在分析、判断、抉择、思考的时候就不易受到外界因素的干扰，这便是体道过程中的“虚壹而静”。荀子将人心比作盘中之水，认为只有在沉静的状态下它才能显露清明本相，若是微风拂动，浊沙泛起，盘中之水就无法保持原来的清明澄澈。而宇宙之广阔，社会之繁复，人生之无常，远比水上清风来得诡异莫测。因此，只有对心灵“导之以理，养之以清”，使之面对任何诱惑挫折都能做到“岿然不动”，这样才更为接近荀子理想中“明参日月，大满八极”的完美人格。

作为百家学说之集大成者，荀子在文中不仅阐述自身理论，也对当时诸子进行了一些学术方面的评论。与《非十二子》相比，《解蔽》虽已不那么充满敌意，但其言辞还是显得有点偏激。其言曰：“墨子蔽于用而不知文，宋子蔽于欲而不知得，慎子蔽于法而不知贤，申子蔽于势而不知知，惠子蔽于辞而不知实，庄子蔽于天而不知人。故由用谓之道，尽利矣；由俗谓之道，尽嗛矣；由法谓之道，尽数矣；由势谓之道，尽便矣；由辞谓之道，尽论矣；由天谓之道，尽因矣。此数具者，皆道之一隅也。”可见荀子这里基本上仍采取了全盘否定的态度，不过他确实又以简单明了的言辞揭示出了诸子学说的要害所在。历史的车轮滚滚前行，百家学说相灭相生，相辅相成，有所蔽者必有所见，没有任何真理可以匡正万世永恒不变。荀子主张“君子必辩”，但一己得失成败并不是学术争论的终极目标，若能以兼收并蓄的宽容态度来看待百家学说，则未尝不是学术之幸，万民之福。

正　名

后王之成名：刑名从商，爵名从周，文名从《礼》[①]。散名之加于万物者，则从诸夏之成俗曲期[②]，远方异俗之乡则因之而为通。散名之在人者：生之所以然者谓之性。性之和所生，精合感应，不事而自然谓之性。性之好、恶、喜、怒、哀、乐谓之情。情然而心为之择谓之虑。心虑而能为之动谓之伪[③]。虑积焉、能习焉而后成谓之伪。正利而为谓之事。正义而为谓之行。所以知之在人者谓之知。知有所合谓之智。智所以能之在人者谓之能[④]。能有所合谓之能。性伤谓之病。节遇谓之命。是散名之在人者也，是后王之成名也。

〔注释〕 ①《礼》：指《仪礼》。 ② 曲期：共同的约定。曲，周遍。 ③ 伪：人为。 ④ 智：当为衍文。

故王者之制名，名定而实辨，道行而志通，则慎率民而一焉。故析辞擅作名以乱正名[①]，使民疑惑，人多辨讼，则谓之大奸，其罪犹为符节、度量之罪也[②]。故其民莫敢托为奇辞以乱正名，故其民悫，悫则易使，易使则公[③]。其民莫敢托为奇辞以乱正名，故壹于道法而谨于循令矣。如是，则其迹长矣。迹长功成，治之极也，是谨于守名约之功也。今圣王没，名守慢，奇辞起，名实乱，是非之形不明，则虽守法之吏，诵数之儒，亦皆乱也。若有王者起，必将有循于旧名，有作于新名。然则所为有名，与所缘以同异，与制名之枢要，不可不察也。

〔**注释**〕 ① 句中第一个“名”字当为衍文。 ② 为：同“伪”，伪造。 ③ 公：通“功”，功效。

异形离心交喻，异物名实玄纽[①]，贵贱不明，同异不别，如是则志必有不喻之患，而事必有困废之祸。故知者为之分别，制名以指实，上以明贵贱，下以辨同异。贵贱明，同异别，如是则志无不喻之患，事无困废之祸，此所为有名也。

〔**注释**〕 ① 玄：通“眩”。纽：结。

然则何缘而以同异？曰：缘天官[①]。凡同类、同情者，其天官之意物也同，故比方之疑似而通，是所以共其约名以相期也。形体、色、理以目异，声音清浊、调竽奇声以耳异[②]，甘、苦、咸、淡、辛、酸、奇味以口异，香、臭、芬、郁、腥、臊、洒、酸、奇臭以鼻异[③]，疾、养、沧、热、滑、铍、轻、重以形体异[④]，说、故、喜、怒、哀、乐、爱、恶、欲以心异[⑤]。心有征知[⑥]。征知则缘耳而知声可也，缘目而知形可也，然而征知必将待天官之当簿其类然后可也[⑦]。五官簿之而不知，心征之而无说，则人莫不然谓之不知，此所缘而以同异也。

〔注释〕 ① 天官：耳、目、鼻、口、身等器官。 ② 调竽：当为“调节”。 ③ 郁：草木腐臭。洒：当为“漏”(lóu 楼)字，通“蝼”，马身上的臊臭味。酸：当为“庮”(yóu 由)字，牛身上的臊臭味。 ④ 沧：寒冷。铍：当为“鈒”字，通“涩”。 ⑤ 故：通“固”，烦闷。 ⑥ 征：验证。 ⑦ 簿：通“薄”，迫近，接触。

然后随而命之：同则同之，异则异之，单足以喻则单，单不足以喻则兼，单与兼无所相避则共，虽共，不为害矣。知异实者之异名也，故使异实者莫不异名也，不可乱也，犹使异实者莫不同名也[①]。故万物虽众，有时而欲遍举之，故谓之物。物也者，大共名也。推而共之，共则有共，至于无共然后止。有时而欲遍举之[②]，故谓之鸟兽。鸟兽也者，大别名也。推而别之，别则有别，至于无别然后止。名无固宜，约之以命。约定俗成谓之宜，异于约则谓之不宜。名无固实，约之以命实，约定俗成谓之实名。名有固善，径易而不拂[③]，谓之善名。物有同状而异所者[④]，有异状而同所者，可别也。状同而为异所者，虽可合，谓之二实。状变而实无别而为异者，谓之化。有化而无别，谓之一实。此事之所以稽实定数也，此制名之枢要也。后王之成名，不可不察也。

〔注释〕 ① 异实：当为“同实”。 ② 遍：当为“偏”字。 ③ 拂：违反。 ④ 所：实质。

“见侮不辱”[①]，“圣人不爱己”[②]，“杀盗非杀人也”[③]，此惑于用名以乱名者也。验之所以为有名而观其孰行，则能禁之矣。“山渊平”[4]，“情欲寡”[5]，“刍豢不加甘，大钟不加乐”[6]，此惑于用实以乱名者也。验之所缘无以同异而观其孰调[7]，则能禁之矣。“非而谒楹有牛[8]，马非马也[9]。”此惑于用名以乱实者也。验之名约，以其所受悖其所辞，则能禁之矣。凡邪说辟言之离正道而擅作者，无不类于三惑者矣。故明君知其分而不与辨也。

〔注释〕 ① 见侮不辱：这是战国中期宋钘的说法。 ② 圣人不爱己：此说出于何家，不详。 ③ 杀盗非杀人也：这是墨子的说法，见《墨子·小取》。 ④ 山渊平：这是惠施的说法。 ⑤ 情欲寡：这是宋钘的说法。 ⑥ 刍豢不加甘，大钟不加乐：这是墨子的说法。 ⑦ 无：当为衍文。 ⑧ 非而谒楹有牛：不详其说。 ⑨ 马非马：疑为公孙龙的说法。

夫民易一以道而不可与共故，故明君临之以势，道之以道，申之以命，章之以论[1]，禁之以刑。故其民之化道也如神，辨势恶用矣哉[2]！今圣王没，天下乱，奸言起，君子无势以临之，无刑以禁之，故辨说也。实不喻然后命，命不喻然后期，期不喻然后说，说不喻然后辨。故期、命、辨、说也者，用之大文也，而王业之始也。名闻而实喻，名之用也。累而成文，名之丽也[3]。用、丽俱得，谓之知名。名也者，所以期累实也。辞也者，兼异实之名以论一意也。辨、说也者，不异实名以喻动静之道也。期、命也者，辨、说之用也。辨、说也者，心之象道也。心也者，道之工宰也[4]。道也者，治之经理也。心合于道，说合于心，辞合于说，正名而期，质请而喻[5]，辨异而不过，推类而不悖，听则合文，辨则尽故。以正道而辨奸，犹引绳以持曲直。是故邪说不能乱，百家无所窜[6]。有兼听之明而无奋矜之容，有兼覆之厚而无伐德之色。说行则天下正，说不行则白道而冥穷[⑦]，是圣人之辨说也。《诗》曰：“颙颙卬卬，如圭如璋，令闻令望。岂弟君子，四方为纲。”[⑧]此之谓也。

〔注释〕 ① 章：明。 ② 辨势：当为“辩说”。 ③ 丽：通“俪”，配合。 ④ 工宰：主宰。工，官。 ⑤ 质：本。请：通“情”，实情。 ⑥ 窜：躲藏。 ⑦ 穷：通“躬”，身体。 ⑧ “《诗》曰”句：见《诗经·大雅·卷阿》。颙颙(yóng 喁)，体貌谦恭的样子。卬卬(áng 昂)，志气高昂的样子。岂弟(kǎi tì 凯悌)，同“恺悌”，和乐平易。

辞让之节得矣，长少之理顺矣，忌讳不称，袄辞不出，以仁心说，以学心听，以公心辨。不动乎众人之非誉，不治观者之耳目[①]，不赂贵者之权势[②]，不利传辟者之辞，故能处道而不贰，吐而不夺[③]，利而不流，贵公正而贱鄙争，是士君子之辨说也。《诗》曰：“长夜漫兮，永思骞兮。大古之不慢兮，礼义之不愆兮，何恤人之言兮！”[④]此之谓也。

〔注释〕 ① 治：当为“冶”字，通“蛊”，蛊惑，迷惑。 ② 赂：用财物收买。③ 吐：当为“咄”字，通“诎”，困顿。 ④ “《诗》曰”句：不见今本《诗经》，当为逸诗。骞(qiān 迁)，咎。愆(qiān 迁)，违反。

君子之言，涉然而精[①]，俛然而类[②]，差差然而齐[③]。彼正其名，当其辞，以务白其志义者也。彼名辞也者，志义之使也，足以相通则舍之矣；苟之，奸也。故名足以指实，辞足以见极，则舍之矣。外是者谓之讱[④]，是君子之所弃，而愚者拾以为己宝。故愚者之言，芴然而粗[⑤]，啧然而不类[⑥]，誻誻然而沸[⑦]。彼诱其名，眩其辞，而无深于其志义者也。故穷藉而无极，甚劳而无功，贪而无名。故知者之言也，虑之易知也，行之易安也，持之易立也，成则必得其所好而不遇其所恶焉。而愚者反是。《诗》曰："为鬼为蜮，则不可得；有靦面目，视人罔极。作此好歌，以极反侧。"[8] 此之谓也。

〔注释〕 ① 涉然：深入的样子。 ② 俛然：贴近的样子。俛，同"俯"。 ③ 差差（cī疵）然：参差不齐的样子。 ④ 讱（rèn认）：难。 ⑤ 芴然：同"忽然"，没有根据的样子。 ⑥ 啧然：深奥的样子。 ⑦ 諎諎（tà踏）然：嘈杂的样子。 ⑧ "《诗》曰"句：见《诗经·小雅·何人斯》。参见《儒效》篇。

凡语治而待去欲者，无以道欲而困于有欲者也[1]。凡语治而待寡欲者，无以节欲而困于多欲者也。有欲无欲，异类也，生死也，非治乱也。欲之多寡，异类也，情之数也，非治乱也。欲不待可得，而求者从所可。欲不待可得，所受乎天也；求者从所可，受乎心也。所受乎天之一欲，制于所受乎心之多，固难类所受乎天也。人之所欲，生甚矣；人之所恶，死甚矣。然而人有从生成死者[2]，非不欲生而欲死也，不可以生而可以死也。故欲过之而动不及，心止之也。心之所可中理，则欲虽多，奚伤于治！欲不及而动过之，心使之也。心之所可失理，则欲虽寡，奚止于乱！故治乱在于心之所可，亡于情之所欲。不求之其所在，而求之其所亡，虽曰我得之，失之矣。性者，天之就也；情者，性之质也；欲者，情之应也。以所欲为可得而求之，情之所必不免也；以为可而道之，知所必出也。故虽为守门，欲不可去，性之具也。虽为天子，欲不可尽。欲虽不可尽，可以近尽也；欲虽不可去，求可节也。所欲虽不可尽，求者犹近尽；欲虽不可去，所求不得，虑者欲节求也。道者，进则近尽，退则节求，天下莫之若也。

〔注释〕 ① 道：引导。 ② 从：放弃。成：趋向。

凡人莫不从其所可，而去其所不可。知道之莫之若也，而不从道者，无之有也。假之有人而欲南无多，而恶北无寡，岂为夫南者之不可尽也，离南行而北走也哉？今人所欲无多，所恶无寡，岂为夫所欲之不可尽也，离得欲之道而取所恶也哉？故可道而从之，奚以损之而乱！不可道而离之，奚以益之而治！故知者论道而已矣，小家珍说之所愿皆衰矣[①]。凡人之取也，所欲未尝粹而来也[②]；其去也，所恶未尝粹而往也。故人无动而不可以不与权俱[③]。衡不正[④]，则重县于仰而人以为轻[⑤]，轻县于俛而人以为重，此人所以惑于轻重也。权不正，则祸托于欲而人以为福，福托于恶而人以为祸，此亦人所以惑于祸福也。道者，古今之正权也，离道而内自择，则不知祸福之所托。易者以一易一，人曰无得亦无丧也；以一易两，人曰无丧而有得也；以两易一，人曰无得而有丧也。计者取所多，谋者从所可。以两易一，人莫之为，明其数也。从道而出，犹以一易两也，奚丧？离道而内自择，是犹以两易一也，奚得？其累百年之欲，易一时之嫌，然且为之，不明其数也。

〔注释〕 ① 珍：异。 ② 粹：全。 ③ 权：秤锤，引申为准则。 ④ 衡：秤，类似天平。 ⑤ 县：通“悬”，悬挂。

有尝试深观其隐而难其察者[①]，志轻理而不重物者[②]，无之有也；外重物而不内忧者，无之有也。行离理而不外危者，无之有也；外危而不内恐者，无之有也。心忧恐则口衔刍豢而不知其味，耳听钟鼓而不知其声，目视黼黻而不知其状，轻暖平簟而体不知其安③。故向万物之美而不能嗛也，假而得问而嗛之④，则不能离也。故向万物之美而盛忧，兼万物之利而盛害。如此者，其求物也，养生也？粥寿也⑤？故欲养其欲而纵其情，欲养其性而危其形，欲养其乐而攻其心，欲养其名而乱其行。如此者，虽封侯称君，其与夫盗无以异；乘轩戴絻，其与无足无以异。夫是之谓以己为物役矣。

〔注释〕 ① 有：通“又”。后“其”字：当为衍文。 ② “重”前当脱一“外”字。 ③ 簟：竹席。 ④ 得问：当为“得间”。 ⑤ 粥：通“鬻”，卖。

心平愉，则色不及佣而可以养目①，声不及佣而可以养耳，蔬食菜羹而可以养口②，粗布之衣、粗紃之履而可以养体③，屋室、庐庾、葭稾蓐、尚机筵而可以养形④。故无万物之美而可以养乐，无势列之位而可以养名。如是而加天下焉，其为天下多，其和乐少矣⑤，夫是之谓重己役物。无稽之言，不见之行，不闻之谋，君子慎之。

〔注释〕 ① 佣：通“庸”，平常。 ② 蔬食：同“疏食”，粗食。 ③ 紃(xún 旬)：麻绳。 ④ 屋室：当作“局室”。庐庾：当作“庐帘”。葭：当为衍文。尚：疑为“尚”字之误，同“敝”，破旧。 ⑤ 和：当为“私”字。

【鉴赏】 荀子“正名”，意欲何为？文中这样写道：“制名以指实，上以明贵贱，下以辨同异。”我们知道，“实”总是先于“名”而存在的，所以用来指称“实”的“名”在制定的时候会遇到许多不确定因素。荀子认为，“名”应当具有道德判断的作用，有一些名总与高贵、荣耀相关，而另一些名则总与低贱、耻辱相连。他所谓的“明贵贱”，同时也是对社会等级的一种区分。荀子虽然注重道德修养，主张积学成圣，也曾经说过“君子无爵而贵，无禄而富，不言而信，不怒而威，穷处而荣，独居而乐”（《儒效》），但他毕竟无法超越于时代之上，现代社会的民主平等观念对他而言，犹如不可企及的天方夜谭。荀子在《天论》篇中曾经指斥墨子“有见于齐，无见于畸”，认为墨子的想法只会导致政令不施。可见在他的心目中，贵贱等差已与国家的治乱、社稷的兴亡血脉相连。制名指实的另一个作用是“辨同异”，亦即文中所谓“同则同之，异则异之”。在荀子的语言逻辑系统中，既有单名、兼名、共名之别，又有大共名与大别名之分。单名的制定是为了区别事物的大类，譬如“羊”与“马”；兼名的制定是为了在大类之内分辨出事物的不同性质，譬如“白马”与“黑马”。而那些具有共性的事物，就可以归入共名，譬如“白马”、“黑马”与“马”，虽然前两者为兼名，后者为单名，类型不同，但同样都具备了“马”的属性，所以就能共用“马”这个共名。考虑到现实的需要，“万物虽众，有时而欲遍举之”，荀子又推出“大共名”以概括最高的类概念，譬如“物”；与之相反的“大别名”，则可以用来列举最低的类概念，譬如“鸟”、“兽”。

“正名”一说，并非荀子首创。孔夫子早已有言在先：“名不正则言不顺，言不顺则事不成，事不成则礼乐不兴，礼乐不兴则刑罚不中，刑罚不中则民无所措手足。”（《论语·子路》）依照孔子的推断，但凡政局的动荡、社会的纷争、道德的乖谬、思想的混乱，全都是发端于“名不正”。所以，若想在礼崩乐坏的时代背景下重新构建一个安定和谐、伦常有序的理想社会，其首要条件就是“正名”。正名的根本目的是为了对既有的政治秩序与伦理道德进行拨乱反正的改造，而不仅仅在于词义的辨析或是语言逻辑的规范。在这一点上，荀子同样也意识到了正名的重要性，他说：“名定而实辨，道行而志通，则慎率民而一焉。”在荀子看来，只要制定了合适的名称，贵贱等级就能随之分明，君王意志就会得以实行，民众就会“壹于道法而谨于循令”，千秋基业也会因之而不朽。

可惜现实往往不尽如人意：“今圣王没，名守慢，奇辞起，名实乱，是非之形不明，则虽守法之吏，诵数之儒，亦皆乱也。”荀子不为所惑，力图使名实关系复归正途。他列举了宋钘、墨子、惠施等诸家学说，以指出人们在认知过程中的三大蔽惑："用名以乱名"、"用实以乱名"以及"用名以乱实"。天下无道，邪说僻言擅作，"君子无势以临之，无刑以禁之，故辨说也"。即使社会上常会出现名实相悖的乱象，荀子也要"实不喻然后命，命不喻然后期，期不喻然后说，说不喻然后辨"，竭尽全力捍卫士君子"贵公正而贱鄙争"的学术尊严。他坚信："若有王者起，必将有循于旧名，有作于新名。"旧世界与旧制度虽然分崩离析日益沦丧，荀子却已在战国末年的硝烟烈火中隐约感觉到一个崭新的时代即将到来。

性　恶

人之性恶，其善者伪也。今人之性，生而有好利焉，顺是，故争夺生而辞让亡焉；生而有疾恶焉[①]，顺是，故残贼生而忠信亡焉；生而有耳目之欲，有好声色焉，顺是，故淫乱生而礼义文理亡焉。然则从人之性[②]，顺人之情，必出于争夺，合于犯分乱理而归于暴。故必将有师法之化，礼义之道[③]，然后出于辞让，合于文理，而归于治。用此观之，然则人之性恶明矣，其善者伪也。故枸木必将待檃栝烝矫然后直[④]，钝金必将待砻厉然后利[⑤]。今人之性恶，必将待师法然后正，得礼义然后治。今人无师法则偏险而不正，无礼义则悖乱而不治。古者圣王以人之性恶，以为偏险而不正，悖乱而不治，是以为之起礼义、制法度，以矫饰人之情性而正之，以扰化人之情性而导之也。始皆出于治，合于道者也。今之人，化师法，积文学，道礼义者为君子；纵性情，安恣睢，而违礼义者为小人。用此观之，然则人之性恶明矣，其善者，伪也。

〔注释〕 ① 疾：通“嫉”，嫉妒。 ② 从：通“纵”，放纵。 ③ 道：引导。 ④ 枸：通“钩”，弯曲。檃栝（yǐn kuò 隐扩）：矫正弯木的工具。 ⑤ 砻（lóng 龙）：磨。厉：同“砺”，磨刀石。

孟子曰：“人之学者，其性善。”曰：是不然。是不及知人之性，而不察乎人之性、伪之分者也。凡性者，天之就也，不可学，不可事；礼义者，圣人之所生也，人之所学而能，所事而成者也。不可学、不可事而在人者谓之性[①]，可学而能、可事而成之在人者谓之伪。是性、伪之分也。今人之性，目可以见，耳可以听。夫可以见之明不离目，可以听之聪不离耳，目明而耳聪，不可学明矣。孟子曰：“今人之性善，将皆失丧其性故也。”曰：若是，则过矣。今人之性，生而离其朴[②]，离其资[③]，必失而丧之。用此观之，然则人之性恶明矣。所谓性善者，不离其朴而美之，不离其资而利之也。使夫资朴之于美，心意之于善，若夫可以见之明不离目，可以听之聪不离耳，故曰目明而耳聪也。今人之性，饥而欲饱，寒而欲暖，劳而欲休，此人之情性也。今人饥，见长而不敢先食者[④]，将有所让也；劳而不敢求息者，将有所代也。夫子之让乎父，弟之让乎兄，子之代乎父，弟之代乎兄，此二行者，皆反于性而悖于情也；然而孝子之道，礼义之文理也。故顺情性则不辞让矣，辞让则悖于情性矣。用此观之，然则人之性恶明矣，其善者伪也。

〔注释〕 ① 人：疑当为“天”字。 ② 朴：质朴。 ③ 资：材，指天生的禀赋。 ④ 长：尊长。

问者曰:“人之性恶,则礼义恶生?”应之曰:凡礼义者,是生于圣人之伪,非故生于人之性也[1]。故陶人埏埴而为器[2],然则器生于工人之伪[3],非故生于人之性也。故工人斫木而成器,然则器生于工人之伪,非故生于人之性也。圣人积思虑,习伪故,以生礼义而起法度,然则礼义法度者,是生于圣人之伪,非故生于人之性也。若夫目好色,耳好声,口好味,心好利,骨体肤理好愉佚,是皆生于人之情性者也,感而自然,不待事而后生之者也。夫感而不能然,必且待事而后然者,谓之生于伪[4]。是性、伪之所生,其不同之征也。故圣人化性而起伪,伪起而生礼义,礼义生而制法度。然则礼义法度者,是圣人之所生也。故圣人之所以同于众,其不异于众者,性也;所以异而过众者,伪也。夫好利而欲得者,此人之情性也。假之人有弟兄资财而分者,且顺情性,好利而欲得,若是则兄弟相拂夺矣;且化礼义之文理,若是则让乎国人矣。故顺情性则弟兄争矣,化礼义则让乎国人矣。凡人之欲为善者,为性恶也。夫薄愿厚,恶愿美,狭愿广,贫愿富,贱愿贵,苟无之中者[5],必求于外;故富而不愿财,贵而不愿势,苟有之中者,必不及于外。用此观之,人之欲为善者,为性恶也。今人之性,固无礼义,故强学而求有之也;性不知礼义,故思虑而求知之也。然则生而已,则人无礼义,不知礼义。人无礼义则乱,不知礼义则悖。然则生而已,则悖乱在己。用此观之,人之性恶明矣,其善者伪也。

〔**注释**〕 ① 故:本来。 ② 埏埴(shān zhí 山直):调和黏土。 ③ 工人:当为“陶人”。 ④ 生于:当为衍文。 ⑤ 中:本身。

孟子曰："人之性善。"曰：是不然。凡古今天下之所谓善者，正理平治也；所谓恶者，偏险悖乱也。是善恶之分也已。今诚以人之性固正理平治邪？则有恶用圣王，恶用礼义矣哉！虽有圣王礼义，将曷加于正理平治也哉！今不然，人之性恶。故古者圣人以人之性恶，以为偏险而不正，悖乱而不治，故为之立君上之势以临之，明礼义以化之，起法正以治之，重刑罚以禁之，使天下皆出于治，合于善也。是圣王之治，而礼义之化也。今当试去君上之势[①]，无礼义之化，去法正之治，无刑罚之禁，倚而观天下民人之相与也[②]。若是，则夫强者害弱而夺之，众者暴寡而哗之，天下之悖乱而相亡不待顷矣。用此观之，然则人之性恶明矣，其善者伪也。故善言古者必有节于今[③]，善言天者必有征于人。凡论者，贵其有辨合[④]，有符验，故坐而言之，起而可设，张而可施行。今孟子曰"人之性善"，无辨合符验，坐而言之，起而不可设，张而不可施行，岂不过甚矣哉！故性善则去圣王，息礼义矣；性恶则与圣王，贵礼义矣。故檃栝之生，为枸木也；绳墨之起，为不直也；立君上，明礼义，为性恶也。用此观之，然则人之性恶明矣，其善者伪也。直木不待檃栝而直者，其性直也；枸木必将待檃栝烝矫然后直者，以其性不直也。今人之性恶，必将待圣王之治，礼义之化，然后皆出于治，合于善也。用此观之，然则人之性恶明矣，其善者伪也。

〔**注释**〕 ① 当试：当为"尝试"。 ② 倚：立。 ③ 节：征验。 ④ 辨：通"别"，别，古代借贷所用的一种凭证，一分为二，两家各执其一。

问者曰:“礼义积伪者,是人之性,故圣人能生之也。”应之曰:是不然。夫陶人埏埴而生瓦,然则瓦埴岂陶人之性也哉?工人斫木而生器,然则器木岂工人之性也哉?夫圣人之于礼义也,辟则陶埏而生之也[①],然则礼义积伪者,岂人之本性也哉?凡人之性者,尧、舜之与桀、跖,其性一也;君子之与小人,其性一也。今将以礼义积伪为人之性邪?然则有曷贵尧、禹[②],曷贵君子矣哉?凡所贵尧、禹、君子者,能化性,能起伪,伪起而生礼义。然则圣人之于礼义积伪也,亦犹陶埏而生之也。用此观之,然则礼义积伪者,岂人之性也哉?所贱于桀、跖、小人者,从其性,顺其情,安恣孳,以出乎贪利争夺。故人之性恶明矣,其善者伪也。天非私曾、骞、孝己而外众人也[③],然而曾、骞、孝己独厚于孝之实而全于孝之名者,何也?以綦于礼义故也。天非私齐、鲁之民而外秦人也,然而于父子之义、夫妇之别,不如齐、鲁之孝具敬父者[④],何也?以秦人之从情性,安恣孳,慢于礼义故也。岂其性异矣哉?

〔**注释**〕 ① 辟:通“譬”,打比方,譬如。 ② 有:通“又”。 ③ 曾、骞:指孔子的学生曾参和闵子骞,都以孝著称。孝己:殷高宗的太子,有孝道。 ④ 具:疑当为“工”字,通“恭”。父:当为“文”字。

“涂之人可以为禹[①]”,曷谓也?曰:凡禹之所以为禹者,以其为仁义法正也。然则仁义法正有可知可能之理,然而涂之人也,皆有可以知仁义法正之质,皆有可以能仁义法正之具,然则其可以为禹明矣。今以仁义法正为固无可知可能之理邪?然则唯禹不知仁义法正[②],不能仁义法正也。将使涂之人固无可以知仁义法正之质,而固无可以能仁义法正之具邪？然则涂之人也，且内不可以知父子之义，外不可以知君臣之正。不然。今涂之人者，皆内可以知父子之义，外可以知君臣之正，然则其可以知之质，可以能之具，其在涂之人明矣。今使涂之人者以其可以知之质，可以能之具，本夫仁义之可知之理，可能之具，然则其可以为禹明矣。今使涂之人伏术为学[③]，专心一志，思索孰察，加日县久[④]，积善而不息，则通于神明，参于天地矣。故圣人者，人之所积而致矣。曰："圣可积而致，然而皆不可积，何也？"曰：可以而不可使也。故小人可以为君子而不肯为君子，君子可以为小人而不肯为小人。小人、君子者，未尝不可以相为也，然而不相为者，可以而不可使也。故涂之人可以为禹则然，涂之人能为禹，未必然也。虽不能为禹，无害可以为禹。足可以遍行天下，然而未尝有能遍行天下者也。夫工匠、农、贾，未尝不可以相为事也，然而未尝能相为事也。用此观之，然则可以为，未必能也；虽不能，无害可以为。然则能不能之与可不可，其不同远矣，其不可以相为明矣。

〔注释〕 ① 涂：道路。 ② 唯：通"虽"，即使。 ③ 伏：通"服"，服从；学习。④ 县：同"悬"，悬久，时间拉得很长。

尧问于舜曰："人情何如？"舜对曰："人情甚不美，又何问焉？妻子具而孝衰于亲，嗜欲得而信衰于友，爵禄盈而忠衰于君。人之情乎！人之情乎！甚不美，又何问焉？"唯贤者为不然。有圣人之知者，有士君子之知者，有小人之知者，有役夫之知者。多言则文而类，终日议其所以，言之千举万变，其统类一也，是圣人之知也。少言则径而省，论而法[①]，若佚之以绳[②]，是士君子之知也。其言也谄[③]，其行也悖，其举事多悔[④]，是小人之知也。齐给便敏而无类，杂能旁魄而无用[⑤]，析速粹孰而不急[⑥]，不恤是非，不论曲直，以期胜人为意，是役夫之知也。有上勇者，有中勇者，有下勇者。天下有中，敢直其身；先王有道，敢行其意；上不循于乱世之君，下不俗于乱世之民；仁之所在无贫穷，仁之所亡无富贵；天下知之，则欲与天下同苦乐之；天下不知之，则傀然独立天地之间而不畏，是上勇也。礼恭而意俭，大齐信焉而轻货财，贤者敢推而尚之，不肖者敢援而废之，是中勇也。轻身而重货，恬祸而广解[⑦]，苟免，不恤是非、然不然之情，以期胜人为意，是下勇也。

〔注释〕 ① 论：通“伦”，次序。 ② 佚：序。 ③ 谄(tāo 涛)：荒诞。 ④ 悔：咎。 ⑤ 旁魄：同“旁薄”。 ⑥ 粹：通“萃”，聚集。 ⑦ 恬：安。

繁弱、钜黍[①]，古之良弓也，然而不得排檠则不能自正[②]。桓公之葱[③]，太公之阙，文王之录，庄君之曶，阖闾之干将、莫邪、钜阙、辟闾[④]，此皆古之良剑也，然而不加砥厉则不能利，不得人力则不能断。骅骝、騹骥、纤离、绿耳[⑤]，此皆古之良马也，然而前必有衔辔之制，后有鞭策之威，加之以造父之驭，然后一日而致千里也。夫人虽有性质美而心辩知，必将求贤师而事之，择良友而友之。得贤师而事之，则所闻者尧、舜、禹、汤之道也；得良友而友之，则所见者忠信敬让之行也。身日进于仁义而不自知也者，靡使然也[⑥]。今与不善人处，则所闻者欺诬诈伪也，所见者污漫、淫邪、贪利之行也，身且加于刑戮而不自知者，靡使然也。传曰："不知其子视其友，不知其君视其左右。"靡而已矣，靡而已矣。

〔**注释**〕 ① 繁弱、鉅黍：都是古代良弓名。 ② 排檠(qíng 晴)：辅正弓弩的器具。 ③ 葱：齐桓公的良剑名。以下"阙"、"录"、"曶"(hū 忽)，均良剑名。 ④ 干将、莫邪、鉅阙、辟闾：都是吴王阖闾的良剑名。 ⑤ 骅骝、騹骥、纤离、绿耳：都是古代良马名。 ⑥ 靡：通"摩"，熏陶，影响。

【鉴赏】 人性论是儒家哲学的核心内容之一。明确记载孔子谈论人性问题的话语只有一句，即"性相近也，习相远也"(《论语·阳货》)。从这句话并不能判断人性究竟是什么，人性与善恶又存在什么关系。可就是这句话，给后人留下了无尽的争议，孟子、荀子两位大儒各执一词，插起了"性善"与"性恶"两面水火不相容的大旗，这也成为历代思想家讨论人性的焦点。其中，荀子的"性恶论"或许因其与中国传统的谦谦君子文化构成了过深的龃龉，遭受批评颇多。

郭沫若曾在《十批判书》中说："大抵荀子这位大师和孟子一样，颇有些霸气。他急于想成立一家言，故每每标新立异，而很有些地方出于勉强。他这性恶说便是有意地和孟子的性善说对立的。"这种说法或许能说明一些问题，但单纯以求异来解释荀子创立性恶说似乎还是有失偏颇。孔、孟、荀都生当乱世，但孔子在春秋末年，孟子在战国中期，社会政治状况相对要好一些。而荀子身处人人争于利欲，君子与小人同恶的战国末年，所感受到的社会环境的险恶，远在孔子、孟子之上。所以荀子作《性恶》，应该说是时势使然。

从"性善"到"性恶"，从"仁政"到"礼治"，是一个逐渐推衍、递变的过程，它昭示了儒家学说政治取向上的一个转变，那就是更倾心于以现实的外在化方案来解决当时的社会问题，而不再寄望于对美好人性的完全信赖。性恶论与性善论皆为唯心的先验论，可与后者相比，前者在私有制社会显得更为真实，承载着某种片面却深刻的真理。因为深刻，它为众多洞悉俗世炎凉的人们所深深认同；因为片面，它最终没能成为一种大一统的文化理念。以这一点言，荀子的“性恶”论虽能因其极具争议性而不断被关注，但终不如其他的一些人性命题更能为社会所接受，比如战国世硕的“性善恶论”。

同“性善”和“性恶”这两个片面强调某个方面的极端思维来比较，“性善恶论”代表了一种中性的理论，正体现了中国传统文化里中庸的特色。作为对人性积极面与消极面的折中与整合，它似乎更符合人性的真实，对社会政治也更具指导意义。既告诫为政者施政如治理官员腐败不能光指望官员自己廉洁自守，因为“人心不足蛇吞象”是人之常情，需要以有效的监督和惩戒制度来遏制恶的孳生；也提醒民众不要因人性的某些丑陋面就丧失对良知、正气的信心，因为“积善之家庆有余”是天道所在，恶从终极意义而言还是只能占据一个非主流的位置。

君子

天子无妻①，告人无匹也②。四海之内无客礼，告无适也③。足能行，待相者然后进④；口能言，待官人然后诏⑤。不视而见，不听而聪，不言而信，不虑而知，不动而功，告至备也。天子也者，执至重，形至佚，心至愈⑥，志无所诎，形无所劳，尊无上矣。《诗》曰：“普天之下，莫非王土；率土之滨，莫非王臣。”⑦此之谓也。

〔**注释**〕 ① 妻：有“齐”的意思，但天子至高无上，不能有人与他齐等，故天子之妻称“后”，不称“妻”，所以说“天子无妻”。 ② 告：言。 ③ 适：往。言天子以天下为家，没有外出做客的情况，故“无适”。 ④ 相者：赞礼的人。 ⑤ 官人：传达命令的官员。 ⑥ 愈：通“愉”，愉快。 ⑦ “《诗》曰”句：见《诗经·小雅·北山》。率，循。滨，涯。

圣王在上，分义行乎下，则士大夫无流淫之行，百吏官人无怠慢之事，众庶百姓无奸怪之俗，无盗贼之罪，莫敢犯大上之禁[①]，天下晓然皆知夫盗窃之人不可以为富也[②]，皆知夫贼害之人不可以为寿也，皆知夫犯上之禁不可以为安也。由其道，则人得其所好焉；不由其道，则必遇其所恶焉：是故刑罚綦省而威行如流。世晓然皆知夫为奸则虽隐窜逃亡之由不足以免也，故莫不服罪而请。《书》曰：“凡人自得罪。”[③]此之谓也。

〔注释〕 ① 本句当为“莫敢犯上之大禁”。 ② 人：当为衍文，下同。 ③ “《书》曰”句：引文见《尚书·康诰》，但文义与今本《尚书》不尽相同。

故刑当罪则威，不当罪悔；爵当贤则贵，不当贤则贱。古者刑不过罪，爵不踰德[①]，故杀其父而臣其子，杀其兄而臣其弟。刑罚不怒罪[②]，爵赏不踰德，分然各以其诚通。是以为善者劝，为不善者沮[③]，刑罚綦省而威行如流，政令致明，而化易如神。传曰：“一人有庆，兆民赖之[④]。”此之谓也。乱世则不然：刑罚怒罪，爵赏踰德，以族论罪，以世举贤。故一人有罪而三族皆夷，德虽如舜，不免刑均，是以族论罪也。先祖当贤[⑤]，后子孙必显，行虽如桀、纣，列从必尊，此以世举贤也。以族论罪，以世举贤，虽欲无乱，得乎哉？《诗》曰：“百川沸腾，山冢崒崩，高岸为谷，深谷为陵。哀今之人，胡憯莫惩！”[⑥]此之谓也。

〔注释〕 ① 踰：过。 ② 怒：超过。 ③ 沮(jǔ举)：阻止。 ④ 兆：数量单位，十亿为一兆。 ⑤ 当：通“尝”，曾经。 ⑥ “《诗》曰”句：见《诗经·小雅·十月之交》。冢，山顶。崒(cuì翠)，通“碎”。憯(cǎn惨)，乃。

论法圣王，则知所贵矣；以义制事，则知所利矣。论知所贵，则知所养矣；事知所利，则动知所出矣[①]。二者，是非之本，得失之原也。故成王之于周公也，无所往而不听，知所贵也。桓公之于管仲也，国事无所往而不用，知所利也。吴有伍子胥而不能用，国至于亡，倍道失贤也。故尊圣者王，贵贤者霸，敬贤者存，慢贤者亡，古今一也。故尚贤使能，等贵贱，分亲疏，序长幼，此先王之道也。故尚贤使能，则主尊下安；贵贱有等，则令行而不流[②]；亲疏有分，则施行而不悖；长幼有序，则事业捷成而有所休。故仁者，仁此者也；义者，分此者也；节者，死生此者也；忠者，惇慎此者也[③]。兼此而能之，备矣。备而不矜，一自善也，谓之圣。不矜矣，夫故天下不与争能而致善用其功。有而不有也，夫故为天下贵矣。《诗》曰：“淑人君子，其仪不忒；其仪不忒，正是四国。”[④]此之谓也。

〔注释〕 ① 动：当为衍文。 ② 流：通“留”，滞留。 ③ 惇(dūn敦)慎：敦厚真诚。 ④ “《诗》曰”句：见《诗经·曹风·尸鸠》。

【鉴赏】 在封建社会的等级体系中，荀子把君主的地位提升到了一个至高无上的位置，“天子也者，执至重，形至佚，心至愈，志无所诎，形无所劳，尊无上矣。”既是如此威严尊贵，臣子自当为之殚精竭虑，事无不从：“事人而不顺者，不疾者也；疾而不顺者，不敬者也；敬而不顺者，不忠者也；忠而不顺者，无功者也；有功而不顺者，无德者也。”(《臣道》)荀子这种对君主的态度，与孔、孟有很大的差别。孔子关于事君有一段对话：“定公问:‘君使臣,臣事君,如之何?’孔子对曰:‘君使臣以礼,臣事君以忠。’”(《论语·八佾》)很显然,孔子在这里谈到对君主尽忠是有对君主的要求在先的。而孟子接着孔子这番话说出“君之视臣如手足,则臣视君如腹心;君之视臣如犬马,则臣视君如国人;君之视臣如土芥,则臣视君如寇仇”(《孟子·离娄下》),则更是义正辞严,畅快淋漓。对比之下,荀子与孔、孟在尊君这一观点上的差距不可谓不大。但值得注意的是,这种差距是建立在对于君主贤能的欣赏与要求之上,而非一味地对西周以来那种世卿世禄的封建等级的维护。在荀子看来,君为一国之主,“百姓之力,待之而后功;百姓之群,待之而后和;百姓之财,待之而后聚;百姓之势,待之而后安;百姓之寿,待之而后长”(《富国》),他一个人肩负着整个社会的盛衰成败,心系着普天子民的安危祸福,故不可不尊。

尊贵和圣治相伴,高位与责任共生,在悉心维护天子权威的同时,荀子并不忘谆谆引导天子尊崇先王之道,“尚贤使能,等贵贱,分亲疏,序长幼”,做好一个天子的分内之事。在这里荀子将任贤特别提出,通过对比齐桓公能重用管仲故使民富兵强、吴王夫差不愿听从伍子胥的意见遂致国破身亡的历史之后,得出“故尊圣者王,贵贤者霸,敬贤者存,慢贤者亡,古今一也”的结论,既有铁证,也有论述,将贤人的重要性谈得再清晰不过。与孟子说“尊贤使能,俊杰在位,则天下之士皆悦而愿立于其朝矣”(《孟子·公孙丑上》),只从用贤的有利之处来对君主作出规劝不同,荀子论及此,字里行间还隐隐透出些许警告的意味:如若不用贤,结局就是亡国,自古至今,没人躲得过,谅君主们想不动容都难吧。

其实,不管是提倡尊君,还是推崇贤能,荀子的目的只有一个,那就是创建他心中的理想社会。在这个社会里,上能政通人和,下可各得其所,俯瞰仰瞻,一样井然有序。

成相

请成相[①]，世之殃，愚暗愚暗堕贤良[②]。人主无贤，如瞽无相何伥伥[③]！

〔注释〕 ① 成：奏。相，古代一种打击乐器。 ② 堕：毁弃。 ③ 瞽：盲人。相：扶持盲人走路的人。伥伥(chāng 倡)：无所适从的样子。

请布基[①]，慎圣人[②]，愚而自专事不治。主忌苟胜，群臣莫谏必逢灾。

〔注释〕 ① 布：陈述。基：根本。 ② 圣人：疑作“听之”。

论臣过，反其施[①]，尊主安国尚贤义[②]。拒谏饰非，愚而上同国必祸。

〔注释〕 ① 施：行。 ② 义：通“仪”，指贤人。

曷谓罢[①]？国多私，比周还主党与施[②]。远贤近谗，忠臣蔽塞主势移。

〔注释〕 ① 罢：通“疲”，无能，不贤。 ② 还：通“营”，迷惑。

曷谓贤？明君臣，上能尊主爱下民[①]。主诚听之，天下为一海内宾[②]。

〔**注释**〕 ① 爱下民：当为“下爱民”。 ② 宾：服从。

主之孽[①]，谗人达，贤能遁逃国乃蹶[②]。愚以重愚[③]，暗以重暗成为桀。

〔**注释**〕 ① 孽：灾祸。 ② 蹶：颠覆。 ③ 重：更加。

世之灾，妒贤能，飞廉知政任恶来[①]。卑其志意，大其园囿高其台。

〔**注释**〕 ① 飞廉：商纣王的宠臣。恶来：飞廉之子，也是纣的大臣。

武王怒，师牧野[①]，纣卒易乡启乃下[②]。武王善之，封之于宋立其祖[③]。

〔**注释**〕 ① 牧野：地名，在今河南淇县，周武王在此打败商纣。 ② 易乡：倒戈。乡，通“向”，方向。启：即微子启。下：投降。 ③ 祖：祖庙。

世之衰，谗人归[①]，比干见刳箕子累[②]。武王诛之，吕尚招麾殷民怀[③]。

〔**注释**〕 ① 归：趋附。 ② 累：通“缧”(léi 雷)，囚禁。 ③ 招麾(huī 挥)：指挥。怀：归顺。

世之祸，恶贤士，子胥见杀百里徙[①]。穆公任之，强配五伯六卿施[②]。

〔注释〕 ① 百里：即百里奚，春秋时虞国大夫，虞被晋灭，后来晋献公把女儿嫁给秦国时把他作为陪嫁之臣，途中逃跑，被楚国抓获，秦穆公闻其贤，用五张黑羊皮将他赎回，委以重任，后来辅佐穆公称霸。 ② 五伯：即五霸。荀子不把穆公作为五霸之一，故曰“强配”。施：设置。

世之愚，恶大儒，逆斥不通孔子拘①。展禽三绌②，春申道缀，基毕输③。

〔注释〕 ① 逆：拒绝。通：显达。孔子拘：指孔子周游列国时被困在匡城和陈、蔡之事。 ② 展禽：春秋时鲁国大夫，姓展，名获，字子禽，封于柳下，世称柳下惠。绌(chù 触)：通“黜”，罢免。 ③ 春申：即春申君黄歇，战国时人，曾任楚相，后为李园所杀。缀(chuò 绰)：通“辍”，停止。输：毁坏。

请牧基①，贤者思，尧在万世如见之。谗人罔极，险陂倾侧此之疑②。

〔注释〕 ① 牧：治。 ② 陂(bì 必)：通“诐”，邪。疑：畏。

基必施①，辨贤罢，文武之道同伏戏②，由之者治，不由者乱何疑为？

〔注释〕 ① 施：张。 ② 伏戏：即伏羲，相传是人类的始祖。

凡成相①，辨法方，至治之极复后王。复慎、墨、季、惠②，百家之说诚不详。

〔注释〕 ① 相：治。 ② 慎：指慎到。墨：指墨翟。季：指季梁，战国时人，杨朱的朋友。惠：指惠施。

治复一，修之吉，君子执之心如结。众人贰之，谗夫弃之形是诘[1]。

〔注释〕 ① 形：通“刑”。诘：责问。

水至平，端不倾，心术如此象圣人。而有势[1]，直而用抴必参天[2]。

〔注释〕 ① “而”前疑脱一“人”字。 ② 抴(yè叶)：通“枻”，短桨，指船。

世无王，穷贤良，暴人刍豢仁人糟糠[1]。礼乐灭息，圣人隐伏墨术行[2]。

〔注释〕 ① “仁人”之“人”当为衍文。 ② 墨术：墨家的学说。

治之经，礼与刑，君子以修百姓宁。明德慎罚，国家既治四海平。

治之志，后势富，君子诚之好以待。处之敦固，有深藏之能远思[1]。

〔注释〕 ① 有：通“又”。

思乃精，志之荣，好而壹之神以成。精神相反[1]，一而不贰为圣人。

〔注释〕 ① 反：当为“及”字之误。

治之道，美不老，君子由之佼以好[①]。下以教诲子弟，上以事祖考[②]。

〔注释〕 ① 佼：好。 ② 祖考：祖先。

成相竭，辞不蹶[①]，君子道之顺以达。宗其贤良[②]，辨其殃孽。

〔注释〕 ① 蹶(jué 决)：尽。 ② 宗：崇尚。

请成相，道圣王，尧、舜尚贤身辞让。许由、善卷[①]，重义轻利行显明。

〔注释〕 ① 许由、善卷：尧、舜时人，传说尧把帝位让给许由，舜把天下让给善卷，两人都不接受。事见《庄子》。

尧让贤，以为民，泛利兼爱德施均。辨治上下[①]，贵贱有等明君臣。

〔注释〕 ① 辨：通"办"，治理。

尧授能，舜遇时，尚贤推德天下治。虽有贤圣，适不遇世孰知之？

尧不德，舜不辞，妻以二女任以事。大人哉舜！南面而立万物备。

舜授禹,以天下,尚得推贤不失序[①]。外不避仇,内不阿亲贤者予[②]。

〔注释〕 ① 得:通“德”,品德,德行。 ② 予:通“与”,授予,给予。

禹劳心力[①],尧有德,干戈不用三苗服[②]。举舜甽亩[③],任之天下身休息。

〔注释〕 ① 心:当为衍文。 ② 三苗:又称有苗,古代南方的一个少数民族。③ 甽(quǎn 犬):通“畎”,田间。

得后稷,五谷殖,夔为乐正鸟兽服。契为司徒[①],民知孝弟尊有德[②]。

〔注释〕 ① 契(xiè 泻):传说是商朝的始祖,因助禹治水有功,被封为司徒。司徒:掌管民政教化的官。 ② 弟:通“悌”。

禹有功,抑下鸿[①],辟除民害逐共工[②]。北决九河[③],通十二渚疏三江[④]。

〔注释〕 ① 抑:遏。鸿:通“洚”,洪水。 ② 共工:古时掌管水利的官。 ③ 九河:指黄河的九条支河。 ④ 渚(zhǔ 主):州。相传中国有九州和十二州之说。三江:指三条河,详不可考。一说为松江、娄江、东江。

禹傅土[①],平天下,躬亲为民行劳苦。得益、皋陶、横革、直成为辅[②]。

〔注释〕 ① 傅：通"敷"，分布。传说禹将中国分为九州而治。 ② 益、皋陶（yáo遥）、横革、直成：均是辅佐禹治水有功的人。

契玄王[①]，生昭明[②]，居于砥石迁于商[③]。十有四世，乃有天乙是成汤[④]。

〔注释〕 ① 玄王：指契，传说其母简狄吞食玄鸟卵而生他，故称玄王。 ② 昭明：指玄王的儿子。 ③ 砥石：古地名。商：地名，指河南商丘。 ④ 天乙：即成汤，商朝开国之君。

天乙汤，论举当，身让卞随举牟光[①]。道古贤圣基必张[②]。

〔注释〕 ① 卞随、牟光：均是汤时隐士，传说汤把天下让给二人，二人拒不接受。牟光，即务光。事见《庄子》。 ② 句前当脱四字。

愿陈辞，世乱恶善不此治[①]。隐讳疾贤，良由奸诈鲜无灾[②]。

〔注释〕 ① 句前当脱三字。 ② 良：当为"长"字。

患难哉！阪为先[①]，圣知不用愚者谋。前车已覆，后未知更何觉时[②]？

〔注释〕 ① 阪：通"反"。先：疑当为"之"字。 ② 更：改。

不觉悟，不知苦，迷惑失指易上下[①]。中不上达[②]，蒙揜耳目塞门户[③]。

〔注释〕 ① 指：方向。 ② 中：通“忠”，忠言。 ③ 揜(yǎn 掩)：掩蔽。

门户塞，大迷惑，悖乱昏莫不终极[①]。是非反易，比周欺上恶正直[②]。

〔注释〕 ① 莫：通“暮”，昏暗。 ② 恶：憎恶。

正直恶，心无度，邪枉辟回失道途[①]。己无邮人[②]，我独自美岂独无故[③]？

〔注释〕 ① 辟：通“僻”。 ② 邮：通“尤”，归咎。 ③ 独：当为衍文。

不知戒，后必有，恨后遂过不肯悔[①]。谗夫多进，反覆言语生诈态[②]。

〔注释〕 ① 恨：通“很”，不听从。后：当为“复”字之误，同“愎”，拒绝规劝。② 态：通“慝”，邪恶。

人之态，不如备[①]，争宠嫉贤利恶忌[②]。妒功毁贤，下敛党与上蔽匿[③]。

〔注释〕 ① 如：当为“知”字。 ② 利：当为“相”字。 ③ 敛：聚。

上壅蔽，失辅势，任用谗夫不能制。郭公长父之难[①]，厉王流于彘[②]。

〔注释〕 ① 郭公长父：即虢(guó 国)公长父，周厉王的宠臣。 ② 彘(zhì 治)：古地名,在今山西霍州。

周幽、厉,所以败,不听规谏忠是害。嗟我何人,独不遇时当乱世!

欲衷对[①],言不从,恐为子胥身离凶[②]。进谏不听,刭而独鹿弃之江[③]。

〔注释〕 ① 欲衷对:当为“欲对衷”。 ② 离:通“罹”,遭受。 ③ 独鹿:同“属镂”,剑名,相传吴王把此剑赐给子胥逼他自杀。

观往事,以自戒,治乱是非亦可识。托于成相以喻意[①]。

〔注释〕 ① 句前当脱四字。

请成相,言治方,君论有五约以明[①]。君谨守之,下皆平正国乃昌。

〔注释〕 ① 论:通“伦”,条理,顺序。君论,为君之道。

臣下职,莫游食,务本节用财无极。事业听上,莫得相使一民力[①]。

〔注释〕 ① 相使:相互役使。

守其职,足衣食,厚薄有等明爵服。利往卬上[①],莫得擅与孰私得?

〔**注释**〕 ① 往：当为“隹”字，古“唯”字。印：通“仰”，依赖。

君法明，论有常，表仪既设民知方①。进退有律，莫得贵贱孰私王？

〔**注释**〕 ① 表仪：法度。

君法仪①，禁不为，莫不说教名不移②。修之者荣，离之者辱孰它师？

〔**注释**〕 ① 仪：准则。 ② 说：通“悦”，悦服。

刑称陈，守其银①，下不得用轻私门。罪祸有律②，莫得轻重威不分。

〔**注释**〕 ① 银：通“垠”，界限。 ② 祸：通“过”，过失。

请牧祺，明有基①，主好论议必善谋。五听修领②，莫不理续主执持。

〔**注释**〕 ① 此两句当为“请牧基，明有祺”。祺，吉祥。 ② 五听：言上文的五条为君之道。领：治理。

听之经①，明其请②，参伍明谨施赏刑③。显者必得，隐者复显民反诚。

〔**注释**〕 ① 听：听政。经：道。 ② 请：通“情”，实情，情况。 ③ 参伍：同“叁伍”，即“三五”，指多次调查研究。

言有节[①]，稽其实，信诞以分赏罚必。下不欺上，皆以情言明若日。

〔注释〕 ① 节：法度。

上通利[①]，隐远至[②]，观法不法见不视。耳目既显[③]，吏敬法令莫敢恣。

〔注释〕 ① 通利：不蔽塞。 ② 至：了解。 ③ 显：明。

君教出，行有律，吏谨将之无铍滑[①]。下不私请，各以宜舍巧拙。

〔注释〕 ① 铍：通“颇”，偏，偏颇；一作“邪、奸邪”解。滑：通“猾”，乱，混乱；一作“狡猾”解。

臣谨修[①]，君制变，公察善思论不乱。以治天下，后世法之成律贯。

〔注释〕 ① 修：当为“循”字。

【鉴赏】 “相”是一种由舂米或筑堤的劳动工具发展而成的打击乐器。清代学者俞樾在解释此篇“请成相”一语时写道：“盖古人于劳役之事，必为歌讴以相劝勉，亦举大木者呼邪许之比，其乐曲即谓之相。”（俞樾《诸子平议》卷一五）先民们在繁重的劳役之中，触手可及的是这种最简单的敲打工具，敲打的节奏渐渐契合于相近的情感体验，音乐的旋律又发自内心，“嗟叹之不足，故永歌之”（《毛诗序》），遂于口耳相传中成为民间的流行曲调。荀子的文章多是长篇宏论，而特特作此《成相》一篇，绝非偶然，更非游戏，其目的乃“托于成相以寓意”，借于传唱以教化也。

儒家历来都非常重视“礼乐”传统，孔子论学诗，最高境界莫过于“立于礼，成于乐”，而荀子也曾说过“夫声乐之入人也深，其化人也速”（《乐论》）。与阳春白雪的殿堂相比，大多数民谣粗鄙简陋，一般也没有多大的艺术成就，但正因为其传唱于天下，流布范围广远，民谣的传播效果往往比小范围的著书立说更加明显。荀子能够成功采用这种迅速蔓延的传播方式，亦源于其对于民间艺术形式的熟悉。《成相》全文共五十六韵，句数以三言和七言为主，句式也相对固定，这种三、七言搭配的形式恰恰是许多民间歌谣的句式。“请成相，世之殃，愚暗愚暗堕贤良。人主无贤，如瞽无相何伥伥！”歌词简单易懂，即使在今天也不难理解。

《成相》篇的民谣特质不仅在于艺术形式上的简明，更在于情感抒发上的直言不讳，尤其对于诸侯国君的贪婪残暴、独断专行，奸佞小人的结党营私、妒功毁贤，痛恨之情溢于言表：“主之孽，谗人达，贤能遁逃国乃蹶。愚以重愚，暗以重暗成为桀”；“门户塞，大迷惑，悖乱昏莫不终极。是非反易，比周欺上恶正直”。政治局面是非颠倒，黑暗混乱，正义与邪恶的位置似乎也颠倒了，贤良之士无所适从，君王昏庸，只知满足一己私欲，最终却使天下苍生流离失所。在这惨烈的时代大背景下，个人只是沧海之一粟，只能发出“嗟我何人，独不遇时当乱世”的微弱哀叹。然而“前车已覆”，现实虽然令人悲伤，有所作为的人却不应耽于吟唱这大厦将倾的末世悲歌。唯有“观往事，以自戒”，探寻正确的治世之方，才能恢复天下的安定。由夏至商，由商至周，历史的得失教训是深刻的，也使人从中获得治乱是非的经验。荀子在总结历史之后，提出了他的治国策略：“君教出，行有律，吏谨将之无铍滑。下不私请，各以宜舍巧拙。臣谨修，君制变，公察善思论不乱。以治天下，后世法之成律贯。”在他看来，唯有恢复严格的礼法体制，才能重新回复君臣有度的天下，也唯有这样，才能上下有序，使百姓各安其业，而民风也会随之回归纯朴。

据史料记载，古代击相唱辞的人多为瞽者，即失明之人。这些失明的人失去了正常的劳动能力，只能用最为简陋的竹板鼙鼓敲击出节奏，在走街串巷中，用歌声来抒发心中的悲伤，而“成相”应当就是其中的一种歌唱体裁。回顾历史，早在西周初年，周王室便专门设立乐官，周游各地，采集民间歌谣。其主要目的即在于了解民间的舆论，以观政治之得失。这种“采诗入乐”的传统，也成为中国音乐的一个重要来源。《国语·周语上》有言：“天子听政，使公卿至于列士献诗，瞽献曲，史献书，师箴，瞍赋，矇诵。”可见荀子作此篇《成相》，而与其他论文相并列，最终的目的也正是利用民歌的形式将劝谏传达给君王。

【赋】

爰有大物①，非丝非帛，文理成章。非日非月，为天下明。生者以寿，死者以葬，城郭以固，三军以强。粹而王，驳而伯②，无一焉而亡。臣愚不识，敢请之王。王曰：此夫文而不采者与？简然易知而致有理者与？君子所敬而小人所不者与③？性不得则若禽兽，性得之则甚雅似者与？匹夫隆之则为圣人，诸侯隆之则一四海者与？致明而约，甚顺而体，请归之礼。礼。

〔注释〕 ① 爰：于，在这里。 ② 伯：通“霸”，称霸。 ③ 不：同“否”，否定，鄙弃。

皇天隆物①，以示下民②，或厚或薄，帝不齐均③。桀、纣以乱，汤、武以贤。涽涽淑淑④，皇皇穆穆⑤，周流四海，曾不崇日[6]。君子以修，跖以穿室。大参乎天，精微而无形。行义以正，事业以成。可以禁暴足穷，百姓待之而后宁泰[7]。臣愚不识，愿问其名。曰：此夫安宽平而危险隘者邪？修洁之为亲而杂污之为狄者邪[8]？甚深藏而外胜敌者邪？法禹、舜而能弇迹者邪[9]？行为动静，待之而后适者邪？血气之精也，志意之荣也，百姓待之而后宁也，天下待之而后平也，明达纯粹而无疵也，夫是之谓君子之知。知。

〔注释〕 ① 隆：通“降”，降下。 ② 示：当为“施”字，给予。 ③ 帝：当为“常”字。 ④ 涽涽(hūn 昏)：水浑浊的样子。淑淑：水清澈的样子。 ⑤ 皇皇：盛大的样子。穆穆：细微的样子。 ⑥ 崇：通“终”。崇日，终日，一日。 ⑦ 宁泰：当为“泰宁”。 ⑧ 狄：通“逖”，远。 ⑨ 弇(yǎn 掩)：承袭。

有物于此，居则周静致下，动则綦高以鉅[1]。圆者中规，方者中矩。大参天地，德厚尧、禹。精微乎毫毛，而大盈乎大寓[2]。忽兮其极之远也，攭兮其相逐而反也[3]，卬卬兮天下之咸蹇也[4]。德厚而不捐，五采备而成文。往来惛憊，通于大神，出入甚极，莫知其门。天下失之则灭，得之则存。弟子不敏，此之愿陈，君子设辞，请测意之。曰：此夫大而不塞者与？充盈大宇而不窕[5]，入郄穴而不逼者与[6]？行远疾速而不可托讯者与？往来惛憊而不可为固塞者与？暴至杀伤而不亿忌者与[7]？功被天下而不私置者与[8]？托地而游宇，友风而子雨。冬日作寒，夏日作暑。广大精神，请归之云。云。

〔注释〕 ① 鉅：大。 ② 大：当为“充”字。寓：“宇”的古字。 ③ 攭(lì 力)：旋转的样子。 ④ 卬卬(áng 昂)：高高的样子。蹇：通“搴”，取。 ⑤ 不窕(tiǎo 条上声)：没有间隙。 ⑥ 郄：同“隙”，空隙，间隙。 ⑦ 亿：通“意”，疑。 ⑧ 置：通“德”，以……有德。

有物于此，儳儳兮其状[1]，屡化如神。功被天下，为万世文。礼乐以成，贵贱以分。养老长幼，待之而后存。名号不美，与暴为邻。功立而身废，事成而家败。弃其耆老[2]，收其后世。人属所利[3]，飞鸟所害。臣愚而不识，请占之五泰[4]。五泰占之曰：此夫身女好而头马首者与[5]？屡化而不寿者与？善壮而拙老者与？有父母而无牝牡者与？冬伏而夏游，食桑而吐丝，前乱而后治，夏生而恶暑，喜湿而恶雨。蛹以为母，蛾以为父。三俯三起，事乃大已。夫是之谓蚕理。蚕。

〔注释〕 ① 儳儳(luǒ 裸)：通“倮倮”，没有毛、羽的样子。 ② 耆老：老年人。此处指蚕蛾。 ③ 人属：人类。 ④ 五泰：神巫的名字。 ⑤ 女好：柔婉。头马首：头像马头。

有物于此，生于山阜[1]，处于室堂。无知无巧，善治衣裳。不盗不窃，穿窬而行[2]。日夜合离，以成文章。以能合从，又善连衡。下覆百姓，上饰帝王。功业甚博，不见贤良。时用则存，不用则亡。臣愚不识，敢请之王。王曰：此夫始生钜，其成功小者邪？长其尾而锐其剽者邪[3]？头铦达而尾赵缭者邪[4]？一往一来，结尾以为事。无羽无翼，反复甚极。尾生而事起，尾邅而事已[5]。簪以为父，管以为母。既以缝表，又以连里。夫是之谓箴理。箴。

〔注释〕 ① 山阜：山冈。制成针的铁矿石在山中，故“生于山阜”。 ② 窬(yú

鱼)：洞。 ③ 剽(biǎo 表)：末梢。 ④ 铦(xiān 先)达：锐利。赵(diào 掉)缭：很长的样子。 ⑤ 邅(zhān 沾)：回旋。

天下不治，请陈佹诗[①]：天地易位，四时易乡[②]。列星殒坠[③]，旦暮晦盲。幽晦登昭，日月下藏。公正无私，反见从横，志爱公利，重楼疏堂；无私罪人，憼革贰兵[④]。道德纯备，谗口将将[⑤]。仁人绌约，敖暴擅强。天下幽险，恐失世英。螭龙为蝘蜓[⑥]，鸱枭为凤皇[⑦]。比干见刳，孔子拘匡。昭昭乎其知之明也，郁郁乎其遇时之不祥也。拂乎其欲礼义之大行也[⑧]，暗乎天下之晦盲也。皓天不复，忧无疆也。千岁必反，古之常也。弟子勉学，天不忘也。圣人共手[⑨]，时几将矣。与愚以疑，愿闻反辞。其《小歌》曰：念彼远方，何其塞矣。仁人绌约，暴人衍矣。忠臣危殆，谗人服矣。琁、玉、瑶、珠[⑩]，不知佩也。杂布与锦，不知异也。闾娵、子奢[⑪]，莫之媒也。嫫母、力父[⑫]，是之喜也。以盲为明，以聋为聪；以危为安，以吉为凶。呜呼上天，曷维其同！

〔注释〕 ① 佹(guǐ 鬼)诗：诡异激切的诗。佹，通“诡”，诡异，诡怪。 ② 乡：通“向”，方向。 ③ 殒：通“陨”，坠落。 ④ 憼(jǐng 警)：同“儆”，戒备。贰：当为“戒”字。 ⑤ 将将(qiāng 枪)：同“锵锵”，吵嚷的样子。 ⑥ 螭(chī 吃)：传说中的一种没有角的龙。蝘蜓(yǎn tíng 眼停)：壁虎。 ⑦ 鸱枭(chī xiāo 吃消)：指猫头鹰。 ⑧ 以上两句当作“拂乎其遇时之不祥也，郁郁乎其欲礼义之大行也”。拂，违背。郁郁，有文采的样子。 ⑨ 共：同“拱”。共手，拱手(以待)。 ⑩ 琁(xuán 旋)：同“璇”，似玉的美石。瑶：美玉。 ⑪ 闾娵(jū 居)：战国时魏国美女。子奢：即子都，春秋时郑国的美男子。 ⑫ 嫫母：丑女，黄帝时人。力父：不详，当是丑男子。

【鉴赏】 中国古代的文学传统以诗、赋为最主要的表现形式之一。

“诗缘情而绮靡，赋体物而浏亮”（陆机《文赋》），详尽地描摹物态便是赋的最突出的特点。荀子的这一《赋》篇，正是以“赋”命篇的开山之作，细察其理，不难感受到先哲寄寓其中的微言大义和这一文体新兴之时的熠熠光华。

艺术来源于生活，赋的最早萌芽亦发端于民间闾巷的说唱吟诵。“弟子不敏，此之愿陈，君子设辞，请测意之”，如同猜谜游戏一般，在一问一答的结构下，越来越接近谜底。这种起源于民间的口头文学，最早确是质木无文、难登大雅之堂的，一直到荀子笔下，才遽然成为“铺采摛文，体物写志”（刘勰《文心雕龙·诠赋》）的生动篇章。也正是在这种深具“隐语”特征的生动模式下，一贯难以描摹的抽象概念，如“礼”、“知”等得到了具体的描绘。“爰有大物，非丝非帛，文理成章。非日非月，为天下明”，“礼”虽不可触摸，却能使天下万物自然而然地各归其位，各呈其才；虽不可观看，却如同日月在天，照亮每个人的内心世界。礼之所至，率尔成文，人人严守心中律令，而上下内外则和谐至隆。各种比喻、象征的表现形式穿插其间，“或体目文字，或图象品物，纤巧以弄思，浅察以炫辞”（刘勰《文心雕龙·谐隐》），五赋并列，更是焕然成章，光华夺目，在初创之时便呈现出鲜活的文学魅力。

“诗人之赋丽以则”（扬雄《法言·吾子》），后世的文学家们多以荀子为“诗人之赋”的楷模，并不仅仅因为荀子乃赋体的始创者，更是因为其赋秉承了诗经“吟咏情性”的传统。荀子之赋也许不能一直保持温柔敦厚的含蓄之美，却始终坚守着“无冕之王”的使命——抒情言志、抨击时政。最后之佹诗，更是作者的心声直白。其中的文字一句比一句铿锵激昂，怨愤之气直冲云霄：“比干见刳，孔子拘匡。昭昭乎其知之明也，郁郁乎其遇时之不祥也……。以盲为明，以聋为聪；以危为安，以吉为凶。呜呼上天，曷维其同！”鲁迅先生在《汉文学史纲要》中即曾评论：“词甚切激，殆不下于屈原，岂身临楚邦，居移其气，终亦生牢愁之思乎？”言虽戏谑，而一语成谶。时代相近的两位文学家，在国运日衰而萧艾遍地的楚国，内心也有着相近的惨怛和怨愤，发而为言，为骚为赋，虽为殊途，却皆是以笔写心，化成文章。

入汉之后，赋的创作蔚为大观，其语言艺术也日益精纯，成为一代文学之典范。然而，宴席吟赏之间的文辞，又怎能直抒心中种种愤懑和不满？主客问答，铺张扬厉，也多是对奢华生活的互相吹捧。“朝夕论思，日月献纳”之际，抨击时世的强度大大减弱，“劝百讽一”的实质也只不过是装饰性的言论民主而已。

大 略

大略[①]。君人者，隆礼尊贤而王，重法爱民而霸，好利多诈而危。欲近四旁，莫如中央，故王者必居天下之中，礼也。

〔注释〕 ① 大略：大概，概要。

天子外屏[①]，诸侯内屏，礼也。外屏，不欲见外也；内屏，不欲见内也。

〔注释〕 ① 屏：屏障。

诸侯召其臣，臣不俟驾，颠倒衣裳而走，礼也。《诗》曰：“颠之倒之，自公召之。”[①]天子召诸侯，诸侯辇舆就马[②]，礼也。《诗》曰：“我出我舆，于彼牧矣。自天子所，谓我来矣。”[③]

〔注释〕 ① “《诗》曰”句：见《诗经·齐风·东方未明》。 ② 辇(niǎn 捻)：用人拉车。舆：车。 ③ “《诗》曰”句：见《诗经·小雅·出车》。

天子山冕，诸侯玄冠，大夫裨冕①，士韦弁②，礼也。

〔注释〕 ① 裨：古代的次等礼服。 ② 韦：熟牛皮。

天子御珽①，诸侯御荼②，大夫服笏③，礼也。

〔注释〕 ① 御：用。珽（tǐng 挺）：古代帝王所持的玉笏。 ② 荼（shū 书）：古“舒”字，一种玉，上圆下方。 ③ 笏（hù 护）：古代大臣上朝时拿的记事用的手板。

天子雕弓，诸侯彤弓①，大夫黑弓，礼也。

〔注释〕 ① 彤：红色。

诸侯相见，卿为介，以其教出毕行①，使仁居守。

〔注释〕 ① 出：当为“士”字。

聘人以珪，问士以璧①，召人以瑗②，绝人以玦③，反绝以环。

〔注释〕 ① 士：同“事”。 ② 瑗（yuàn 愿）：玉器的一种，孔大边小。 ③ 玦：圆形有缺口的璧。

人主仁心设焉①，知其役也，礼其尽也，故王者先仁而后礼，天施然也。

〔注释〕 ① 设：存在。

《聘礼》志曰[①]："币厚则伤德，财侈则殄礼[②]。""礼云礼云，玉帛云乎哉？"[③]《诗》曰："物其指矣，唯其偕矣。"[④]不时宜，不敬交[⑤]，不驩欣[⑥]，虽指非礼也。

〔注释〕 ①《聘礼》：《仪礼》中的篇名。 ② 殄（tiǎn 舔）：破坏。 ③ 二语见《论语·阳货》。 ④"《诗》曰"句：见《诗经·小雅·鱼丽》。指，通"旨"，美好。偕，通"谐"。 ⑤ 交：当为"文"字。 ⑥ 驩：同"欢"。

水行者表深[①]，使人无陷；治民者表乱，使人无失。礼者，其表也，先王以礼表天下之乱。今废礼者，是去表也。故民迷惑而陷祸患，此刑罚之所以繁也。

〔注释〕 ① 表：标志。

舜曰："维予从欲而治。"故礼之生，为贤人以下至庶民也，非为成圣也，然而亦所以成圣也。不学不成：尧学于君畴[①]，舜学于务成昭[②]，禹学于西王国[③]。

〔注释〕 ① 君畴：尧时人，一作尹寿。 ② 务成昭：舜时人。 ③ 西王国：不详。

五十不成丧[①]，七十唯衰存[②]。

〔注释〕 ① 五十不成丧：五十岁的人不需要恪守丧葬的礼节。 ② 唯衰存：只要穿丧服就行。

亲迎之礼：父南乡而立[①]，子北面而跪，醮而命之[②]："往迎尔相[3]，成我宗事，隆率以敬先妣之嗣，若则有常。”子曰：“诺。唯恐不能，敢忘命矣！”

〔**注释**〕 ① 乡：通“向”。 ② 醮：古代婚礼用酒祭神的一种仪式。 ③ 相：助，指妻子。

夫行也者，行礼之谓也。礼也者，贵者敬焉，老者孝焉，长者弟焉[1]，幼者慈焉，贱者惠焉。

〔**注释**〕 ① 弟：通“悌”：敬爱哥哥。

赐予其宫室[1]，犹用庆赏于国家也；忿怒其臣妾，犹用刑罚于万民也。

〔**注释**〕 ① 赐予其宫室：指天子、诸侯对家庭人员的赏赐。

君子之于子，爱之而勿面[1]，使之而勿貌，导之以道而勿强。

〔**注释**〕 ① 勿面：不表现在脸上。

礼以顺人心为本，故亡于《礼经》而顺人心者，皆礼也。

礼之大凡：事生，饰驩也；送死，饰哀也；军旅，饰威也。亲亲、故故、庸庸、劳劳[1]，仁之杀也[2]。贵贵、尊尊、贤贤、老老、长长，义之伦也。行之得其节，礼之序也。仁，爱也，故亲。义，理也，故行。礼，节也，故成。仁有里，义有门。仁非其里而虚之[3]，非礼也[4]。义非其门而由之，非义也。推恩而不理，不成仁；遂理而不敢，不成义；审节而不知[⑤]，不成礼；和而不发，不成乐。故曰：仁、义、礼、乐，其致一也。君子处仁以义，然后仁也；行义以礼，然后义也；制礼反本成末，然后礼也。三者皆通，然后道也。

〔注释〕 ① 庸：功。 ② 杀：差等。 ③ 虚：当为“处”字。 ④ 礼：当为“仁”字。 ⑤ 知：当为“和”字。

货财曰赙[①]，舆马曰赗[②]，衣服曰襚[③]，玩好曰赠，玉贝曰唅。赙、赗所以佐生也，赠、襚所以送死也。送死不及柩尸，吊生不及悲哀，非礼也。故吉行五十，奔丧百里，赗、赠及事，礼之大也。

〔注释〕 ① 赙(fù)：赠送财物帮助别人办丧事。 ② 赗(fèng 奉)：以车马赠送死者家属。 ③ 襚(suì 遂)：赠送死者衣服。

礼者，政之挽也。为政不以礼，政不行矣。天子即位，上卿进曰：“如之何忧之长也！能除患则为福，不能除患则为贼。”授天子一策[①]。中卿进曰：“配天而有下土者，先事虑事，先患虑患。先事虑事谓之接[②]，接则事优成；先患虑患谓之豫[③]，豫则祸不生。事至而后虑者谓之后，后则事不举；患至而后虑者谓之困，困则祸不可御。”授天子二策。下卿进曰：“敬戒无怠。庆者在堂，吊者在闾。祸与福邻，莫知其门。豫哉！豫哉！万民望之。”授天子三策。

〔注释〕 ① 策：通“册”，用于记事的竹简。 ② 接：通“捷”，迅速。 ③ 豫：通“预”。

禹见耕者耦立而式①,过十室之邑必下。

〔注释〕 ① 耦:两人共耕叫做耦。式:通“轼”,车前横木,此处指一种礼节。

杀大蚤①,朝大晚,非礼也。治民不以礼,动斯陷矣。

〔注释〕 ① 杀:指田猎。蚤:通“早”。

平衡曰拜①,下衡曰稽首②,至地曰稽颡③。大夫之臣拜不稽首,非尊家臣也,所以辟君也。

〔注释〕 ① 平衡:行跪拜礼时拱两手,头至手不至地,叫做“平衡”。 ② 下衡:两手拱至地,头至手,叫做“稽首”。 ③ 稽颡(sǎng 嗓):跪时两手拱至地,头触地。颡,额。

一命齿于乡①;再命齿于族;三命,族人虽七十,不敢先。上大夫,中大夫,下大夫。

〔注释〕 ① 一命:周代的官爵分九个等级,称九命。一命指公侯之士。再命,指大夫。三命,指卿。

吉事尚尊,丧事尚亲。君臣不得不尊,父子不得不亲,兄弟不得不顺,夫妇不得不驩。少者以长,老者以养。故天地生之,圣人成之①。

〔注释〕 ① 一说此节应在下面“国家无礼不宁”句后。

聘，问也。享，献也。私觌[①]，私见也。

〔注释〕 ①觌(dí 敌)：见。

言语之美，穆穆皇皇[①]。朝廷之美，济济鎗鎗[②]。

〔注释〕 ① 穆穆：恭敬的样子。皇皇：光明正大的样子。 ② 济济：众多的样子。鎗鎗：行列整齐的样子。

为人臣下者，有谏而无讪[①]，有亡而无疾[②]，有怨而无怒。

〔注释〕 ① 讪(shàn 扇)：诽谤。 ② 疾：通“嫉”，嫉恨。

君于大夫，三问其疾，三临其丧；于士，一问一临。诸侯非问疾吊丧，不之臣之家。既葬，君若父之友，食之则食矣，不辟粱肉，有酒醴则辞。寝不逾庙，设衣不逾祭服[①]，礼也。

〔注释〕 ① 设：当为“讌”字之误，通“燕”。

《易》之《咸》[①]，见夫妇。夫妇之道，不可不正也，君臣父子之本也。咸，感也，以高下下，以男下女，柔上而刚下。

〔注释〕 ①《易》之《咸》：指《周易》中的《咸》卦，上面是阴卦兑，下面是阳卦艮。

聘士之义，亲迎之道，重始也。礼者，人之所履也，失所履，必颠蹶陷溺。所失微而其为乱大者，礼也。礼之于正国家也，如权衡之于轻重也[①]，如绳墨之于曲直也。故人无礼不生，事无礼不成，国家无礼不宁。

〔注释〕 ① 权衡：秤。

和乐之声，步中《武》、《象》，趋中《韶》、《护》。君子听律习容而后士[①]。

〔注释〕 ① 士：当为“出”字。

霜降逆女[①]，冰泮杀内[②]，十日一御[③]。

〔注释〕 ① 逆：迎娶。霜降：二十四节气之一，在阴历九月。 ② 泮：融化。“杀”字后当有一“止”字，“内”字属下句。 ③ 御：男女同房。

坐视膝，立视足，应对言语视面。立视前六尺而大之[①]，六六三十六，三丈六尺。

文貌情用，相为内外表里，礼之中焉。能思索谓之能虑。

礼者，本末相顺，终始相应。

礼者，以财物为用，以贵贱为文，以多少为异。下臣事君以货，中臣事君以身，上臣事君以人。

〔注释〕 ① 大：当为“六”字。

《易》曰：“复自道，何其咎？”[①]《春秋》贤穆公，以为能变也。

〔注释〕 ① “《易》曰”句：见《周易·小畜·初九》。

士有妒友，则贤交不亲；君有妒臣，则贤人不至。蔽公者谓之昧，隐良者谓之妒，奉妒昧者谓之交谲[①]。交谲之人，妒昧之臣，国之薉孽也[②]。

〔注释〕 ① 交：友，朋友。 ② 薉孽：妖孽。薉，同“秽”，丑类。

口能言之，身能行之，国宝也。口不能言，身能行之，国器也。口能言之，身不能行，国用也[①]。口言善，身行恶，国妖也。治国者敬其宝，爱其器，任其用，除其妖。

〔注释〕 ① 用：用具。

不富无以养民情，不教无以理民性。故家五亩宅，百亩田，务其业而勿夺其时，所以富之也。立大学[①]，设庠序[②]，修六礼[③]，明十教[④]，所以道之也。《诗》曰：“饮之食之，教之诲之。”[⑤]王事具矣。

〔注释〕 ① 大学：国家设立的最高学府。 ② 庠序：古代地方学校，殷代叫序，周代叫庠。 ③ 六礼：指冠、婚、丧、祭、乡饮、相见。 ④ 十教：当为“七教”。七教：父子、兄弟、夫妇、君臣、长幼、朋友、宾客等七个方面的伦理教育。 ⑤ “《诗》曰”句：见《诗经·小雅·绵蛮》。

武王始入殷，表商容之闾[①]，释箕子之囚，哭比干之墓，天下乡善矣[②]。

〔注释〕 ① 表：设立标志表彰。商容：殷时贤人，被纣王贬退。闾：里巷的大门。 ② 乡：通“向”，归向。

天下、国有俊士，世有贤人。迷者不问路，溺者不问遂[①]，亡人好独。《诗》曰：“我言维服，勿用为笑。先民有言，询于刍荛。”[②]言博问也。

〔注释〕 ① 遂：可以涉水而过的路。 ② “《诗》曰”句：引自《诗经·大雅·板》。刍荛，砍柴的人。

有法者以法行，无法者以类举。以其本知其末[①]，以其左知其右，凡百事异理而相守也。庆赏刑罚，通类而后应；政教习俗，相顺而后行。

〔注释〕 ① 本：根本。

八十者一子不事，九十者举家不事，废疾非人不养者，一人不事。父母之丧，三年不事；齐衰大功[①]，三月不事。从诸侯不[②]，与新有昏，朞不事。

〔注释〕 ① 齐衰(zī cuī 滋崔)大功：都是古代丧服名。古时以亲疏关系把丧服分为五种：斩衰、齐衰、大功、小功、缌麻。 ② 不：当为“来”字。

子谓子家驹续然大夫[①]，不如晏子[②]；晏子，功用之臣也，不如子产；子产，惠人也，不如管仲。管仲之为人，力功不力义，力知不力仁，野人也，不可以为天子大夫。

〔注释〕 ① 子家驹：春秋时鲁国大夫。续：古“庚”字，刚强貌。 ② 晏子：即晏婴，春秋时齐国相国。

孟子三见宣王不言事[①]。门人曰:“曷为三遇齐王而不言事?”孟子曰:“我先攻其邪心。”

〔注释〕 ① 宣王:齐宣王。

公行子之之燕[①],遇曾元于涂[②],曰:“燕君何如?”曾元曰:“志卑。志卑者轻物,轻物者不求助;苟不求助,何能举?氐、羌之虏也。不忧其系垒也[③],而忧其不焚也。利夫秋毫,害靡国家[④],然且为之,几为知计哉?”

〔注释〕 ① 公行子之:齐国大夫。 ② 曾元:战国时人,曾参之子。 ③ 系垒:捆绑。垒,通“累”。 ④ 靡:毁灭。

今夫亡箴者,终日求之而不得,其得之,非目益明也,眸而见之也[①]。心之于虑亦然。

〔注释〕 ① 眸:通“瞐(mào 冒)”,低头仔细看。

义与利者,人之所两有也。虽尧、舜不能去民之欲利,然而能使其欲利不克其好义也。虽桀、纣亦不能去民之好义,然而能使其好义不胜其欲利也。故义胜利者为治世,利克义者为乱世。上重义则义克利,上重利则利克义。故天子不言多少,诸侯不言利害,大夫不言得丧,士不通货财,有国之君不息牛羊,错质之臣不息鸡豚[①],冢卿不修币[②],大夫不为场园[③],从士以上皆羞利而不与民争业,乐分施而耻积臧。然故民不困财,贫窭者有所窜其手[④]。

〔注释〕 ① 错：通“措”，置。质：通“贽”。置贽，执贽而置于君。 ② 冢卿：上卿。 ③ 园：当为“圃”字之误。 ④ 贫窭(jù句)：贫穷。

文王诛四，武王诛二，周公卒业，至成康则案无诛已[①]。

〔注释〕 ① 成康：指周成王和周康王。此节可参阅《仲尼》。

多积财而羞无有，重民任而诛不能，此邪行之所以起，刑罚之所以多也。

上好羞[①]，则民暗饰矣；上好富，则民死利矣。二者，治乱之衢也[②]。民语曰：“欲富乎？忍耻矣，倾绝矣，绝故旧矣，与义分背矣。”上好富，则人民之行如此，安得不乱？

〔注释〕 ① 羞：当为“义”字。 ② 衢：道。

汤旱而祷曰：“政不节与？使民疾与？何以不雨至斯极也！宫室荣与？妇谒盛与[①]？何以不雨至斯极也！苞苴行与[②]？谗夫兴与？何以不雨至斯极也！”

〔注释〕 ① 谒：请。 ② 苞苴：贿赂。

天之生民，非为君也。天之立君，以为民也。故古者列地建国，非以贵诸侯而已；列官职，差爵禄[①]，非以尊大夫而已。

〔注释〕 ① 差：区别，确定。

主道知人，臣道知事[①]。故舜之治天下，不以事诏而万物成。农精于田而不可以为田师，工贾亦然。

〔注释〕 ① 知：治理。

以贤易不肖，不待卜而后知吉。以治伐乱，不待战而后知克。

齐人欲伐鲁，忌卞庄子[①]，不敢过卞。晋人欲伐卫，畏子路，不敢过蒲[②]。

〔注释〕 ① 卞庄子：春秋时鲁国卞邑大夫，以勇闻名。卞，在今山东泗水。② 蒲：卫国邑名，在今河南长垣附近，孔子学生子路时为蒲宰。

不知而问尧、舜，无有而求天府[①]。曰：先王之道，则尧、舜已；六贰之博[②]，则天府已。

〔注释〕 ① 天府：帝王的仓库。 ② 六贰：当为“六艺”，即“六经”。

君子之学如蜕，幡然迁之[①]。故其行效，其立效，其坐效，其置颜色、出辞气效。无留善，无宿问。

〔注释〕 ① 幡然：剧变的样子；快速，急速。幡，通“翻”，翻动，变动。

善学者尽其理[①]，善行者究其难。

〔注释〕 ① 其：指事物。

君子立志如穷，虽天子三公问正[①]，以是非对。

〔注释〕 ① 正：通“政”，政事。

君子隘穷而不失，劳倦而不苟，临患难而不忘细席之言[①]。岁不寒无以知松柏，事不难无以知君子无日不在是。

〔注释〕 ① 细席：当作“茵席”，平时。

雨小，汉故潜[①]。夫尽小者大，积微者著，德至者色泽洽，行尽而声问远[②]。小人不诚于内而求之于外。

〔注释〕 ① 汉：疑为衍文。 ② 问：通“闻”，声誉。

言而不称师谓之畔[①]，教而不称师谓之倍[②]。倍畔之人，明君不内[③]，朝士大夫遇诸涂不与言。

〔注释〕 ① 畔：通“叛”，违背；背离。 ② 倍：背叛。 ③ 内：通“纳”，接纳。

不足于行者说过，不足于信者诚言。故《春秋》善胥命[①]，而《诗》非屡盟，其心一也。善为《诗》者不说，善为《易》者不占，善为《礼》者不相[②]，其心同也。

〔注释〕 ① 胥命：互相约定。春秋时诸侯会盟，不订立盟约，只在口头上约定。 ② 相：替人赞礼。

曾子曰：“孝子言为可闻，行为可见。言为可闻，所以说远也[①]；行为可见，所以说近也。近者说则亲，远者说则附。亲近而附远，孝子之道也。”

〔注释〕 ① 说：通“悦”，悦服。

曾子行，晏子从于郊，曰：“婴闻之，君子赠人以言，庶人赠人以财。婴贫无财，请假于君子，赠吾子以言：乘舆之轮，太山之木也，示诸檃栝[①]，三月五月，为帱菜敝而不反其常[②]。君子之檃栝，不可不谨也。慎之！兰茝、稿本[③]，渐于蜜醴，一佩易之。正君渐于香酒，可谗而得也。君子之所渐，不可不慎也。”

〔注释〕 ① 示：通“置”，放置。 ② 帱(chóu 筹)菜：当作“帱革”，缠在车毂周围的皮革。 ③ 兰茝(chǎi)、稿本：都是香草名。

人之于文学也[①]，犹玉之于琢磨也。《诗》曰：“如切如磋，如琢如磨。”[②]谓学问也。和之璧[③]，井里之厥也[④]，玉人琢之，为天子宝。子赣[⑤]、季路，故鄙人也，被文学，服礼义，为天下列士。

〔注释〕 ① 文学：文献典籍。 ② “《诗》曰”句：见《诗经 · 卫风 · 淇奥》。 ③ 和：指春秋时楚国人卞和。 ④ 厥：石。 ⑤ 子赣：即子贡，孔子弟子。

学问不厌，好士不倦，是天府也[①]。

〔注释〕 ① 天府：指成就很多。

君子疑则不言，未问则不言，道远日益矣[1]。

〔注释〕 ① 日益：知识一天天增加。

多知而无亲，博学而无方，好多而无定者，君子不与[1]。

〔注释〕 ① 与：赞成。

少不讽[1]，壮不论议，虽可，未成也。

〔注释〕 ① "讽"后当脱一"诵"字。

君子壹教[1]，弟子壹学，亟成[2]。

〔注释〕 ① 壹：专心一致。 ② 亟：迅速。

君子进则能益上之誉而损下之忧。不能而居之，诬也[1]；无益而厚受之，窃也。学者非必为仕，而仕者必如学。

〔注释〕 ① 诬：欺骗。

子贡问于孔子曰："赐倦于学矣，愿息事君。"孔子曰："《诗》云：'温恭朝夕，执事有恪。'[1]事君难，事君焉可息哉！""然则赐愿息事亲。"孔子曰："《诗》云：'孝子不匮，永锡尔类。'[2]事亲难，事亲焉可息哉！""然则赐愿息于妻子。"孔子曰："《诗》云：'刑于寡妻，至于兄弟，以御于家邦。'[3]妻子难，妻子焉可息哉！""然则赐愿息于朋友。"孔子曰："《诗》云：'朋友攸摄，摄以威仪。'[4]朋友难，朋友焉可息哉！""然则赐愿息耕。"孔子曰："《诗》云：'昼尔于茅，宵尔索绹，亟其乘屋，其始播百谷。'[5]耕难，耕焉可息哉！""然则赐无息者乎？"孔子曰："望其圹[6]，皋如也[7]，嵮如也[8]，鬲如也[9]，此则知所息矣。"子贡曰："大哉死乎！君子息焉，小人休焉。"

〔注释〕①"《诗》云"句：见《诗经·商颂·那》。②"《诗》云"句：见《诗经·大雅·既醉》。锡，通"赐"，赐予。③"《诗》云"句：见《诗经·大雅·思齐》。④"《诗》云"句：见《诗经·大雅·既醉》。⑤"《诗》云"句：见《诗经·豳风·七月》。⑥圹：坟墓。⑦皋：通"高"。⑧嵮：通"巅"，山顶。⑨鬲(lì 力)：鼎一类的器物。

《国风》之好色也[1]，传曰："盈其欲而不愆其止[2]。其诚可比于金石，其声可内于宗庙。"《小雅》不以于污上，自引而居下，疾今之政，以思往者，其言有文焉，其声有哀焉。

〔注释〕①《国风》：《诗经》由风、雅、颂三部分组成。《国风》多是地方民歌，其中有很多男女恋歌。雅由《大雅》、《小雅》组成，《小雅》里面有不少怨愤的诗歌。②愆：超过。

国将兴，必贵师而重傅，贵师而重傅则法度存。国将衰，必贱师而轻傅，贱师而轻傅则人有快[1]，人有快则法度坏。

〔注释〕①快：放纵。

古者匹夫五十而士[1]。天子、诸侯子十九而冠，冠而听治，其教至也。

〔注释〕 ① 士：做官。

君子也者而好之，其人；其人也而不教，不祥。非君子而好之，非其人也；非其人而教之，赍盗粮、借贼兵也。

不自嗛其行者[①]，言滥过。古之贤人，贱为布衣，贫为匹夫，食则馆粥不足[②]，衣则竖褐不完[③]，然而非礼不进，非义不受，安取此？

〔注释〕 ① 嗛：通“歉”，不足。 ② 馆(zhān 沾)粥：稀饭，古时的粥，稠的叫“馆”，稀的叫“粥”。 ③ 竖褐：短褐。

子夏贫，衣若县鹑[①]。人曰：“子何不仕？”曰：“诸侯之骄我者，吾不为臣；大夫之骄我者，吾不复见。柳下惠与后门者同衣而不见疑，非一日之闻也。争利如蚤甲而丧其掌[②]。”

〔注释〕 ① 县鹑：比喻衣服破烂。 ② 蚤甲：爪甲。蚤，通“爪”。

君人者不可以不慎取臣，匹夫不可以不慎取友。友者，所以相有也[①]。道不同，何以相有也？均薪施火，火就燥；平地注水，水流湿。夫类之相从也，如此之著也，以友观人，焉所疑？取友善人，不可不慎，是德之基也。《诗》曰：“无将大车，维尘冥冥。”[②]言无与小人处也。

〔注释〕 ① 有：通“友”，友好。 ② “《诗》曰”句：见《诗经・小雅・无将大车》。

蓝苴路作[①]，似知而非。偄弱易夺[②]，似仁而非。悍戆好斗[3]，似勇而非。

〔注释〕 ① 蓝苴路作：疑当作“滥狙略诈”，伺机欺诈之意。 ② 偄(ruǎn 软)：软。 ③ 戆(zhuàng 壮)：愚蠢而刚直。

仁义礼善之于人也，辟之若货财粟米之于家也，多有之者富，少有之者贫，至无有者穷。故大者不能，小者不为，是弃国捐身之道也。

凡物有乘而来，乘其出者[1]，是其反者也。

〔注释〕 ① 乘：疑为衍文。

流言灭之，货色远之。祸之所由生也，生自纤纤也，是故君子蚤绝之[1]。

〔注释〕 ① 蚤：通“早”，早早；趁早。

言之信者，在乎区盖之间[1]。疑则不言，未问则不立[2]。

〔注释〕 ① 区盖：通“丘盖”，阙疑。区，通“丘”，空。盖，疑。 ② 立：当为“言”字。

知者明于事，达于数，不可以不诚事也。故曰：“君子难说[1]，说之不以道，不说也。”

〔注释〕 ① 难说：难以讨他喜欢。

语曰："流丸止于瓯、臾[①]，流言止于知者。"此家言邪学之所以恶儒者也。是非疑则度之以远事，验之以近物，参之以平心，流言止焉，恶言死焉。

〔注释〕 ① 瓯、臾：都是盛物的瓦器，这里指地面不平处。

曾子食鱼有余，曰："泔之[①]。"门人曰："泔之伤人，不若奥之[②]。"曾子泣涕曰："有异心乎哉！"伤其闻之晚也。

〔注释〕 ① 泔之：用米汁将剩下的鱼浸渍起来。泔，米汁。 ② 奥：腌藏。

无用吾之所短遇人之所长，故塞而避所短，移而从所仕[①]。疏知而不法[②]，察辨而操辟，勇果而亡礼，君子之所憎恶也。

〔注释〕 ① 仕：疑为"任"字。 ② 疏：通。

多言而类，圣人也。少言而法，君子也。多言无法而流喆然[①]，虽辩，小人也。

〔注释〕 ① 喆：当为"湎"字。

国法禁拾遗，恶民之串以无分得也[①]。有夫分义则容天下而治，无分义则一妻一妾而乱。

〔注释〕 ① 串(guàn)：通"惯"，习惯。

天下之人，唯各特意哉[1]，然而有所共予也。言味者予易牙[2]，言音者予师旷[3]，言治者予三王。三王既以定法度，制礼乐而传之，有不用而改自作，何以异于变易牙之和，更师旷之律？无三王之法，天下不待亡，国不待死。

〔注释〕 ① 唯：通“虽”。 ② 易牙：春秋时齐国著名的厨师，掌管齐桓公的饮食。 ③ 师旷：春秋时晋国著名的乐师。

饮而不食者，蝉也；不饮不食者，浮蝣也[1]。

〔注释〕 ① 浮蝣：即“蜉蝣”，一种寿命很短的昆虫。

虞舜、孝己孝而亲不爱，比干、子胥忠而君不用，仲尼、颜渊知而穷于世。劫迫于暴国而无所辟之，则崇其善，扬其美，言其所长而不称其所短也。

惟惟而亡者[1]，诽也；博而穷者，訾也；清之而俞浊者，口也。

〔注释〕 ① 惟惟：通“唯唯”，顺从的样子。

君子能为可贵[1]，不能使人必贵己；能为可用，不能使人必用己。

〔注释〕 ① 贵：尊重。

诰誓不及五帝，盟诅不及三王[1]，交质子不及五伯。

〔**注释**〕 ① 诅(zǔ 祖)：誓约。

【鉴赏】 从根本属性来说，人是社会的动物。然而在文明发展的进程中，集体、社会的秩序规范与个体间的抵牾也日益凸显。是完全顺从个性的张扬，还是将个人归附于集体？在这一话题的讨论中，庄子宣扬的是绝圣弃智、回归自然，抵制文明的侵害。这一想法虽然美好，然而，历史的潮流既已奔腾直下，又怎能希求江河逆转？相对而言，荀子的探寻乃在于"隆礼"，希望用"礼"的框架来约束每个人的行动，化育每个人的心灵，以保证社会的继续发展。

在孔、孟看来，"礼"是仁、义的外部体现，是长幼有序的道德教化。而在荀子看来，"礼"更是世间所有事物的准绳、尺度，是天下之大器。人类世界的一切事物及其关系，都应被囊括于这一概念下。本篇中，荀子便一一历数"礼"的各种具体形态：君臣之礼、婚丧之礼、天子即位之礼、夫妻和顺之礼、友朋交往之礼等等。这些礼仪起自远古，发展于三代，至周时已经形成了一整套尊卑有序的等级规范。对于一个要实行礼的社会成员来说，即使是一举手、一投足，也能在典籍中找到细致而明确的规定。因此，荀子对于未来社会的构想便是建立在这一严谨有序、稳固安定的礼制图景之上。

在荀子的设计中，个人修礼的最终目的是要达到人伦的融洽："贵者敬焉，老者孝焉，长者弟焉，幼者慈焉，贱者惠焉。"毫无疑问，这种和谐正是建立在世俗世界中，是为求得个人欲望与社会安定的平衡。所以荀子说："故礼之生，为贤人以下至庶民也，非为成圣也，然而亦所以成圣也。"实际上，"礼"所约束的只是翻滚于红尘中的凡夫俗子，对于如"舜"一样的圣人却是任其"从欲而治"的。因为在荀子看来，舜的自由，乃是经过长期对礼的学习而获得，在这种学习修炼的过程中，礼的精神已经与舜合二为一，因此，他的任何举动也具有了"礼"的合法性。然而，这一至关重要的预设条件却往往为后世君主所遗忘。如隋炀帝之类暴君，身灭而为天下人笑，显然是这种健忘症的典型代表。

荀子的言论虽然对君权神圣有一定的偏袒，但作为一名儒者，他理想中的君主还是“礼制”社会中的一部分。“天之生民，非为君也。天之立君，以为民也”，对于封建集权国家的整个系统来说，君主的最大功业乃是选拔人才，治理国家，化育万民。荀子的这一社会蓝图虽然在其生前未能实现，而汉以后大一统帝国的建立，则对于这一框架取益良多。

书面上的“礼制”虽然烦琐，但毕竟还有遗漏之处，尤其是在社会急速发展的战国时代，苛求于三代的礼制在现实中显然是行不通的。因此，唯有追求“礼”之本源，才能找到纲领性的标准。追寻先哲的话语，孔子曾以“爱人”给“仁”下定义。而爱人者指的不正是爱人之真性情吗？故荀子言道“礼以顺人心为本，故亡于《礼经》而顺人心者，皆礼也”，礼的作用之一便是使情感的抒发合乎正道，故“礼之大凡：事生，饰驩也；送死，饰哀也；军旅，饰威也”。儒家尤其重视丧礼祭祀，其根源并不在于对鬼神的真正信仰，而是发自对人的内心情感的尊重。孔子曾言“祭神如神在”（《论语·八佾》），而荀子也有所感悟：“送死不及柩尸，吊生不及悲哀，非礼也。”虽然理性告诉我们，死者往矣，将为天地间之虫豸，但在情感之上却仍然希望死者有灵，能够安然栖息于另一个空间。“这些礼本来含有不少迷信和神话，但是经过儒家的解释，这些方面都净化了，其中的宗教成分都转化为诗”（冯友兰《中国哲学简史》），正是在这些看似形式繁复的仪式中，死亡的哀伤得到了抒发，而因死者逝去带来的震惊和孤独也渐渐升华为对生命的珍惜。“顺乎人心”乃是儒家仁者精神的一个概括，也应是贯彻“礼制”的重要标准。舍却此而单论荀子的“礼法”，则与法家之严刑峻法相差不远矣。

【宥坐】

孔子观于鲁桓公之庙，有攲器焉[①]。孔子问于守庙者曰：“此为何器？”守庙者曰：“此盖为宥坐之器[②]。”孔子曰：“吾闻宥坐之器者，虚则欹，中则正，满则覆。”孔子顾谓弟子曰：“注水焉。”弟子挹水而注之，中而正，满而覆，虚而欹，孔子喟然而叹曰：“吁！恶有满而不覆者哉！”子路曰：“敢问持满有道乎？”孔子曰：“聪明圣知，守之以愚；功被天下，守之以让；勇力抚世，守之以怯；富有四海，守之以谦。此所谓挹而损之之道也[3]。”

〔注释〕 ① 欹(qī 欺)器：一种倾斜易覆的器皿。 ② 宥(yòu 又)坐：放在座位右边。 ③ 挹：通“抑”，抑制。

孔子为鲁摄相，朝七日而诛少正卯[1]。门人进问曰：“夫少正卯，鲁之闻人也，夫子为政而始诛之，得无失乎？”孔子曰：“居！吾语女其故。人有恶者五，而盗窃不与焉：一曰心达而险，二曰行辟而坚，三曰言伪而辩，四曰记丑而博，五曰顺非而泽。此五者有一于人，则不得免于君子之诛，而少正卯兼有之。故居处足以聚徒成群，言谈足以饰邪营众，强足以反是独立，此小人之桀雄也[2]，不可不诛也。是以汤诛尹谐[3]，文王诛潘止[4]，周公诛管叔，太公诛华仕[5]，管仲诛付里乙[6]，子产诛邓析、史付[7]。此七子者，皆异世同心，不可不诛也。《诗》曰：‘忧心悄悄，愠于群小。’[8]小人成群，斯足忧矣。”

〔注释〕 ① 少正卯：春秋时鲁国大夫。 ② 桀：通“杰”，英杰。 ③ 尹谐：人名，不详。 ④ 潘止：人名，不详。 ⑤ 华仕：西周初年齐国隐士。 ⑥ 付里乙：人名，不详。 ⑦ 邓析：春秋时郑国人，刑名学家。 ⑧ “《诗》曰”句：见《诗经·邶风·柏舟》。

孔子为鲁司寇，有父子讼者，孔子拘之，三月不别[①]。其父请止，孔子舍之[②]。季孙闻之不说[③]，曰："是老也欺予，语予曰：'为国家必以孝。'今杀一人以戮不孝[④]，又舍之。"冉子以告[⑤]。孔子慨然叹曰："呜呼！上失之，下杀之，其可乎？不教其民而听其狱，杀不辜也。三军大败，不可斩也；狱犴不治[⑥]，不可刑也，罪不在民故也。嫚令谨诛[⑦]，贼也；今生也有时，敛也无时，暴也；不教而责成功，虐也。已此三者，然后刑可即也。《书》曰：'义刑义杀，勿庸以即，予维曰未有顺事。'[⑧]言先教也。故先王既陈之以道，上先服之；若不可，尚贤以綦之[⑨]；若不可，废不能以单之[⑩]；綦三年而百姓往矣。邪民不从，然后俟之以刑，则民知罪矣。《诗》曰：'尹氏大师，维周之氐。秉国之均，四方是维。天子是庳，卑民不迷。'[⑪]是以威厉而不试，刑错而不用[⑫]，此之谓也。今之世则不然：乱其教，繁其刑，其民迷惑而堕焉，则从而制之，是以刑弥繁而邪不胜。三尺之岸而虚车不能登也，百仞之山任负车登焉，何则？陵迟故也[⑬]。数仞之墙而民不踰也，百仞之山而竖子冯而游焉，陵迟故也。今夫世之陵迟亦久矣，而能使民勿踰乎？《诗》曰：'周道如砥，其直如矢。君子所履，小人所视。眷焉顾之，潸焉出涕。'岂不哀哉！"[⑭]

〔注释〕 ① 别：判决。 ② 舍：赦免。 ③ 季孙：指季桓子，当时鲁国执政的贵族。 ④ 戮：通"僇"，羞辱。 ⑤ 冉子：指冉求，孔子的学生。 ⑥ 犴(àn岸)：牢狱。 ⑦ 嫚：通"慢"，松弛，懈怠。 ⑧ "《书》曰"句：见《尚书·康诰》。 ⑨ 綦：通"惎"(jì忌)，劝教。 ⑩单：通"惮"，畏惧。 ⑪ "《诗》曰"句：见《诗经·小雅·节南山》。庳(pí)，通"毗"，辅佐。卑，通"俾"，使。 ⑫ 错：通"措"，舍弃。 ⑬ 陵迟：坡度斜缓。 ⑭ "《诗》曰"句：见《诗经·小雅·大东》。

《诗》曰:“瞻彼日月,悠悠我思。道之云远,曷云能来。”[①]子曰:“伊稽首[②],不其有来乎?”

〔注释〕 ①“《诗》曰”句:见《诗经·邶风·雄雉》。 ② 稽:同。首:当作“道”。

孔子观于东流之水,子贡问于孔子曰:“君子之所以见大水必观焉者是何?”孔子曰:“夫水,大遍与诸生而无为也[①],似德。其流也埤下[②],裾拘必循其理[③],似义。其洸洸乎不淈尽[④],似道。若有决行之,其应佚若声响[⑤],其赴百仞之谷不惧,似勇。主量必平[⑥],似法。盈不求概[⑦],似正。淖约微达[⑧],似察。以出以入,以就鲜絜[⑨],似善化。其万折也必东,似志。是故君子见大水必观焉。”

〔注释〕 ① 大:当为衍文。 ② 埤:通“卑”,低。 ③ 裾拘(gōu 勾):同“倨勾”,曲折。 ④ 洸洸:通“滉滉”,水势大的样子。淈(gǔ 骨):竭尽。 ⑤ 佚:通“逸”,奔跑。 ⑥ 主:通“注”,注入。 ⑦ 概:古时量谷物时刮平斗斛的木板。 ⑧ 淖(chuò 辍)约:柔弱。淖,通“绰”。 ⑨ 絜:通“洁”,洁净,清洁,干净。

孔子曰:“吾有耻也,吾有鄙也,吾有殆也[①]。幼不能强学[②],老无以教之,吾耻之。去其故乡,事君而达,卒遇故人[③],曾无旧言,吾鄙之。与小人处者,吾殆之也。”

〔注释〕 ① 殆:危险。 ② 强:勉力。 ③ 卒(cù 促):通“猝”,突然。

孔子曰:“如垤而进[①],吾与之;如丘而止,吾已矣。”今学曾未如肬赘[②],则具然欲为人师。

〔注释〕 ① 垤(dié 蝶):小土堆。 ② 肬赘(yóu zhuì 尤坠):指人体上的瘤子,比喻无用的东西。

孔子南适楚,厄于陈、蔡之间,七日不火食,藜羹不糂[①],弟子皆有饥色。子路进问之曰:"由闻之:为善者天报之以福,为不善者天报之以祸。今夫子累德、积义、怀美,行之日久矣,奚居之隐也[②]?"孔子曰:"由不识,吾语女。女以知者为必用邪?王子比干不见剖心乎!女以忠者为必用邪?关龙逢不见刑乎!女以谏者为必用邪?吴子胥不磔姑苏东门外乎[③]!夫遇不遇者,时也;贤不肖者,材也;君子博学深谋不遇时者多矣。由是观之,不遇世者众矣,何独丘也哉!且夫芷兰生于深林,非以无人而不芳。君子之学,非为通也;为穷而不困,忧而意不衰也,知祸福终始而心不惑也。夫贤不肖者,材也;为不为者,人也;遇不遇者,时也;死生者,命也。今有其人不遇其时,虽贤,其能行乎?苟遇其时,何难之有?故君子博学、深谋、修身、端行以俟其时。"孔子曰:"由!居!吾语女。昔晋公子重耳霸心生于曹[④],越王勾践霸心生于会稽[⑤],齐桓公小白霸心生于莒[⑥]。故居不隐者思不远,身不佚者志不广[⑦]。女庸安知吾不得之桑落之下!"

〔注释〕 ① 藜:一种野菜。糂(sǎn 伞):同"糁",以米和羹。 ② 隐:穷困。 ③ 磔(zhé 哲):弃市,古时的一种酷刑。 ④ 重耳:即晋文公,他在外流亡时,途经曹国,曹国国君对他无礼,激起了他的霸心。 ⑤ 会(kuài 快)稽:指会稽山,在今浙江绍兴。越王勾践曾被吴王夫差困于会稽山,与吴王求和成功,后卧薪尝胆,灭掉了吴国,成就了霸业。 ⑥ 莒(jǔ 举):周代诸侯国名,在今山东莒县一带。桓公即位前曾逃到莒,可能遭到了无礼的待遇。 ⑦ 佚:通"逸",奔逃。

子贡观于鲁庙之北堂，出而问于孔子曰："乡者赐观于太庙之北堂，吾亦未辍，还复瞻被九盖皆继①，被有说邪？匠过绝邪？"孔子曰："太庙之堂，亦尝有说。官致良工，因丽节文，非无良材也，盖曰贵文也。"

〔注释〕 ① 被：当为"彼"，下同。九：当为"北"。盖：通"阖"(hé 河)，门。

【鉴赏】 "一叶落而知天下秋"，中国传统的智慧往往来源于生活。一朵花，一滴水，都能照出生命轮回的轨迹。先哲仰观天文，俯察地理，感叹人生百态之际，也从中获得启示。如水之无形无色而周流不殆，便在荀子的目光过滤下，衍化出丰富的内涵：或以水来论述王道兴衰，或以水来描绘君臣和谐，而更多的是以水喻人，透析出君子的完美形象："大遍与诸生而无为也，似德。其流也埤下，裾拘必循其理，似义。其洸洸乎不淈尽，似道。若有决行之，其应佚若声响，其赴百仞之谷不惧，似勇。主量必平，似法。盈不求概，似正。淖约微达，似察。以出以入，以就鲜絜，似善化。其万折也必东，似志。"生命的哲理既可从自然中感悟，而人之思想亦可从戏言中透露。此《宥坐》一篇，多有荀子借圣人之口而兜售自家言论的故事，笔墨隳突间隐隐现出其志趣所在。

宥坐之器"虚则欹，中则正，满则覆"，此三言乃宥坐之最大特征，也是此器物的最大用途。《文子》有言："三王五帝有劝戒之器名侑卮"，其注云："欹器也。"可知，宥坐的用途就在于以其能盛水而又易覆之特点，向拜祭先祖的人们，尤其是统治者发出警示："恶有满而不覆者哉！"这是器物的启示，也是先人们历史经验的总结：虚则欹，固然是空空如也，难以自正其身；而满则覆却往往使人在安逸之中产生懈怠，从而走向衰败。个人的生命荣辱如是，国家的兴衰变化亦如是。故以此物观君子之行为举止，"聪明圣知，守之以愚；功被天下，守之以让；勇力抚世，守之以怯；富有四海，守之以谦"，在荀子看来，乱世中的君子必须具有退而保身、进而持国的双向技能。而持国之道，则首在慎重，继之公正，方能如“宥坐”之“中而正”，尽量避免过失的发生。

此篇记载的孔子出仕为官的两个故事——“朝七日而诛少正卯”和“拘子三月而舍之”，虽然其真实性非常可疑，后代的不少学者都认为是荀子的伪造，如南宋朱熹曾谓“尝疑诛少正卯无此事，出于齐鲁陋儒欲尊夫子之道，而造为之说。若果有之，则左氏记载当时人物甚详，何故有一人如许劳攘而略不及之？”（《朱子语类》卷九十三）不过这种伪托的本身倒正体现了荀子对于君子处事的想象。同时，也是借用故事来表明自己对于孔子“爱人”、“知人”精神的理解。如果说孔子强调爱民以道，用“仁”来爱护养育百姓，那么，对于荀子而言，爱民以“术”也是同样重要的。虽然“仁”是最终极的目标，但在达到“仁”的过程中，采取一定的策略也就是合乎情理的了。所以，对于可以施教的平民父子，在其受到教训之后就赦免了儿子的罪过，而面对“心达而险、行辟而坚、言伪而辩、记丑而博、顺非而泽”的少正卯，既然无可施教，而且又是犯下祸国罪行的人，则应毫不手软地予以诛杀。然而，这个故事的流弊却是祸害无穷的。故事本身具有明显的打压“异端邪说”的倾向，往往为后世的专制统治者奉为圣人的遗训大力宣传，直接成为思想禁锢和文化专制的武器。而李斯、韩非二人出自荀子门下，最终皆成为“严刑峻法”的法家代表，应该也曾受到这些思想的启迪。

子　道

入孝出弟[①]，人之小行也；上顺下笃，人之中行也；从道不从君，从义不从父，人之大行也。若夫志以礼安，言以类使[②]，则儒道毕矣。虽舜，不能加毫末于是矣。孝子所以不从命有三：从命则亲危，不从命则亲安，孝子不从命乃衷[③]；从命则亲辱，不从命则亲荣，孝子不从命乃义；从命则禽兽，不从命则修饰[④]，孝子不从命乃敬。故可以从而不从，是不子也；未可以从而从，是不衷也。明于从不从之义，而能致恭敬、忠信、端悫以慎行之，则可谓大孝矣。传曰："从道不从君，从义不从父。"此之谓也。故劳苦雕萃而能无失其敬[⑤]，灾祸患难而能无失其义，则不幸不顺见恶而能无失其爱，非仁人莫能行。《诗》曰："孝子不匮。"[⑥]此之谓也。

〔**注释**〕 ① 弟：通"悌"，顺从、敬爱兄长。 ② 类：法度。 ③ 衷：通"忠"，忠诚。 ④ 饰：通"饬"，修治，整治。 ⑤ 雕萃：通"凋悴"，憔悴。 ⑥ "《诗》曰"句：见《诗经·大雅·既醉》。

鲁哀公问于孔子曰："子从父命，孝乎？臣从君命，贞乎？"三问，孔子不对。孔子趋出，以语子贡曰："乡者君问丘也，曰：'子从父命，孝乎？臣从君命，贞乎？'三问而丘不对，赐以为何如？"子贡曰："子从父命，孝矣；臣从君命，贞矣。夫子有奚对焉[①]？"孔子曰："小人哉！赐不识也。昔万乘之国有争臣四人[②]，则封疆不削；千乘之国有争臣三人，则社稷不危；百乘之家有争臣二人，则宗庙不毁。父有争子，不行无礼；士有争友，不为不义。故子从父，奚子孝？臣从君，奚臣贞？审其所以从之之谓孝、之谓贞也。"

〔**注释**〕 ① 有：通"又"。 ② 争：通"诤"，直言谏诤，直言规劝。

子路问于孔子曰："有人于此，夙兴夜寐，耕耘树艺，手足胼胝[①]，以养其亲，然而无孝之名，何也？"孔子曰："意者身不敬与？辞不逊与？色不顺与？古之人有言曰：'衣与，缪与[②]，不女聊。'今夙兴夜寐，耕耘树艺，手足胼胝，以养其亲，无此三者，则何以为而无孝之名也？"孔子曰："由志之，吾语女。虽有国士之力，不能自举其身，非无力也，势不可也。故入而行不修，身之罪也；出而名不章[③]，友之过也。故君子入则笃行，出则友贤，何为而无孝之名也？"

〔注释〕 ① 胼胝(pián zhī 骈知)：手脚上磨出的老茧。 ② 缪：绸缪，准备。与：通"欤"。 ③ 章：通"彰"，彰显，显著。

子路问于孔子曰："鲁大夫练而床[①]，礼邪？"孔子曰："吾不知也。"子路出，谓子贡曰："吾以夫子为无所不知，夫子徒有所不知[②]。"子贡曰："女何问哉？"子路曰："由问：'鲁大夫练而床，礼邪？'夫子曰：'吾不知也。'"子贡曰："吾将为女问之。"子贡问曰："练而床，礼邪？"孔子曰："非礼也。"子贡出，谓子路曰："女谓夫子为有所不知乎？夫子徒无所不知。女问非也。礼，居是邑，不非其大夫。"

〔注释〕 ① 练：白色的熟绢。古代父母死后一周年进行祭祀，身上要戴练，不能睡床。 ② 徒：乃。

子路盛服见孔子，孔子曰："由，是裾裾何也[①]？昔者江出于岷山[②]，其始出也，其源可以滥觞[③]，及其至江之津也，不放舟、不避风则不可涉也[④]。非维下流水多邪？今女衣服既盛，颜色充盈，天下且孰肯谏女矣？由！"子路趋而出，改服而入，盖犹若也[⑤]。孔子曰："志之，吾语女。奋于言者华[⑥]，奋于行者伐，色知而有能者，小人也。故君子知之曰知之，不知曰不知，言之要也；能之曰能之，不能曰不能，行之至也。言要则知，行至则仁。既知且仁，夫恶有不足矣哉！”

〔注释〕 ① 裾裾(jū 居)：形容衣服整齐的样子。 ② 岷山：在今四川西北部。 ③ 滥觞(shāng 商)：水流极小，仅能浮起酒杯。觞，酒器。 ④ 放舟：同“方舟”，两船并在一起。 ⑤ 犹若：舒适和顺的样子。 ⑥ 华：通“哗”，浮夸。

子路入，子曰：“由，知者若何？仁者若何？”子路对曰：“知者使人知己，仁者使人爱己。”子曰：“可谓士矣。”子贡入，子曰：“赐，知者若何？仁者若何？”子贡对曰：“知者知人，仁者爱人。”子曰：“可谓士君子矣[1]。”颜渊入，子曰：“回，知者若何？仁者若何？”颜渊对曰：“知者自知，仁者自爱。”子曰：“可谓明君子矣。”

〔注释〕 ① 士君子：指思想道德水平高于“士”者，但不及“明君子”。

子路问于孔子曰：“君子亦有忧乎？”孔子曰：“君子，其未得也，则乐其意[1]；既已得之，又乐其治。是以有终生之乐，无一日之忧。小人者，其未得也，则忧不得；既已得之，又恐失之。是以有终身之忧，无一日之乐也。”

〔注释〕 ① 意：思想，意志。

【鉴赏】 今天很多人一谈起儒者，脑中出现的往往是一个个带有漫画色彩的儒生形象：头戴高高的礼帽，身着礼服，恭谨地拱手而立；恪守礼法而又有些食古不化的酸朽味。而一讲起儒家学说，便只谓“仁、义、忠、恕”。殊不知“智”这一因素在儒家思想中也甚为重要，其排名似仅在“仁”之下。特别是在先秦时代，以孔、孟、荀为代表的原始儒家思想，尚未受到过多政治话语的改造，往往也显示出其活泼灵动的处事智慧，令我们击节不已。“忠”和“孝”是儒家的两个经典话题，而在本篇关于这两个话题的讨论中，便闪现出不少儒家的智慧。

文章一开篇，荀子即言“入孝出弟，人之小行也；上顺下笃，人之中行也；从道不从君，从义不从父，人之大行也”。在中国传统思想中，对君“忠”、对长辈“孝”是人之为人的根本道德。而在此处，荀子却畅言以“道”、“义”为先，其原因在于君上父母的命令与他们的利益、安危相违背，“从命则亲危，不从命则亲安，孝子不从命乃衷；从命则亲辱，不从命则亲荣，孝子不从命乃义；从命则禽兽，不从命则修饰”。在此时，为人臣子所要施行就是当机立断，遵从道义的指引和大局的分配，在短期利益和长远利益相矛盾的情况下，选择后者。荀子认为，只有保住了整体大局的道义所在，才能真正地化祸为福，转危为安。正所谓“仁者安仁，知者利仁”(《论语·里仁》)，仁和智的关系相辅相成，又可相互转化。大义所在，便是智慧所着力的方向。故当孔子被问及：“子从父命，孝乎？臣从君命，贞乎？”他的回答是：一味地听从并不是贞、孝的本义，只要是道义所在，臣子便可“从道”而行。然而后代流行于世的口号却是“君叫臣死，臣不死，臣为不忠；父叫子亡，子不亡，子为不孝”，这种愚忠、愚孝自然不是先秦儒家所推崇的。对于这种道义和君主意志相违背的情况，孔子的回答是“道不行，乘桴浮于海”(《论语·公冶长》)；孟子的回答是“君之视臣如土芥，则臣视君如寇仇”(《孟子·离娄下》)；而荀子的回答则是“谏、争、辅、拂之人，社稷之臣也，国君之宝也”(《臣道》)。每个人的回答因其个性不同而有所差异，而以道为尊的自信和自觉却是不约而同的，可谓“知者不惑”(《论语·子罕》)。

除此以外，本篇还记载了多个孔子施教的故事。子曰“有教无类”，对于脾性不同的施教对象选择不同的启发模式。如“子路盛服见孔子”一则，孔子先是旁敲侧击令子路觉悟，待看到这位冒失的弟子更换服饰再次出现时，其一番斥责又犹如当头棒喝，言之凿凿却又的确一语中的，“奋于言者华，奋于行者伐，色知而有能者，小人也”。佛家禅宗之棒喝有顿悟之妙，而此处之子路亦难免有醍醐灌顶之感。而“孔子问智者若何？仁者若何？”一则，又颇有《论语》中《子路、曾皙、冉有、公西华侍坐》一章之妙。在孔子看来，同样的两个问题，每个学生都从自己的角度说出了对“知者若何，仁者若何”的理解。因此，没有绝对的对与错，只有看问题的角度和深浅不同。

“知者不失人，亦不失言”（《论语·卫灵公》），言行固然要视对象而定，而其他事务也要懂得灵活应用，多加钻研。儒家对于“智”的要求在于“知人”，怀有爱人之心而又了解知人之道，内心充盈而思辨明晰，怎能不乐？

法行

公输不能加于绳[①]，圣人莫能加于礼。礼者，众人法而不知，圣人法而知之。

〔注释〕 ① 公输：即公输般，春秋时期鲁国著名的木匠，又名鲁班。绳：墨线。“绳”字下疑脱一“墨”字。

曾子曰：“无内人之疏而外人之亲[①]，无身不善而怨人，无刑已至而呼天。内人之疏而外人之亲，不亦远乎[②]！身不善而怨人，不亦反乎！刑已至而呼天，不亦晚乎！《诗》曰：‘涓涓源水，不雝不塞。毂已破碎，乃大其辐。事已败矣，乃重大息。’[③]其云益乎！”

〔注释〕 ① 无：通“勿”。 ② 远：当与下文的“反”字互换。 ③ “《诗》曰”句：不见于今本《诗经》，当为逸诗。雝（yōng 雍），通“壅”，堵塞。毂（gǔ 谷），车轮中心的圆木。

曾子病，曾元持足[①]，曾子曰：“元志之！吾语汝。夫鱼鳖鼋鼍犹以渊为浅而堀其中[②]，鹰鸢犹以山为卑而增巢其上[③]，及其得也，必以饵。故君子苟能无以利害义，则耻辱亦无由至矣。”

〔注释〕 ① 曾元：曾子的儿子。 ② 鼋（yuán 元）：大鳖。鼍（tuó 驼）：鳄鱼的一种。堀：通“窟”。下当脱一“穴”字。 ③ 增巢：聚集柴木做成巢。

子贡问于孔子曰：“君子之所以贵玉而贱珉者[①]，何也？为夫玉之少而珉之多邪？”孔子曰：“恶！赐，是何言也！夫君子岂多而贱之，少而贵之哉！夫玉者，君子比德焉。温润而泽，仁也；栗而理，知也；坚刚而不屈，义也；廉而不刿[②]，行也；折而不桡[③]，勇也；瑕适并见，情也；扣之，其声清扬而远闻，其止辍然[④]，辞也。故虽有珉之雕雕[⑤]，不若玉之章章。《诗》曰：‘言念君子，温其如玉。’[⑥]此之谓也。”

〔注释〕 ① 珉（mín 民）：似玉的石。 ② 廉：棱角。刿：划伤。 ③ 桡：通“挠”。 ④ 辍然：突然停止的样子。 ⑤ 雕雕：文采显著的样子。下“章章”同。 ⑥ “《诗》曰”句：见《诗经·秦风·小戎》。

曾子曰：“同游而不见爱者[①]，吾必不仁也；交而不见敬者，吾必不长也；临财而不见信者，吾必不信也。三者在身，曷怨人？怨人者穷，怨天者无识。失之己而反诸人[②]，岂不亦迂哉！”

〔**注释**〕 ① 同游：一起学习。 ② 反：求。

南郭惠子问于子贡曰①："夫子之门，何其杂也？"子贡曰："君子正身以俟，欲来者不距②，欲去者不止。且夫良医之门多病人，檃栝之侧多枉木，是以杂也。"

〔**注释**〕 ① 南郭惠子：不详其人。 ② 距：通"拒"，拒绝。

孔子曰："君子有三恕①：有君不能事，有臣而求其使，非恕也；有亲不能报，有子而求其孝，非恕也；有兄不能敬，有弟而求其听令，非恕也。士明于此三恕，则可以端身矣。"

〔**注释**〕 ① 恕：推己及人之心。

孔子曰："君子有三思，而不可不思也。少而不学，长无能也；老而不教，死无思也；有而不施，穷无与也。是故君子少思长则学，老思死则教，有思穷则施也。"

【鉴赏】 后世儒生评说荀子，多有指责。究其原因，在于荀子著书立说，多言礼法而少及仁义。殊不知人之行世，即使同宗一师也各有差异。正如南郭惠子半感慨半诘问地请教子贡曰："夫子之门，何其杂也？"而子贡的回答也颇具意味："君子正身以俟，欲来者不距，欲去者不止。且夫良医之门多病人，檃栝之侧多枉木，是以杂也。"一方面指出孔子道德高尚，每个人都可以从他身上学到为人处世的道理；另一方面也表明，虽然夫子门生繁多、性格不齐、资质不等，但既同宗一师，则诚意、修身之根本必大同而小异。如同树干与树枝一样，后学各专一门，饮水思源，仍得益于求学时之种种感悟。

荀子入世，常思君子谦谦，温润如玉。犹记孔子曾言“绘事后素”（《论语·八佾》），故君子欲秉持礼法，兼济天下，则必须修行自身，正本清源。观玉之晶莹剔透，洁白无瑕，便犹如君子道德的天然物化：“温润而泽，仁也；栗而理，知也；坚刚而不屈，义也；廉而不刿，行也；折而不桡，勇也；瑕适并见，情也；扣之，其声清扬而远闻，其止辍然，辞也。”士人喜玉，随身佩戴是常见的习俗。然而君子佩玉，并不在于玉本身的稀有珍贵，却在于以玉的象征为参照，时时提醒自己，达到仁、智、义、行、勇、情、辞的要求。虽然这些并不是每个人都能达到，但玉佩日夜随行，鸣响之声便如同师训，潜移默化地促使着学子们亲身实践“用之则行，舍之则藏”（《论语·述而》）的诺言。故颜回箪食瓢饮而不改其乐，子路临戮而不忘结缨，他们举身蹈义而毫无退缩的行为，正是以生命捍卫着“富贵不能淫，贫贱不能移，威武不能屈”（《孟子·滕文公下》）的君子形象。而他们在以身殉道的同时，也成为了“君子”这一理想人格的现实模型，激励后人坚守心中的理想与道德。如果说先秦时代的士人们尚保持着比较完整的人格独立和自由意志，那么在大一统的帝国建立以后，尤其是专制主义日益强化之时，这种坚守所需抵抗的压力就更大。从汉末的党锢之祸到明末的东林喋血，士君子身上所体现的坚刚不屈、廉而不刿、折而不桡，便显得更为可歌可泣。

君子处世，既秉持一心，必严于律己。与人相处，也时时自我反省，正如曾子所言：“同游而不见爱者，吾必不仁也；交而不见敬者，吾必不长也；临财而不见信者，吾必不信也。三者在身，曷怨人？”在曾子看来，他人的态度其实是自己为人处世的一面镜子，故他人不爱己、不敬己、不见信于己乃是自己行为有亏，决不应该怨天尤人。然而，曾子的话不但在狡诈丛生的战国时代不能获得当权者信奉，即使到了今天这个高喊“自我”的时代，也往往会成为嘲笑的对象。“走自己的路，让别人说去吧”，最早只是用于勉励自我坚持理想的格言，却在不知不觉中变了质，成为自私自利、狂妄自大的托词，渐渐使我们堕入放纵的险境。先哲们在千年之前的自我约束，是否能唤起我们沉睡已久的自知之明呢？正如孔子教诲的那样："君子有三恕：有君不能事，有臣而求其使，非恕也；有亲不能报，有子而求其孝，非恕也；有兄不能敬，有弟而求其听令，非恕也。……君子有三思，而不可不思也。少而不学，长无能也；老而不教，死无思也；有而不施，穷无与也。"言简意赅，当是非常恰当的座右铭。常读常想，应能开阔心胸，奋发有为。

哀 公

鲁哀公问于孔子曰："吾欲论吾国之士[①]，与之治国，敢问何如取之邪？"孔子对曰："生今之世，志古之道，居今之俗，服古之服，舍此而为非者[②]，不亦鲜乎！"哀公曰："然则夫章甫、絇屦、绅而搢笏者[③]，此贤乎？"孔子对曰："不必然。夫端衣、玄裳、绕而乘路者[④]，志不在于食荤；斩衰、菅屦、杖而啜粥者[⑤]，志不在于酒肉。生今之世，志古之道，居今之俗，服古之服，舍此而为非者，虽有，不亦鲜乎！"哀公曰："善！"

〔**注释**〕 ① 论：选择。 ② 舍：处。 ③ 章甫：商代的一种帽子。絇(qú 渠)屦：带有絇饰的鞋。絇，古代鞋头上的装饰，用于穿系鞋带。"绅"下当脱一"带"字。搢(jìn 晋)：插。 ④ 端衣：祭祀时穿的礼服。玄裳：祭祀时穿的黑色的裙。路：大车。 ⑤ 斩衰：古代最重的一种丧服，用粗布制成，不缉边。菅屦：草鞋。啜(chuò 绰)：吃。

孔子曰："人有五仪[①]：有庸人，有士，有君子，有贤人，有大圣。"哀公曰："敢问何如斯可谓庸人矣？"孔子对曰："所谓庸人者，口不能道善言，心不知色色[②]；不知选贤人善士托其身焉以为己忧，勤行不知所务[③]，止交不知所定[④]；日选择于物，不知所贵；从物如流，不知所归；五凿为正[⑤]，心从而坏。如此，则可谓庸人矣。”哀公曰：“善！敢问何如斯可谓士矣？”孔子对曰：“所谓士者，虽不能尽道术，必有率也；虽不能遍美善，必有处也。是故知不务多，务审其所知；言不务多，务审其所谓；行不务多，务审其所由。故知既已知之矣，言既已谓之矣，行既已由之矣，则若性命肌肤之不可易也。故富贵不足以益也，卑贱不足以损也。如此，则可谓士矣。”哀公曰：“善！敢问何如斯可谓之君子矣？”孔子对曰：“所谓君子者，言忠信而心不德，仁义在身而色不伐，思虑明通而辞不争，故犹然如将可及者，君子也。”哀公曰：“善！敢问何如斯可谓贤人矣？”孔子对曰：“所谓贤人者，行中规绳而不伤于本，言足法于天下而不伤于身，富有天下而无怨财[⑥]，布施天下而不病贫。如此，则可谓贤人矣。”哀公曰：“善！敢问何如斯可谓大圣矣？”孔子对曰：“所谓大圣者，知通乎大道，应变而不穷，辨乎万物之情性者也。大道者，所以变化遂成万物也；情性者，所以理然不、取舍也[⑦]。是故其事大辨乎天地[⑧]，明察乎日月，总要万物于风雨，缪缪肫肫[⑨]。其事不可循[⑩]，若天之嗣[⑪]；其事不可识，百姓浅然不识其邻[⑫]。若此，则可谓大圣矣。”哀公曰：“善！”

〔**注释**〕 ① 仪：等级。 ② 色色：当为“邑邑”，忧郁的样子。 ③ 勤：当为“动”字。 ④ 交：当为“立”字。 ⑤ 五凿：五情。 ⑥ 怨：通“蕴”，积蓄，蕴藏。 ⑦ 不：通“否”，然不，然否，是非、对错。 ⑧ 辨：通“遍”，遍及。 ⑨ 缪缪：通“穆穆”，和美的样子。肫肫：通“纯纯”，精密的样子。 ⑩ 循：通“揗”，模仿。 ⑪ 嗣：通“司”，主宰。 ⑫ 邻：连接。

鲁哀公问舜冠于孔子，孔子不对。三问，不对。哀公曰：“寡人问舜冠于子，何以不言也？”孔子对曰：“古之王者，有务而拘领者矣[①]，其政好生而恶杀焉，是以凤在列树，麟在郊野，乌鹊之巢可俯而窥也。君不此问，而问舜冠，所以不对也。”

〔**注释**〕 ① 务：通“冒”，便帽。拘领：曲领，用以绕颈。拘，通“句”，弯曲。

鲁哀公问于孔子曰：“寡人生于深宫之中，长于妇人之手，寡人未尝知哀也，未尝知忧也，未尝知劳也，未尝知惧也，未尝知危也。”孔子曰：“君之所问，圣君之问也。丘，小人也，何足以知之？”曰：“非吾子无所闻之也。”孔子曰：“君入庙门而右，登自胙阶[①]，仰视榱栋[②]，俛见几筵[③]，其器存，其人亡，君以此思哀，则哀将焉而不至矣[④]？君昧爽而栉冠[⑤]，平明而听朝，一物不应，乱之端也，君以此思忧，则忧将焉而不至矣！君平明而听朝，日昃而退[⑥]，诸侯之子孙必有在君之末庭者，君以思劳，则劳将焉而不至矣？君出鲁之四门以望鲁四郊，亡国之虚则必有数盖焉[⑦]，君以此思惧，则惧将焉而不至矣？且丘闻之：君者舟也，庶人者水也。水则载舟，水则覆舟；君以此思危，则危将焉而不至矣！”

〔**注释**〕 ① 胙阶：东阶，主人迎接宾客的台阶。胙（zuò 作），通“阼”，台阶。② 榱（cuī 崔）：椽子。 ③ 俛：同“俯”，低头。 ④ 而：能。 ⑤ 昧爽：黎明。栉（zhì 质）冠：梳头戴帽。 ⑥ 昃（zè 仄）：太阳偏西。 ⑦ 虚：同“墟”，废墟。数盖：数处。

鲁哀公问于孔子曰：“绅、委、章甫有益于仁乎[①]？”孔子蹴然曰[②]：“君号然也[③]！资衰、苴杖者不听乐，非耳不能闻也，服使然也。黼衣、黻裳者不茹荤[4]，非口不能味也，服使然也。且丘闻之：好肆不守折[5]，长者不为市。窃其有益与其无益，君其知之矣。"

〔注释〕 ① 委：周代的一种黑色丝织礼帽。 ② 蹴然：变色的样子。 ③ 号：当为"胡"字。 ④ 黼(fǔ府)衣、黻裳：均为祭服。 ⑤ 肆：市场。

鲁哀公问于孔子曰："请问取人？"孔子对曰："无取健[1]，无取拑[2]，无取口哼[3]。健，贪也；拑，乱也；口哼，诞也。故弓调而后求劲焉，马服而后求良焉，士信悫而后求知能焉。士不信悫而有多知能，譬之其豺狼也，不可以身尔也[4]。语曰：'桓公用其贼，文公用其盗。'故明主任计不信怒[5]，暗主信怒不任计。计胜怒则强，怒胜计则亡。"

〔注释〕 ① 健：指争强好胜的人。 ② 拑：通"钳"，指用武力胁制人。 ③ 哼(zhūn谆)：同"谆"，能说会道。 ④ 尔：通"迩"，近。 ⑤ 怒：此处泛指恩怨、感情。

定公问于颜渊曰[1]："东野子之善驭乎[2]？"颜渊对曰："善则善矣。虽然，其马将失[3]。"定公不悦，入谓左右曰："君子固谗人乎！"三日而校来谒[4]，曰："东野毕之马失。两骖列[5]，两服入厩。"定公越席而起曰："趋驾召颜渊[6]！"颜渊至，定公曰："前日寡人问吾子，吾子曰：'东野毕之驭，善则善矣。虽然，其马将失。'不识吾子何以知之？"颜渊对曰："臣以政知之。昔舜巧于使民而造父巧于使马。舜不穷其民，造父不穷其马，是舜无失民[7]，造父无失马也。今东野毕之驭，上车执辔，衔体正矣；步骤驰骋，朝礼毕矣；历险致远，马力尽矣。然犹求马不已，是以知之也。”定公曰：“善！可得少进乎？”颜渊对曰：“臣闻之：鸟穷则啄，兽穷则攫，人穷则诈。自古及今，未有穷其下而能无危者也。”

〔注释〕 ① 定公：鲁国国君，名宋。 ② 东野子：鲁定公时善于驯马驾车的人，姓东野，名毕。“子”是对人的尊称。驭：驾驭车马。 ③ 失：通“逸”，逃奔。 ④ 校：负责养马的官。 ⑤ 骖（cān 参）：古时用四马拉车，两旁的马称“骖”，中间的马称“服”。列：同“裂”。 ⑥ 趋：通“促”，督促。 ⑦ 是：后当脱一“以”字。

【鉴赏】 荀子著文，多以论述中心为其题目，而此篇《哀公》乃以一国君为题，所述多为鲁哀公与孔子的对话，颇有拼凑之嫌。然而听其徐徐道来，胸臆间亦不免渐生兴亡之悲。

从历史上来看，鲁哀公可称是一个昏庸的诸侯。其在位时，正是春秋末年吴越争霸之际。当时的鲁国，内有权臣季氏当道，外有齐国屡次莫名的讨伐，又曾遭到吴国的侵犯，然而哀公却如同一个无知的孩童，将自己的眼光只界定于触手可及的宫墙之内，甚至为自己不曾了解哀伤、忧愁、劳苦、恐惧、危险而焦躁不安。面对这样不知世事的君主，连孔圣人也啼笑皆非：“君之所问，圣君之问也。丘，小人也，何足以知之？”然而，孔子在自嘲之后还是不得不一步步地启发：您看到宗庙里的玉器是先王留下的，然而物在人亡，不是会感到哀伤吗？您每天处理国家大小事务，但如果有一件没办好，可能就会带来灾祸，难道这不是令人发愁的事吗？……不过夫子的滔滔大论显然没有打动哀公，他所感兴趣的也无非是古代的礼服、礼帽之类。

面对这样一位昏庸的君主，孔子显然是非常痛苦的。然而，即使自己曾经说过“唯上知与下愚不移”（《论语·阳货》）的话，即使内心对于“不可雕也”（《论语·公冶长》）的“朽木”有着极强的排斥感，但为了鲁国的兴盛，夫子仍然是“不俟驾行”（《论语·乡党》）地努力向哀公进谏。偶尔哀公兴致所至，也随口说起如何选择人才的话题，夫子便率尔而对：“生今之世，志古之道，居今之俗，服古之服，舍此而为非者，不亦鲜乎！”在夫子看来，今世之所以礼崩乐坏，乃是在于古代的文化传统失落了。虽然圣人的衣冠仍旧为人们津津乐道，但不过是怀旧的时尚而已。上古的风范、圣人的美德这些最根本、最重要的东西却为人们所遗忘了。“古之王者，有务而拘领者矣，其政好生而恶杀焉”，圣人的光辉并不是来自华丽的衣着，而是来自他们奉行仁义的美德。所以即使是衣冠朴拙，也同样受到天下的尊崇。“礼云礼云，玉帛云乎哉？”（《论语·阳货》）相比于追求小道的快乐，君王应关注的难道不是大道的安定吗？而对于如何治国，孔子则提出一方面要实行仁道，另一方面则须选取人才，罢黜争强好胜、好用武力、巧言令色之徒，拔擢士人、君子、贤人，尤其是大圣。因为圣人乃是智慧的化身，“知通乎大道，应变而不穷，辨乎万物之情性”，了解事物的一切发展规律，自然能够通古今之变，辅佐君王完成天下大治。虽然这其中有一厢情愿的想象，但对于统治一个国家来说，选拔人才的确是一个至关重要的问题。

然而悲哀的是，夫子面对的正是这么一个“口不能道善言，心不知色色”的庸人，虽然他不会像某些暴君那样，做出惊天动地的恶行，但同样会造成生灵涂炭、国灭身亡的后果。虽然时时把“善”字挂在口头，但劝谏之言就仿佛一阵清风，丝毫不曾被采纳。据《史记》记载，哀公的晚年在三桓的追杀之下，奔亡于卫、邹、越国之间，虽然最终回国而又卒亡。设想其在奔亡之际，倘若想起早年夫子的谆谆教诲“诸侯之子孙必有在君之末庭者，君以思劳，则劳将焉而不至矣”，也许会感到一丝讽刺罢。

虽然后世学者多有考证，认定《哀公》篇乃伪托圣人之言，然而当我们诵读此篇的种种哲言，来对照鲁哀公的生平事迹，尤其是其最后的奔亡之事，仿佛间又听到了历史的警钟鸣响。掩卷之际，当哀而鉴之。

尧问

尧问于舜曰:“我欲致天下,为之奈何?”对曰:“执一无失,行微无怠,忠信无倦,而天下自来。执一如天地,行微如日月,忠诚盛于内,贲于外[①],形于四海。天下其在一隅邪[②]!夫有何足致也?”

〔注释〕 ① 贲:通“奋”,发抒;显露。 ② 隅:角落。

魏武侯谋事而当[①],群臣莫能逮,退朝而有喜色。吴起进曰:“亦尝有以楚庄王之语闻于左右者乎?”武侯曰:“楚庄王之语何如?”吴起对曰:“楚庄王谋事而当,群臣莫逮,退朝而有忧色。申公巫臣进问曰[②]:‘王朝而有忧色,何也?’庄王曰:‘不穀谋事而当[③],群臣莫能逮,是以忧也。其在中蘬之言也[④],曰:‘诸侯自为得师者王,得友者霸,得疑者存,自为谋而莫己若者亡。’今以不穀之不肖而群臣莫吾逮,吾国几于亡乎!是以忧也。’楚庄王以忧,而君以憙[⑤]。”武侯逡巡再拜曰[⑥]:“天使夫子振寡人之过也。”

〔注释〕 ① 魏武侯:战国时魏国国君,魏文侯的儿子,名击。 ② 申公巫臣:楚国申邑大夫,姓屈,名巫臣,字子灵。 ③ 不穀:古代君王的谦称。 ④ 中蘬(kuī 亏):即“仲虺”,商汤的左相。 ⑤ 憙:同“喜”,欢喜,高兴。 ⑥ 逡(qūn)巡:徘徊或后退。

伯禽将归于鲁[①],周公谓伯禽之傅曰:“汝将行,盍志而子美德乎[②]？”对曰：“其为人宽，好自用，以慎。此三者，其美德已。”周公曰：“呜呼！以人恶为美德乎？君子好以道德，故其民归道。彼其宽也，出无辨矣，女又美之。彼其好自用也，是所以窭小也[③]。君子力如牛，不与牛争力；走如马，不与马争走；知如士，不与士争知。彼争者，均者之气也，女又美之。彼其慎也，是其所以浅也。闻之曰：‘无越踰不见士。’见士问曰：‘无乃不察乎？’不闻[④]，即物少至，少至则浅。彼浅者，贱人之道也，女又美之。吾语女：我，文王之为子，武王之为弟，成王之为叔父，吾于天下不贱矣，然而吾所执贽而见者十人[⑤]，还贽而相见者三十人，貌执之士者百有余人，欲言而请毕事者千有余人，于是吾仅得三士焉，以正吾身，以定天下。吾所以得三士者，亡于十人与三十人中，乃在百人与千人之中。故上士吾薄为之貌，下士吾厚为之貌。人人皆以我为越踰好士，然故士至，士至而后见物，见物然后知其是非之所在。戒之哉！女以鲁国骄人，几矣！夫仰禄之士犹可骄也，正身之士不可骄也。彼正身之士，舍贵而为贱，舍富而为贫，舍佚而为劳，颜色黎黑而不失其所[⑥]，是以天下之纪不息，文章不废也。”

〔注释〕 ① 伯禽：周公的儿子，封于鲁。 ② 而：通“尔”，你。 ③ 窭(jù具)：小。 ④ 闻：问。 ⑤ 贽：古时初见尊长所送的礼物。 ⑥ 黎：通“黧”(lí离)，黑色。

语曰：缯丘之封人见楚相孙叔敖曰[①]：“吾闻之也：处官久者士妒之，禄厚者民怨之，位尊者君恨之。今相国有此三者而不得罪楚之士民，何也？”孙叔敖曰：“吾三相楚而心愈卑，每益禄而施愈博，位滋尊而礼愈恭[2]，是以不得罪于楚之士民也。”

〔注释〕 ① 缯（zēng 增）丘：同“鄫丘”，古地名，鄫国的故地，属楚，在今湖北随州一带。封人：负责守卫边疆的官。 ② 滋：更加。

子贡问于孔子曰：“赐为人下而未知也。”孔子曰：“为人下者乎？其犹土也？深扣之而得甘泉焉[1]，树之而五谷蕃焉，草木殖焉，禽兽育焉，生则立焉，死则入焉，多其功而不息[2]。为人下者，其犹土也。”

〔注释〕 ① 扣（hú 胡）：挖掘。 ② 息：当为“悳”字，同“德”。

昔虞不用宫之奇而晋并之[1]，莱不用子马而齐并之[2]，纣刳王子比干而武王得之。不亲贤用知，故身死国亡也。

〔注释〕 ① 虞：春秋时一个小国，姬姓，故址在今山西平陆北，公元前 655 年为晋国所灭。宫之奇：虞国的大夫。 ② 莱：春秋时莱国，故址在今山东龙口东南，公元前 567 年为齐国所灭。子马：莱国的贤臣。

为说者曰：“孙卿不及孔子。”是不然。孙卿迫于乱世，鰌于严刑[1]，上无贤主，下遇暴秦，礼义不行，教化不成，仁者绌约，天下冥冥，行全刺之，诸侯大倾。当是时也，知者不得虑，能者不得治，贤者不得使，故君上蔽而无睹，贤人距而不受。然则孙卿怀将圣之心[2]，蒙佯狂之色，视天下以愚[3]。《诗》曰：“既明且哲，以保其身。”[4]此之谓也。是其所以名声不白，徒与不众，光辉不博也。今之学者，得孙卿之遗言余教，足以为天下法式表仪，所存者神，所过者化。观其善行，孔子弗过，世不详察，云非圣人，奈何！天下不治，孙卿不遇时也。德若尧、禹，世少知之；方术不用，为人所疑。其知至明，循道正行，足以为纪纲。呜呼！贤哉！宜为帝王。天地不知，善桀、纣，杀贤良，比干剖心，孔子拘匡，接舆避世[5]，箕子佯狂，田常为乱[6]，阖闾擅强。为恶得福，善者有殃。今为说者又不察其实，乃信其名。时世不同，誉何由生？不得为政，功安能成？志修德厚，孰谓不贤乎！

〔**注释**〕 ① 鰌(qiū 秋)：迫。 ② 将圣：大圣。 ③ 视：通“示”。 ④“《诗》曰”句：见《诗经·大雅·烝民》。 ⑤ 接舆：春秋时楚国人，佯狂避世。 ⑥ 田常：即田成子，也作田恒、陈成子，春秋时齐国大臣，公元前 481 年，他杀死齐简公，拥立齐平公，任相国摄政。

【鉴赏】 有人说：“历史是一面镜子，能够清晰地照出过往岁月的成败得失。”又有人说：“历史是一个小姑娘，任由后人将其打扮。”读完此篇《尧问》，也令人不禁思考，当初这些故事是以怎样的原貌进入作者的叙述中的呢？是确有其事的史实，还是道听途说的传闻？今天也许很难真正找到答案。然而有一点是肯定的，这些故事既然是门人对于荀子言语的记载，那么无论其间到底有多少真实的成分，却必然经常为荀子所提到。因此，细细体会事件背后所隐藏的微言大义，方可感受荀子志之所在。

荀子一生，“名声不白，徒与不众，光辉不博”，在稷下学宫里参与百家争鸣，看似热闹，内心却充满深深的孤独和失落。因为在这里，纵横之术、法家之术为众人所追捧，而先王的道德、儒家的学说却乏人问津。然而荀子并没有因此放弃对治国之道的思考。每当想到前代的各种典故，圣人的语言便不停地回荡于耳际：“执一无失，行微无怠，忠信无倦，而天下自来。执一如天地，行微如日月，忠诚盛于内，贲于外，形于四海。天下其在一隅邪！夫有何足致也？”原来圣人并非没有困乏忧愁的时候，只是他即使身处困境，也依然谨慎地做好每一件小事，一心一意地忠于政事。虽然自己的抱负暂时不能施展，不妨严于修身，像孔子曾经教诲子贡时说的“为人下者其犹土也”一样，怀着谦卑的胸怀包容世界，在等待转机的同时，看苍生沉浮，觅治世良方。

魏武侯处理政事，得当而独断，当他正为自己的智慧沾沾自喜时，吴起进言道：“诸侯自为得师者王，得友者霸，得疑者存，自为谋而莫己若者亡。”荀子最喜这则典故，不仅是因为最后的结局是魏武侯的“逡巡再拜”，而且在于吴起的这番话与其所述的“王霸”之道相互契合：“人主不可以独也。卿相辅佐，人主之基、杖也，不可不早具也。故人主必将有卿相辅佐足任者然后可。”（《君道》）而周公辨伯禽之优劣一事，显然是选贤取才的典型事例。“彼正身之士，舍贵而为贱，舍富而为贫，舍佚而为劳，颜色黎黑而不失其所，是以天下之纪不息，文章不废也”，不正是孔子所言“隐居以求其志，行义以达其道。吾闻其语矣，未见其人也”（《论语·季氏》）的绝佳注解吗？

本篇的最后一节，是荀子弟子对先生的评价。自秦以后，荀卿之事迹大多湮没，幸得此篇中尚有记叙。至汉武帝时，太史公著《史记·孟子荀卿列传》，于此段评述亦多有借鉴。然而流连于文字之间，观荀子一生辗转，“迫于乱世，鰌于严刑，上无贤主，下遇暴秦，礼义不行，教化不成”，虽然才能不下于圣人，却身隐于闾巷之间，而功业未尝施展，不禁为之怆然。

【名言篇】

学不可以已

学不可以已。青，取之于蓝而青于蓝；冰，水为之而寒于水。木直中绳，𫐓以为轮，其曲中规，虽有槁暴，不复挺者，𫐓使之然也。故木受绳则直，金就砺则利，君子博学而日参省乎已，则知明而行无过矣。(《劝学》)

【鉴赏】 这段话是《劝学》的开篇，它常常作为《荀子》的著名段落被选入中学语文课本进行讲解。若从义理角度来看，它几乎可说是《劝学》篇乃至整部《荀子》中最重要的一段话。战国时期儒家学派的两大传承者，一为战国中叶的孟子，他认为人性本善，只要将人与生俱来的恻隐之心施及大众，就能称为“仁心”，有“仁心”，则人皆可为尧舜；另一位则是战国末的荀子，他提出了人性本恶的观点，认为人天性本能中就有趋利、贪欲、好色之心，如果不加以遏制，则会陷于争夺、残暴、淫乱等等恶行，以至无所不为，而遏制本能、性恶之法，就在于学习不辍，即通过礼义辞让的教化，使人归于文治，成为良民；更进一步，博学知耻，过而能改，智慧通达，行事几无过错，则能称为君子；再进一步，由自身修养惠及家庭，使亲友和睦，乃至治国安邦，平定天下，则是儒者的最高境界“圣人”。在荀子的认识中，以上这三种层次，都不能脱离“学不可以已”这条路，他说：“真积力久则入，学至乎没而后止也。故学数有终，若其义则不可须臾舍也。为之，人也；舍之，禽兽也。”(《劝学》)人与禽兽的区别，就在于能否坚持不懈地学习，通过礼义的教化来克制自己的本能私欲。青出于蓝而胜于蓝，冰由水形成却比水冰冷，自然之木天生笔直，可与绳相适应，若以人力弯曲为轮，曲度也能与规相适应，即使槁暴枯干，也不再变直。荀子举出这些例子，都是为了说明人的材质如何虽与先天因素不无关系，但更主要的则是由其后天所处环境与经历来决定的。荀子在《性恶》篇中有一段相似的话："故枸木必将待檃栝烝矫然后直，钝金必将待砻厉然后利。"人之一生譬如木金，受绳则直，就砺则利，博学而不厌倦，知明而无过错，最终就能获得成功的人生。古今中外，通过坚持刻苦学习从而改变人生的事例比比皆是，荀子的这一段话无论放在哪个时代，都有着其积极的意义。

不知天高地厚

不登高山，不知天之高也；不临深谿，不知地之厚也；不闻先王之遗言，不知学问之大也。（《劝学》）

【鉴赏】 在《庄子·秋水》中有一个"望洋兴叹"的寓言：黄河之神河伯见百川融汇于自身，泾流庞大，两岸之间，无法互相分辨景物，于是欣欣然以为天下美景都在自己这里，顺流而东，到了北海，一望天际，不见水端，才醒悟到自己实是井底之蛙，未见大道，有所叹悟。北海之神若因此才说它"可与语大理矣"。意为可以对河伯谈论大道了。这段"望洋兴叹"的寓言旨意与荀子所发"不知天高地厚"之论非常相似，但庄子更注重发挥天人合一的哲理，荀子则是诚恳笃实，谆谆教诲，说明上古圣贤的学问广博无尽，普通大众若不去聆听和效法先王遗言，则永远无法认识到他们与君子圣人间的差距，不会追求进步，提高自身修养，自然也永远无法获得真正的智慧与大德了。颜回称赞孔子"仰之弥高，钻之弥坚"（《论语·子罕》），这正是德行修养达到了一定境界才能发出的感叹。我们常说"无知者无畏"，在一定意义上也与此有所关联——若将人所掌握的知识视作一个圆，圆内是其已知，知识多少由圆的大小来决定，而圆外则是其未知的世界，那么人所掌握的知识越多，就会明白他所未知的也越多，未知越多，则敬畏之心由此而生，人若无所知，则无所敬畏、无所不为，荀子所说的“不闻先王之遗言，不知学问之大也”，或许也是为那些无所畏惧、不事学问、鄙陋浅寡却好“清谈高论”的小人所发。有鉴于荀子此语，我们应抱着对于未知的敬畏之情求学求知，即使不求能达到儒家君子圣人立德立言、教化天下的境界，也求能在人生道路上消虑解惑，以一种更为谦恭诚恳的姿态行至远方。

权利不能倾

权利不能倾也，群众不能移也，天下不能荡也。生乎由是，死乎由是，夫是之谓德操。（《劝学》）

【鉴赏】 这几句行文近似《孟子·滕文公下》：“富贵不能淫，贫贱不能移，威武不能屈，此之谓大丈夫。”孟子所谓不淫、不移、不屈的“大丈夫之道”，实际也与荀子所说的“君子之德操”相去不远。但凡学习者有所学即有所获，日积月累，学习心得转化为坚定不移的意志与信念，且无论死生富贵，它们在学者日常言行思想中都会得以贯彻不辍，这即是荀子“君子德操”之义。这种因学习所得，发自内心而施于外界的“德操”，不会被威权禄利倾覆；不会人云亦云，因受群体意志所迫而转移；不会因天下局势激荡而放弃信念。士君子在乐生达观时能安守其志，而至燕巢危幕、死生存亡之刻亦须臾不离本志，这也是孟子提出的不因富贵贫贱而改变，不因暴力而屈服的“大丈夫之道”。孔子云：“君子无终食之间违仁，造次必于是，颠沛必于是。”（《论语·里仁》）“唯上知与下愚不移。”（《论语·阳货》）孟子云：“虽千万人吾往矣。”（《孟子·公孙丑上》）都蕴含着这个道理。胡适在1932年写给毕业生的信中说，学生毕业之后无论选择什么道路发展，都不能没有堕落的危险，总括起来约有两大类，“第一是容易抛弃学生时代求知识的欲望”，“第二是容易抛弃学生时代理想的人生的追求”，踏入社会后人们从事的工作常常学非所用，甚至所学全无用处，即使初始尚有一部分人能坚持求知求学，但更多则屈服于现实生存环境的压力，在社会中渐渐变得庸碌，放弃了自己曾经拥有的旺盛求知欲，转而为追逐世俗物欲了。另一方面，年轻学子怀揣着满腔热情与希望投身于社会，慢慢意识到理想与冷酷现实间的差距，棱角渐被磨平，锐气渐被消解殆尽，青年时代的梦想抱负，也往往在周遭众人的言行引导之下转移了初始的方向，最终被这洪炉所泯灭。荀子在这里对于“君子德操”不倾、不移、不荡的论断，或许也正为这种情况所发。今之视昔，或许亦正犹后之视今，愿我们在对志向、理想、信念等美好事物与情感心生迷茫的时候，多多念及荀子此语，无论贫贱窘迫加身，威权禄利外诱，世俗所趋，暴力所迫，都能坚守自己的“德操”，死生由是，不倾不移。孔子有云：“天下有道，丘不与易也。”谨以此共勉。

由礼则雅

容貌、态度、进退、趋行，由礼则雅，不由礼则夷固僻违，庸众而野。(《修身》)

【鉴赏】 这句名言的大意是说，人的修身，必须时时刻刻以“礼”为准则，如果不由“礼”，不是目中无人、狂妄自大，就是孤陋寡闻、庸俗不堪。

《说文》曰：“礼，履也。所以事神致福也。”段注曰：“履，足所依也。引申之凡所依皆曰履。”“礼”本是原始巫术图腾文明的产物。中国文明的可贵处在于，“把本来是维系氏族社会的图腾歌舞、巫术礼仪，转化为自觉人性和心理本体的建设。”(李泽厚《华夏美学》)所以孔子才会说：“克己复礼，天下归仁焉。”在孔子那里，“礼”已经被提到了本体的高度，成为了一种普遍的宇宙生命节律。

但在荀子这里，情况又发生了变化。“同样是所谓‘修身’，与孟子大讲‘仁义’偏重内在心理的发掘不同，荀子重新强调了外在规范的约束。”（李泽厚《中国古代思想史论》）荀子的“礼”，更接近“履”的本义。但其目的，显然已经不是“事神致福”，而是成为一种人间的社会规范。

于是，由原始图腾文明的“事神致福”的“礼”，经由孔孟偏重内在体验的“礼”，再到荀子的社会规范意义上的“礼”，“礼”之一字的含义，走过了一个否定之否定的“之”字形的路。我们现在所理解的“礼”、“礼教”的含义，终于在荀子这里成形了。

毫无疑问，这种社会规范意义上的“礼”，对于稳定文明秩序是起着极其重要作用的。“礼，经国家，定社稷，序民人。”（《左传·隐公十一年》）倘若没有“礼”，大到一个国家，小到一个个人，任何事业都将无从谈起。

今天的社会，所缺乏的正是这种“礼”。改革开放以来，人民致富的积极性已被充分调动起来了。这种“兴于诗”的豪情，正是实现中华民族伟大复兴所必需的。可是三十年后，当这种豪情冷静下来，我们发现，我们已变得不是“夷固僻违”，就是“庸众而野”。中国人曾经的那种彬彬君子的风度、那种分寸感正在慢慢消失。这样，“立于礼”就要被提上日程了。“礼”，可以使一个国家、一个人的豪情不至于盲目，可以使生命得到理性的指导，实现合目的性与合规律性的统一，从而最终达到“成于乐”的生命的最高境界。

这正是荀子“礼”论在当下的意义。

人无礼则不生，事无礼则不成，国家无礼则不宁

人无礼则不生，事无礼则不成，国家无礼则不宁。（《修身》）

【鉴赏】 “礼”之一字，在先秦儒家典籍中多有涉及。孔子说：“不学

礼，无以立。”有子说：“礼之用，和为贵……有所不行，知和而和，不以礼节之，亦不可行也。”孟子则说：“辞让之心，礼之端也。”其义或为“礼法”，或为“礼节”，或作“秩序制度”，或作“和谐节制”，在不同场合下义理也各有不同。

荀子认为人在日常生活中的一切行为，包括衣食、起居、出行等都应依礼而行，依礼而节，否则便会使身躯不适染病，生命不得安乐。举例而言，《荀子·大略》篇中载：“霜降逆女，冰泮杀内，十日一御。”古代男子娶妻时“请期”、“亲迎”的日期是由礼制严格规定的，更甚者，礼对婚后的男女之性、床笫之事，同样有所限定——“十日一御”，这种礼制不是对人性的压抑迫害，而是为了体现“君子节于内”的道理。若人于房事不依礼节制，则容易纵欲从而导致百病遍体横生，生命自然就不得安乐了。庄子说：“衽席之上，饮食之间，而不知为之戒者，过也。”同样是这个道理。至于人在社会交往行为中的态度、言谈、举止亦须通过礼来约束引导，不然就会陷入进退失据、邪僻野蛮的地步。当这些循礼之人由个体汇聚为族群，乃至形成国家这个整体后，私人之“礼”就转化成公众之“礼”，即整个国家的秩序与制度，大众社会生活中所必须依守的共通的行事准则。若国家没有礼治，就会使人无差等区别，各争所欲，最终就会让国家动荡不宁，人民无所适从。荀子在《礼论》篇中对“礼”有过明确论述，他说：“礼起于何也？曰：人生而有欲，欲而不得，则不能无求；求而无度量分界，则不能不争；争则乱，乱则穷。先王恶其乱也，故制礼义以分之，以养人之欲，给人之求。”“故礼者，养也。君子既得其养，又好其别。曷谓别？曰：贵贱有等，长幼有差，贫富轻重皆有称者也。”这种不同阶层之间的差等区别，就是“礼”在先秦生活中的实际体现。《论语·八佾》中记载：“孔子谓季氏：‘八佾舞于庭，是可忍也，孰不可忍也？’”又“三家者以《雍》彻，子曰：‘相维辟公，天子穆穆，奚取于三家之堂？’”鲁国大夫在观舞与宗庙祭祀中都用了不属于自己本分的天子之礼，其僭窃之罪，既体现了春秋末鲁国国政旁落、国力卑下的情况，也为战国天下纷乱之世现出了一丝征兆。

现代社会虽然已经摆脱了古代社会森严的等级制度，压迫人性、歧视人权的礼法制度也逐渐消失于历史长河之中，但仍有一些旧的“礼制”需要我们传承下去。荀子所提出的“故人无礼则不生，事无礼则不成，国家无礼则不宁”，在如今这个时代的意义，应当更侧重于依礼节制养生，以及遵循于人伦长幼之序上，一则以使自己的生命、身体获得安适，二则如孟子所说，当以辞让之心为“礼”之发端。若我们在生活中多以孝亲、尊师、爱幼作为自己的行事准则，那在这物欲横流的浮躁且淡漠的社会中，也能多寻得一丝关怀与安慰吧。

〖多闻曰博，多见曰闲〗

多闻曰博，少闻曰浅；多见曰闲，少见曰陋。（《修身》）

【鉴赏】 古代社会的信息传递能力极其低下，掌握知识的途径除了向贤师求教学习，阅读典籍效法古人之外，最根本的就是依靠自身的社会经历，多听多看，乃至多思多想，通过自己的阅历与识见获得新的知识与技能。《论语·为政》载：“子张学干禄。子曰：‘多闻阙疑，慎言其余，则寡尤；多见阙殆，慎行其余，则寡悔。言寡尤，行寡悔，禄在其中矣。’”又《论语·述而》载：“子曰：‘盖有不知而作之者，我无是也。多闻，择其善者而从之；多见而识之；知之次也。’”孔子在日常生活与国家政事中都强调要多闻多见，以此消除疑虑与危机，掌握知识与技能。这即是常言所谓“读万卷书，行万里路”，在阅读典籍之外，生活经历中的所闻所见亦是对自身知识的重大补充与实践凝练。孔子又曾提出“益者三友”的概念，而“友多闻”这一条，正被他列入其中。荀子说“多闻曰博，少闻曰浅；多见曰闲，少见曰陋”，就是表明了他对“闻见”这一行为的重视态度。博，意为广博，多闻之人能以所听闻之事与自己所学所知相互启发参证，引起思索，以广博的信息、知识消除自己的疑惑与忧虑。孔子说“言寡尤”，就是指能避免罪患从外部加至自身。闲,指娴熟,多见所行之事就能对此娴熟了解,从而行事感觉宽大舒泰,毫不迫遽。与闲博相反,浅即谓浅薄、肤浅,陋即指鄙陋、寡陋,我们若说某人“浅陋”,就是批评他“少闻少见”的缺点,故而“浅薄”一词也能算作是“孤陋寡闻”这一成语的注解了。古人多将“孝悌”与“闲博”二词对举,前者是儒家强调的“为仁”之本,而后者经孔子提出,又由荀子强调后发扬光大,亦能称作“为学”之本,这两者互相影响,是古代君子修身处世的根基所在。今人处于信息爆炸的时代,获取信息、知识对我们而言不再是困难,然而“多闻多见”的要求却显得更为迫切,因为所知愈远,未知弥多,我们所需认识的世界与古人相比,更为广袤未知,对自身识见与技能的要求也变得更高。我们处于当下飞速发展的社会中,最为急切的要求之一,或许就是在无比纷杂繁冗的信息海洋里挑选和获取个人所必需的知识吧。荀子提出“多闻多见”的学习方法与要求,自古以来便是人们立身行世的金玉良言。

志意修则骄富贵

志意修则骄富贵,道义重则轻王公,内省而外物轻矣。(《修身》)

【鉴赏】 王侯公卿多为人所敬畏,富与贵多为人所欲求,凡此爵禄财富,皆为身外之物,君子多淡然处之。荀子说,意志修立就可傲视富贵;以道义为己任,自身气势厚重,则可以轻视王侯公卿;内心不断自省,外物就都微不足道了。孔子云:“不义而富且贵,于我如浮云。”(《论语·述而》)孟子说:“古之贤士何独不然?乐其道而忘人之势,故王公不致敬尽礼则不得亟见之。”(《孟子·尽心上》)庄子曰:“物物而不物于物。”(《庄子·山木》)荀子曰:“君子役物,小人役于物。”(《荀子·修身》)皆是一理。饱学君子专注于提高自身的修养，意志坚定，信念不移，以学习与存养的浩然之气提升自己的气质，他们明白自己真正的追求在于心灵修养的完美与安适，所以美色、天籁、富贵、权势这些外物都无法进入他们的视野与心胸。古时豪侠文士，墨客骚人，多因情系山水、避世隐遁，不应王侯公卿征辟的雅事流传于今。晋陶渊明因为“不愿为五斗米折腰”而成了千古第一文人隐士，唐代杜甫《饮中八仙歌》称赞李白“天子呼来不上船，自称臣是酒中仙”，宋代词人柳永浪迹俗世，寄兴青楼，也曾歌“忍把浮名，换了浅斟低唱”，他们不同于慕仙访道的修炼导引之士，而是真正把胸中才学、信念志向作为自己立身处世的根基，不羡外物，不为世事所移，自然也就能骄视富贵，傲视王侯。现代社会虽然不如封建社会一般等级森严，但阶层差异也依然存在，一般人面对高官富商亦不免愦愦然自处卑下，荀子的这段话用在这里，一方面能使人们觉悟到“人人平等”的思想意义，而更为重要的则是指导人们专注于提高自身修养，不推崇权势富贵，不泥于营求外物，不被外物束缚自己的精神，从而得到心灵的安适与豁达，以“君子大丈夫”的身份屹立于世间。孔子曰：“衣敝缊袍，与衣狐貉者立，而不耻者，其由也与！”子路身着旧衣与穿着狐裘的人站在一起也不会感到羞愧，只因他一心进于道，更重视自身修养与志向，不以外物富贵动摇己心。《论语·子罕》中的这段记载，正可为荀子此语作结。

君子唯其当之为贵

君子行不贵苟难，说不贵苟察，名不贵苟传，唯其当之为贵。（《不苟》）

【鉴赏】 《诗·小雅·鱼丽》云：“物其有矣，唯其时矣。”君子所崇尚的行为、言语、名望，都须与自身所处时代潮流相适应，并且与自己的志向操守相契合，如若不然，则不取也。荀子认为，殷商时申徒狄恨道不行而负石投河，可称坚贞之士；战国时名家学派提出卵有毛、鸡三足、火不热、白马非马等命题，竞相诡辩争论，谈说无穷，可称善辩之人；夏商二代的暴君桀、纣，名声昭如日月，能与五帝并而传世。这些人的行为、言语、名望都是一般人难以企及的，但儒家君子却一无所取，不以其为贵，只因为它们不合于礼义，不合于自己的志向操守。以此反观今之社会，多有人为求出名而搏出位，以至无所不言、无所不为，口称思想自由、个性解放，实为名声利益而四下奔走、八方喧嚷，使得其自身与其支持者陷入深层的躁狂状态之中无法自拔，"X姐"、"X哥"、"X门"东西跳梁、肆无忌惮，这些现象对提高国民文化素质、改善社会精神风尚实有百害而无一利，若让它们成为中国文化的主流，则中华民族实无未来与希望可言。愿当事者得见荀子此语，勤加改励，避免老来悔恨，遗患子孙；又希冀那些现象的支持者们能以荀子此语反省自身，坚定操守志向，不被歪门邪径与不良的社会风气所影响。

君子絜其辩而同焉者合，善其言而类焉者应

君子絜其辩而同焉者合矣，善其言而类焉者应矣。故马鸣而马应之，非知也，其势然也。故新浴者振其衣，新沐者弹其冠，人之情也。其谁能以己之潐潐，受人之掝掝者哉！(《不苟》)

【鉴赏】《易·乾卦·文言》："子曰：同声相应，同气相求；水流湿，火就燥，云从龙，风从虎；圣人作而万物睹；本乎天者亲上，本乎地者亲下，则各从其类也。"此盖为荀子所本。《易·系辞上》又有"方以类聚，物以群

分”，今人俗语“物以类聚，人以群分”，亦本于此。而《楚辞·渔父》亦有“屈原曰：‘吾闻之：新沐者必弹冠，新浴者必振衣。安能以身之察察受物之汶汶者乎？’”几与《荀子》此语相同。现代人在洗浴之后会换上新衣，并且小心翼翼，不使衣物沾染到污渍，这种生活习惯与古人有类似之处，而在立身处世这一方面，也是与此相同。若人操志高洁，言行至清，则会进而思贤，退而自省，必不会趋于流俗，与一些恶言恶行同流合污。荀子的详细生平，如今已不可考，而屈原怀石沉江的传说，多为后人津津乐道，在“洁身自好”这一点上绝对能当上“絜辩而同”、“善言而同”、“同声同气”这些评价，成为与荀子志向操守相近、相契的道友。二人通过各自言行所树立的高洁形象在当时便已昭若日月，巍如玉山，且遥遥映照于千古之后，依然皓耀鲜洁，不染尘垢，成为历代儒者君子的典范表率，文人学士的倾慕对象。今人见得荀子此语，或当怀想屈子《离骚》、《橘颂》之篇，倾之慕之，嗟之叹之！

义之所在，是士君子之勇

有狗彘之勇者，有贾盗之勇者，有小人之勇者，有士君子之勇者：争饮食，无廉耻，不知是非，不辟死伤，不畏众强，恈恈然唯利饮食之见，是狗彘之勇也。为事利，争货财，无辞让，果敢而振，猛贪而戾，恈恈然唯利之见，是贾盗之勇也。轻死而暴，是小人之勇也。义之所在，不倾于权，不顾其利，举国而与之不为改视，重死持义而不桡，是士君子之勇也。（《荣辱》）

【鉴赏】 这是说“勇”，其实还是在说“义”。

《说文》：“勇，气也。从力甬声。……古文勇从心。”段注：“气之所至，力亦至焉。心之所至，气乃至焉。故古文勇从心。”这是说，虽然“勇”是一种“气”，但真正的“勇”，还得在“心”上找动力。“匹夫之勇”和“士君子之勇”的区别正在此。匹夫以“气”为主，气之所至，勇即随之。士君子“以志帅气”，“自反而不缩，虽褐宽博，吾不惴焉；自反而缩，虽千万人，吾往矣。”（《孟子·公孙丑上》）

正因为士君子之勇有这样的特色，所以荀子为这种“勇”加了个前提：“义之所在”。做到这种勇，主体必须有“集义”（《孟子·公孙丑上》）的功夫。“义”需要我“勇”，我便“勇”；“义”不需要我“勇”，我便不动。是之谓“义勇”。

真正做到这种义勇，是很不容易的。匹夫临难，浊气一升，“我跟你拼了”，这不难。但如果面对的是深入骨髓的某种观念呢？你还有“勇气”为了“义”而破除它么？当年岳飞朱仙镇大捷，正待直捣黄龙、恢复河山之时，接连收到了宋高宗的十二道金牌。此时的“义”，显然应该是“将在外，君命有所不受”的。但岳飞破除不了忠君观念，违心地撤了兵。这就不能说是“义”了。不“义”即是逆“天”，而“获罪于天，无可祷也”（《论语·八佾》）。

张居正则刚好相反。张居正在历史上的名声实在不是太好。但就是这个名声不好的人，可以打破“君为臣纲”的教条，将皇帝玩弄于股掌之上，也可以不管什么“君子小人”之防，与宦官结成统一战线，从而凭借其强力手腕，力行改革，为风雨飘摇的大明王朝延续了数十年的国运。这便是“义勇”。这种“义勇”，至其大处，实在可以颠倒乾坤。

今天我们的国歌，正叫做《义勇军进行曲》。任何一个中国人在唱这首歌的时候，都会感到心中升起的无限勇气。但唱完之后，我们是不是可以追问一下，这种勇气背后的“义”呢？只有“义”与“勇”合一，才能产生真正的力量。

先义而后利者荣，先利而后义者辱

荣辱之大分，安危利害之常体：先义而后利者荣，先利而后义者辱；荣者常通，辱者常穷；通者常制人，穷者常制于人。（《荣辱》）

【鉴赏】 大分，最大分界。常体，通常的体现。

这是讲荣辱与义利的关系以及由此而来的处世之道。荀子并不如汉儒一样否定利："正其义不谋其利，明其道不计其功"（《汉书·董仲舒传》），而是让人注意两者的实现顺序：以"义"为出发点，利自然在其中；以"利"为出发点，不但得不到利，还会受辱。

那么，什么是义，什么是利，两者的区别在何处？

"义"的繁体字为"義"。《说文》："义，己之威仪也。"段注："古者威仪字作义。今仁义字用之。……威义古分言之者……威义连文不分者，则随处而是。……义之本训谓礼容各得其宜。礼容得宜则善矣。""这意味着，'义'的本意是指在巫术——祭祀的礼仪活动中行为、举止、容貌、语言的适当、合度"（李泽厚《说"巫史传统"补》）——宜。

中国古代虽说有各种各样的祭祀，但无论祭祀形式有多么不同，最核心的还是"心祭"。孔子曰："吾不与祭，如不祭。"（《论语·八佾》）便是强调这种"心祭"的重要性。"心祭"必"尚德"，而这个"德"，并非指个人的道德，而是"天意"、"道意"的显现。中国文化"道"、"德"连用，就是说，孤立的个人无所谓德不德，只有"道"本身才有真正的"德"。这个"德"，随时、随地、随事、随心而显，无标准、无规则、无定义，只看"当"与"不当"。所以，"义"的本义是"宜"。

那么利呢?《易·乾卦》曰:“利者,义之和也。”又曰:“利物足以和义。”“和,相应也。”(《说文》)我与天之德相应,我当然有德。有德之人,必得。义(宜)中可以有利,也可能无利,终是大利于我。因为“天”、“道”不可能不利于“我”。说到底还是一个“宜”。

但是,和世间的任何事物一样,一旦某种“义(宜)”反复出现之后,其内容必然被抽空,而形式被保留下来,从而发展成一个新事物。对这种新事物的认定,就成了一种新的“利”。而当新的“义(宜)”出现时,这旧的“义(宜)”反而会起阻碍作用了。当年改革开放时就是如此。如果依传统的社会主义理论,改革开放简直就是“见利忘义”。大力发展生产,搞市场经济,这不是典型的“求利”么?可三十年下来,事实证明,这“求利”,恰恰就是当年的“义(宜)”。

“义利之辨”,有时候是不能那么僵化的。

今天,我们又走到一个“义利之辨”的关口。今天的“义(宜)”是什么?这恐怕依然是要“摸着石头过河”的。但不管怎样,我们总该记住两千年前荀子的告诫:“先义而后利者荣,先利而后义者辱”,“荣者常通,辱者常穷”。只有这样,这一路上的关口,才能从容地迈过去。

君子耻不修,不耻见污

君子耻不修,不耻见污;耻不信,不耻不见信;耻不能,不耻不见用。是以不诱于誉,不恐于诽,率道而行,端然正己,不为物倾侧,夫是之谓诚君子。(《非十二子》)

【鉴赏】 这是荀子的“耻”论。

应该说,儒家是很看重“耻”的。“好学近乎知,力行近乎仁,知耻近乎勇。”(《礼记·中庸》)“恭近于礼,远耻辱也。”(《论语·学而》)“道之以政,齐之以刑,民免而无耻;道之以德,齐之以礼,有耻且格。”(《论语·为政》)“声闻过情,君子耻之。”(《孟子·离娄下》)“人不可以无耻,无耻之耻,无耻矣。”(《孟子·尽心上》)这样谈“耻”的言论在儒家经典中几乎俯拾即是。

那么,究竟什么是耻?耻,应该是内心深处升起的一种羞辱感。“见污”、“不见信”、“不见用”,在荀子那个时代便是很常见的三种“耻”。那时一个人如果能将这三种“耻”铭记在心,应该说已经很难得了,“知耻近乎勇”。

可真正的君子所“耻”之处却并不在此。与“见污”、“不见信”、“不见用”这些外在的际遇相对,君子所“耻”的“不修”、“不信”、“不能”更偏向于内在的心理体验。以内在的心理体验为本,视外在的人生际遇为末;耻不能秉持这个内在的“本”,而不耻能否因此而获得外在的“末”,这便是孔门的“内省不疚”(《论语·颜渊》)。

但这并不是说,君子就应该如《汉书·董仲舒传》所说的“正其谊不谋其利,明其道不计其功”,不管外在的功利。对真正的君子而言,任何外相变动,都不能干扰心中的大局(“不诱于誉,不恐于诽”)。正如围棋国手,每下一子,都要全盘考虑整个棋局的大势一样,真正的君子亦已在自己平淡的生活中建立了一种生命的“内时空”。每当外相入心,他首先不是对这个外相做简单的价值判断,而是为它在自己生命的“内时空”中找到一个合适的位置。誉也罢,毁也罢,都不会去聚焦,不管它有多么强大,终究会在心中最合适的位置落下。而我只是“率道而行,端然正己”,在这独一无二的国土里做个“观自在菩萨”。

达到这种境界当然是很不容易的。这里真正的难点,还不在于外在的“他誉”、“他毁”,而在于由这“他誉”、“他毁”而引起的“自誉”、“自毁”。“他誉”、“他毁”的力量再强大,毕竟只存在于与人交接的一时,但其引起的“自誉”、“自毁”以及与此相关的种种成见却要萦绕在生活的时时刻刻。这才是真正的“物”,这才是真正的“心中贼”(王阳明语)。面对这万分强大的“心中贼”,你能做到“不为物倾侧”么?

做一名超道德的“诚君子”，实在比做那种恪守道德的道学先生更难。

怎么办呢？孟子曰：“守约。”这个“耻”字毕竟是来自普遍认可的社会规范，为什么不试着转化它，让它成为“内时空”的一部分呢？在这个过程中，先“耻不修”、“耻不信”、“耻不能”，以期最终有资格“不耻见污”、“不耻不见信”、“不耻不见用”。说实在话，倘若没有“耻不修”、“耻不信”、“耻不能”的心理经验，却偏要说着“不耻见污”、“不耻不见信”、“不耻不见用”的话头，这就真的有点“无耻”了。“无耻之耻，无耻矣。”中国文化在宋以后的衰败，正与这种好高骛远的心态有关。

画虎不成反类犬，儒门的向上一路，难学，但中国文化要发展，中国士人要成熟，恐怕也只有这一条路。

可杀而不可使为奸

可贵可贱也，可富可贫也，可杀而不可使为奸也。(《仲尼》)

【鉴赏】 君主制，实在是人类社会发展不得不面对的一种尴尬。人总是要生活在一定的社会群体中的。社会群体必须要有结构秩序。时代越靠前，社会对这种结构秩序的需求就越迫切。这样，总领其事的权威君主的出现就成为必然。具体到中国，小农经济的脆弱性又天然要求这种权威君主以世袭制的方式长期存在。于是，“事君”作为一种义务，就在社群内部长期固定下来了。

不同于欧洲骑士之侍奉领主，日本武士之忠于将军，中国的士大夫除了“事君”之外，还有另一种“事”，那就是“事天”。

中国一向缺乏成型的宗教，但没宗教不代表没信仰。从上古开始，在中国士大夫心中，就一直存在着一个“天”的意识。“天”高于“天子”，这应该是中国士大夫共同的信念。所谓“事君”，实是要以“事君”的外在形式，来行使“事天”的实质内容。

但如同任何事物一样，形式与内容往往要产生冲突。如果每个“天子”都能够做到“小心翼翼，昭事上帝”(《诗经·大雅·大明》)，那大家自然可以心甘情愿地“媚于天子”(《诗经·大雅·卷阿》)。可如果“天子”逆“天”而行呢？我是遵从“天子”，还是越过“天子”直接去“替天行道”？面对这样的抉择，人往往是要精神分裂的。

到得后来，随着君主集权制的逐步确立，中国人精神世界里的宗教感也越来越淡薄，所谓“事君”和“事天”，也就渐渐地不再有什么区别了。“事君以事天”变成了“事君即事天”。古老的“事天”，不再具有形上感，而成了一种微妙的用心艺术。对于这样一种艺术，描述得比较细致的是荀子，他说：

> 主尊贵之，则恭敬而僔；主信爱之，则谨慎而嗛；主专任之，则拘守而详；主安近之，则慎比而不邪；主疏远之，则全一而不倍；主损绌之，则恐惧而不怨。贵而不为夸，信而不处谦，任重而不敢专，财利至则善而不及也，必将尽辞让之义然后受。福事至则和而理，祸事至则静而理。富则施广，贫则用节，可贵可贱也，可富可贫也，可杀而不可使为奸也。是持宠处位终身不厌之术也。(《仲尼》)

这好像是在向人传授“事君指南”。其实不然。这是在说“事君”，但也是在说“事天”。只是这种“事天”与“事君”高度重合，只有在其道德底线“可杀而不可使为奸”那里，才依稀透出一点古老的“事天”本色。

儒家的“天人合一”，到此可以说走到了尽头。

真正的“事天”，必须摆脱“事君”的枷锁，如庄子那样，挥斥八极，独与天地精神相往来。这在过去，只有“跳出三界外，不在五行中”的修行人能够做到，而在封建君主制业已废除的今天，则应该可以普遍地实现了。

闻之不若见之，见之不若知之，知之不若行之

不闻不若闻之，闻之不若见之，见之不若知之，知之不若行之，学至于行之而止矣。……故闻之而不见，虽博必谬；见之而不知，虽识必妄；知之而不行，虽敦必困。不闻不见，则虽当，非仁也，其道百举而百陷也。（《儒效》）

【鉴赏】 知行关系，一直是中国哲学史上的重要问题。从先秦开始，哲学家对于知与行之先后、轻重、难易，各有所论述。孔子认为有“生而知之者”、“学而知之者”和“困而学之者”（《论语·季氏》）。老子则“不行而知”，“不出户，知天下”（《老子》四十七章）。墨子把认识的来源归结为“闻之见之”（《墨子·明鬼下》），主张“口言之，身必行之”（《墨子·公孟》）。孟子主张人有“良知”、“良能”（《孟子·尽心上》）。荀子则明确提出“不闻不若闻之，闻之不若见之，见之不若知之，知之不若行之”。两汉以来，思想家们对这个问题亦多有辩难。到了明朝，王阳明以其不世出的“立德”、“立功”、“立言”三不朽的生命实践，总结出了“知行合一”的命题。不过这并没有结束争论。直到近代，这个问题依然被反复讨论着。

一个很简单的知行问题，为什么会被没完没了地讨论呢？“没有调查便没有发言权”、“实践是检验真理的唯一标准”，两句话不就说尽了吗？难道两千年来中国最聪明的头脑，连这一点也悟不到？

看来，这还真不是一个“简单”的问题。这个问题之所以“没那么简单”，关键在于“知”、“行”双方的转换机制上，尤其是“知”转“行”的机制上。

我们每个人每天都处在不停的生命实践中。有实践就有认识，实践

的程度越深，认识也就越准确、越深刻。这就是“行”转“知”。这是生命天然的机制，人人不学而能。难题出在“知”转“行”上面。我们不能事事经历，那么在生命实践中，就必然要大量地借鉴前人的经验。尤其到了当代，媒体异常发达，我们能“直接经验”的东西远远比不上通过媒体了解到的“间接经验”。如何才能让这些“间接经验”最大限度地转化为“直接经验”，至少也降低它的间接性，为我们直接的生命实践服务呢？增加“间接经验”的层次是一个方法，比如任何复杂一点的电器都会配备详细的使用说明书，电脑还会赠送教学光盘。但这是在工具使用领域，在其他生活领域，我们依然面临着一个“由抽象到具体”的问题，比如复杂的人际关系、重大的人生抉择，对此，任何人生格言都只能是参考；如果不巧碰到了互相龃龉的格言，那连参考也谈不上。面对这样的“由抽象到具体”，又该怎么办？一切思辨哲学在这里语塞了。

也许正因为如此，康德才绝望地表示，由抽象到具体，没有已知途径可循。

真的没有途径可循吗？笔者揣测，这里，应该就是中国历代哲人思考的起点了。恐怕只有从这活生生的当下困惑出发，而不是依靠静态的思辨，我们才能真正合于“道”，才能开启一扇扇生命的“众妙之门”（《老子》一章）。

这样，我们也就能明白为什么看似简单的“知行”问题会被中国历代最聪明的人饶有兴致地讨论不休了。

人最为天下贵

水火有气而无生，草木有生而无知，禽兽有知而无义，人有气、有生、有知，亦且有义，故最为天下贵也。力不若牛，走不若马，而牛马为用，何也？曰：人能群，彼不能群也。人何以能群？曰：分。分何以能行？曰：义。故义以分则和，和则一，一则多力，多力则强，强则胜物，故宫室可得而居也。故序四时，裁万物，兼利天下，无它故焉，得之分义也。（《王制》）

【鉴赏】 人是什么（What is human）？这个终极问题，从古至今的一切哲人都在回答。有人说，人是神创造的，是神的奴仆，灵魂可以不朽（如基督教）。也有人认为，人是高级动物，虽然高级，也只是一次性消费，人死如灯灭（如当代盛行的唯物主义）。围绕这两种回答，宗教与科学展开了长期的论战。可以说，当今人类文化的一切冲突，都跟人们在这个问题上的看法不一致有关。

那么，有没有跳出这两种视域的第三种回答呢？

中国儒学大师荀子的“人学”观点就是这第三种回答的代表。他说：“水火有气而无生，草木有生而无知，禽兽有知而无义，人有气、有生、有知，亦且有义，故最为天下贵也。”

不是抽象说什么是人区别于其他事物的“本质属性”，而是用一种发展的观点，来层层导出人的“本质属性”（义）；不是将人看作其他一切事物的对立面，而是将人看作包括了其他事物的一切属性的总和。这，就是中国人独特的生命观——“天人合一”。

落实这“天人合一”，得靠一个“义”字。

何谓“义”？《国语·周语》曰：“义，所以判断事宜也。”朱熹云：“义者，心之制，事之宜也。”（《孟子·梁惠王上》注）是不是“义”，完全不能空谈，必须在事中体现——“必有事焉”（《孟子·公孙丑上》）。实践是检验真理的唯一标准。

由此我们也可以看出，中国的“人学”不从静态的概念出发——无论是肉体（Body）还是神性（Spirit）——去硬性回答“什么是人”（What）这个终极问题，而是要求人在一层层的生命实践——“义”中去体证你怎么

(How)就是一个人的。在这个体证的“过程”中，“什么是人”这个终极问题的答案，会逐渐显现出来。这种答案的显现永远没有终结，主体必须有“终其天年而不中道夭”(《庄子·大宗师》)的气魄，才能领悟得越来越完满，才能充分占有自己的本质。

在今天这个工具理性甚嚣尘上的时代，最迫切的事，莫过于弘扬这种天人一体的生命观。西方那种天人对立的生命观泛滥得太久，造成的危害有目共睹，相形之下，我们这种古老的东方智慧则更胜一筹，在当下应该大有可为。

国危则无乐君，国安则无忧民

国危则无乐君，国安则无忧民。乱则国危，治则国安。今君人者急逐乐而缓治国，岂不过甚矣哉！譬之是由好声色而恬无耳目也，岂不哀哉！(《王霸》)

【鉴赏】 这里是说治国与享乐的关系。荀子认为，君主应该先治国，后享乐，而不应先享乐，后治国。先治国，为国家的一切事业打好物质基础，享乐亦自然随之。如果一开始就纵情享乐，将国事抛在一边，那最终就会导致亡国。

人究竟应不应该享乐？这向来是一个争论不休的问题。对待“乐”的态度一般有三种：纵之，禁之，节之。“节”的态度看起来是最明智的。但是，这个“节”的“度”该怎么把握呢？

中国古人处理这个问题的方法与这三种态度都不一样，既非纵，亦非禁，也不是一般意义上的节(《周易·节卦》：“苦节不可贞。”)。它让“乐”处在其应有的先后次第上，使之与生活中其他“非乐”的部分合为一个整体。这样，就彻底避开了“纵之”(All)、“禁之”(Nothing)、“节之”(Part)的静态争论,从而形成了一种充满辩证意味的实践理性。

虽然这么说,但必须承认,要实现这种理性,在第一阶段,确乎是一个“禁”字(“先苦后甜”,“先天下之忧而忧,后天下之乐而乐”)。忍不住跳过这“禁”的阶段的,是小人,是暗主;能耐心地走完这个阶段的,是智者,是明君。

古时候能走完这个阶段的“明君”并不多。刘邦初入咸阳,见秦宫室珍宝,就产生了“纵之”的念头,亏得有张良谏阻,才将这“急逐乐”的心思收了回来。李世民得天下,也劝臣下不要太放纵,说这不仅是为了老百姓,也为了他们自身及其子孙后代的富贵能够长保。唐玄宗李隆基早年也曾励精图治,可是到了后期却恣意挥霍,最终导致了安史之乱。

爱民者强

爱民者强,不爱民者弱。(《议兵》)

【鉴赏】 这句话出自《荀子·议兵》。荀子和临武君在赵孝成王面前讨论用兵之道,临武君认为天时、地利或是权谋变诈才是用兵要道,荀子反驳说这都不如用仁心使人民归附自己,君臣一心,军民同力,“故仁人之兵聚则成卒,散则成列,延则若莫邪之长刃,婴之者断,兑则若莫邪之利锋,当之者溃,圜居而方止,则若盘石然,触之者角摧”(《议兵》),这样的军队自然战无不胜,所向披靡。

荀子认为国家的强弱取决于很多因素,其中最重要的莫过于爱民与否。

君主用仁心爱护人民,好像汤、武那样,人民自然敬爱他,上下一心,则无坚不摧,“故近者亲其善,远方慕其德,兵不血刃,远迩来服。德盛于此,施及四极”(《议兵》),施行仁义的人必定是爱民的,爱民就会尽其所能让人民安居乐业，那么远近的人民都会拥戴他，即使有战争，也能够达到不战而胜的最高境界；而桀纣这样的暴君，生活奢侈，暴虐无道，不知道怜悯人民。拿殷纣王来说，在其统治的后期，他任意残害人民，百姓和诸侯不堪其苦，渐生离心。就在武王伐纣的过程中，纣王众叛亲离，军队也倒戈相向，反过来帮着武王进攻商朝都城朝歌，正如《孟子·离娄上》所说："桀纣之失天下也，失其民也。失其民者，失其心也。得天下有道，得其民，斯得天下矣。得其民有道，得其心，斯得民矣。"我们今天也会说"得民心者得天下，失民心者失天下"。

《荀子·哀公》记载了孔子的一句话："君者舟也，庶人者水也。水则载舟，水则覆舟；君以此思危，则危将焉而不至矣！"《荀子·王制》也说："庶人安政，然后君子安位。《传》曰：'君者，舟也；庶人者，水也。水则载舟，水则覆舟。'"用水与舟的关系来比喻君与民的关系十分精妙恰当，后来唐代魏徵引此观点用来谏唐太宗："臣又闻古语云：'君，舟也；人，水也。水能载舟，亦能覆舟。'陛下以为可畏，诚如圣旨。"（《贞观政要·论政体》）"怨不在大，可畏惟人；载舟覆舟，所宜深慎。"（《谏太宗十思疏》）唐太宗接受了魏徵的观点并从中悟出了自己的心得："为君之道，必须先存百姓。若损百姓以奉其身，犹割股以啖腹，腹饱而身毙。"并告诫太子说："舟所以比人君，水所以比黎庶，水能载舟，亦能覆舟。"（《自鉴录》）唐太宗吸取了隋亡的教训，深刻地认识到"存百姓"的重要性，他以农为本，积极改善人民的生活，减免徭役，降低赋税，使人民休养生息，自己则厉行节约。唐太宗在位期间，得到了各族人民的拥戴，国力空前强盛，历史上把这段时期称为"贞观之治"。

如果施行暴政，置人民生死于不顾，或是只想着用严令繁刑来压制人民，以为这样就可以钳制人民，巩固自己的王位，那么必定会因为脱离人民而自取灭亡。比如以韩非为代表的法家就主张以"威严之势"统治人民，"严家无悍虏，而慈母有败子"（《韩非子·显学》），认为对人民太仁慈了反而不容易治理，只有严刑重罚才能让人民心生恐惧而顺从统治，并且役使人民无时无度，"君上之于民也，有难则用其死，安平则尽其力"（《韩非子·六反》),在国家有困难的时候,要求人民为国家效命,在和平时期,则要求人民全力劳动以供君主享受,不给人民喘息的机会。秦始皇采用了法家思想,统治残暴,徭役繁重,赋税沉重,思想上实行文化专制主义,焚书坑儒,导致民怨沸腾,最终人民忍无可忍,于是陈胜、吴广揭竿而起,动摇了秦的统治基础,公元前 206 年,刘邦率军抵达咸阳,盛极一时的秦朝灭亡。秦二世而亡,和统治者残酷对待人民不无关系。

民者,国之本也。因此统治者要发展经济,与民休养生息,真诚地爱护人民,使人民安居乐业,民富而后国强。

强本而节用,养备而动时,修道而不贰

强本而节用,则天不能贫;养备而动时,则天不能病;修道而不贰,则天不能祸。故水旱不能使之饥渴,寒暑不能使之疾,袄怪不能使之凶。(《天论》)

【鉴赏】 天人关系是中国古代哲学的一个重要命题。先秦时期,人们认为天和人一样,是有意识的,并主宰着人类的命运。到了荀子这里,天不再是人格神,只是独立于人类社会的自然的存在。而人类不能坐等天地的恩赐,被动地顺应自然,“从天而颂之,孰与制天命而用之?”(《天论》)加强农业生产,生活上勤俭节约,即使是上天也不能使他贫穷;丰衣足食又能顺时而动,那么上天也不能使他生病;专心不二地遵行礼义大道,上天也不能使他遭祸。

《天论》开篇,荀子就提出“天行有常,不为尧存,不为桀亡”。天地的运行遵循着固定的客观规律,不会因为尧的仁义就风调雨顺,也不会因为桀的暴虐就降下灾祸。帝舜时代曾经发生了历时十四年的大洪水,舜派大禹

治水，利用水之就下的自然规律，疏导河流，终于制服洪水，可见只要在顺应自然规律的同时积极发挥人的主观能动性，即使天降灾害也无损于治世的称誉；秦朝大部分时候都是风调雨顺，五谷丰登，粮食储备丰富，全国建立了很多大粮仓，甚至到汉高祖时还在使用这些粮仓储存的粮食，可是秦却二世而亡。由此可见，人类社会的治乱吉凶与天地并没有必然的联系。

荀子反对把一些自然现象诸如流星、日食、地震等和人类社会的兴亡进行一一对应，认为这种附会就是迷信，是不可取的。天有天职，人有人事。“列星随旋，日月递炤，四时代御，阴阳大化，风雨博施，万物各得其和以生，各得其养以成”(《天论》)，这是天职；“强本而节用，养备而动时，修道而不贰”，这是人事。荀子在《天论》中宣称：“故明于天人之分，则可谓至人矣。”宇宙自然有其运行规律，而人类社会自诞生以来也遵循着自己的客观规律，人们应当各司其职、各尽所能。君主用仁义治理国家，抚恤百姓，而百姓各尽其职：农民顺应天时，勤于耕耘；工匠钻研技艺，精益求精；士人辅助君主，励精图治；商人恪守正道，重义轻利。那么即使是旱灾水患，也不能使这个国家贫穷；即使寒暑交替有疾病瘟疫发生，也不会蔓延成灾，使百姓蒙受病痛之苦；即使有怪异的灾难产生，也不会使这个国家和百姓陷入险境。可见，荀子的话至今仍闪耀着思想的光辉。

万物各得其和以生，各得其养以成

列星随旋，日月递炤，四时代御，阴阳大化，风雨博施，万物各得其和以生，各得其养以成。(《天论》)

【鉴赏】 在浩瀚的天空中，众星相随旋转，太阳和月亮轮流将光辉洒向大地，春夏秋冬四季交替着出现。阴阳是古代哲学思想中的一个重要概念，在荀子的时代，阴阳可以指天地、寒暑、晦明、动静等具有对立属性的事物。阴阳的变化产生了丰富的自然现象，比如寒暑变化就有了春夏秋冬，晦明变化产生了白天黑夜，冷热空气交锋形成雨，高低气压碰撞产生风。有了风雨的广施博洒，万物才得以生存发展。

“万物各得其和以生”，那么“和”是一种怎样的状态呢？西周末年的思想家史伯曾提出“和实生物，同则不继”的观点，这里的“和”是指不同的事物互相融合而产生了新的事物，只有单一的事物是无法形成新事物的。荀子的“和”与此相类，比如太阳、地球、月亮按照一定的规律运转而产生了昼夜、四季等自然现象，如果没有日月，地球上就没有昼夜之分，一年中也没有四季的变化，还会有那么丰富的物种吗？当然不会，整个地球将会是一片寂静荒凉。同样道理，如果世界上只有单一性别，万物就无法延续生命。

荀子的“和”还有和谐有序的意思，自然界中的万物都遵循着各自的规律，各司其职，节然有序，世界才能和谐平衡。大海通过水循环给陆地上生物提供淡水，还可以平衡陆地上的温度；森林作为各种生物的栖息地，是一个天然的生物宝藏，并能防止水土流失，维持生态平衡。但今天，由于人类过度开发自然资源，大海受到严重污染，森林被过度砍伐，一切已超出了大自然的承载能力，导致全球气候的恶化和反常，雪灾、旱涝等自然灾害交替出现，大自然不再按照原本的规律运行，人类饱受破坏生态环境所带来的恶果，这是生态环境的失和。我们再来回味荀子的“万物各得其和以生”这句话，就能明白尊重自然规律，顺时而动，始终对天地自然保持一颗敬畏之心是多么重要了。

“万物各得其养以成”，也就是现在所谓的食物链，俗话说“大鱼吃小鱼，小鱼吃虾米，虾米吃泥巴”。人类和植食性动物是以绿色植物或其子实为食，而绿色植物需要阳光帮助它进行光合作用，还要有适中的温度，雨水的滋润，泥土中的营养，为其传授花粉的蜜蜂，才能开花结果，绿色植物、蜜蜂和人类就构成一条食物链。任何一个环节出了问题，食物链就会遭到破坏，就是不得其养了。

今天我们所说的“和谐”已经不仅仅指自然界，而是涵括了各个方面：人与自然、人与社会、人与人，只有“和而不同”，既不重复别人、人云亦云，也不强求他人与自己一致，只有包容差异，人类才有可能和自然和他人和谐相处，才能永续发展。

天有其时，地有其财，人有其治

天有其时，地有其财，人有其治，夫是之谓能参。舍其所以参而愿其所参，则惑矣。（《天论》）

【鉴赏】 天有其时，这里的天是指自然意义上的“天”——自然界。天上的日月星辰按照一定的规律运行：地球围绕太阳一周为一年，一年中又分成春夏秋冬四时；月亮绕地球一周是一月，一月分为三旬；地球自转一周为一日，一日有二十四小时，这就是天时。先民通过长期的观察和实践，根据太阳在黄道上的运行轨道制定了二十四节气用以指导农业生产，这是顺天时。任何植物都是按照四时顺序即春生夏长秋收冬藏生长的，对于这些规律，我们当然不能改变，只能顺时而动，但也不是说只能被动地接受一切，无所作为，我们可以利用规律，“制天命而用之”。

地有其财，《周易》中提到：“天行健，君子以自强不息”；“地势坤，君子以厚德载物”。大地具有厚实的品德，以宽广的胸怀包容万物、承载万物、孕育万物，一切生物的成长都离不开大地。大地提供给人类食物、矿产、森林等各类自然资源，还有人们栖居的场所。人永远无法离开大地。

天有其时，地有其财，而人治就是顺天时养地财。其实很早以前儒家就已经提出“取物不尽物”、“取物以顺时”等观点。《孟子·梁惠王上》：“不违农时，谷不可胜食也；数罟不入洿池，鱼鳖不可胜食也；斧斤以时入山林，材木不可胜用也。”《荀子·王制》：“草木荣华滋硕之时则斧斤不入山林，不夭其生，不绝其长也……春耕、夏耘、秋收、冬藏四者不失时，故五谷不绝而百姓有余食也；污池、渊沼、川泽谨其时禁，故鱼鳖优多而百姓有余用也；斩伐养长不失其时，故山林不童而百姓有余材也。”

正如《论语·阳货》所说：“四时行焉，百物生焉。”四季变化、寒暑交替是天的职能，承载万物、提供物产是地的职能，而人类的职责就是按照春耕、夏耘、秋收、冬藏的规律顺时而动，合理地取用自然界的资源，我们在获得发展的同时也要让自然界得到永续发展。天地人各司其职，如果人放弃自己的努力，只是盼望着风调雨顺，坐等大地五谷丰登，就会使自己迷惑。如今，我们与自然界的关系非常紧张，无节制地向自然索取，导致生态环境的失衡，这也是因为我们背逆了天时，没有尽自己的职责好好保护资源。荀子的话无疑对今天我们解决人与自然问题，依然有启发作用。

万物为道一偏

万物为道一偏，一物为万物一偏，愚者为一物一偏，而自以为知道，无知也。（《天论》）

【鉴赏】 春秋战国时期，社会正酝酿着一场大变革，思想空前解放。此时私学兴起，打破了当时“学在官府”的限制，不再是只有王公贵族的子弟才有资格接受教育，各阶层的人都有机会接受教育，出现了大量“士”。而当时各诸侯国为了能够一统天下，积极地招贤纳士，希望借着他们的聪明才智增强自己国家的经济、军事等实力。诸侯们厚待士人，使他们衣食充足，创造了宽松的思想、学术氛围。“士”还可以“择良木而栖”，奔走于各个诸侯国之间宣传自己的政治主张。如果与国君不合，便可以潇洒离去，回到家乡，或广收门徒，或著书立说，阐述各自不同的对社会、自然的看法和主张，遂形成了春秋战国特有的“百家争鸣”的繁荣景象。其中影响较大的是儒、道、法、墨、名家，他们提出的有些概念和主张，比如儒家的“仁、义、礼、智、信”，道家的“无为而治”、“祸兮福之所倚，福兮祸之所伏”，墨家的“兼爱”、“非攻”、“尚贤”，法家的“以法治国”、“世异则事异，事异则备变”等，对后世启发很大。

就在各家学派都以自己的学说为正宗时，荀子站出来批评他们是“蔽于一曲而暗于大理”(《解蔽》)，认为世间万物只是大道的一部分，一物只是万物的一部分，而愚笨的人因为知道了一事一物就以为自己掌握了大道的全部，其实这恰恰是无知的表现，诸子的学说也只是大道的一部分。荀子的这些说法，不仅指出了道、法、墨诸家被蒙蔽的地方，对同一学派其他儒者更是进行了毫不留情的批评。

在《解蔽》篇中，荀子给出了解蔽的方法——虚壹而静。他说圣人知道由于认识的片面性而导致蔽塞的危害，故而能将宇宙万物都纳入心中，以道为标准观照万物衡量是非，这样就不会被蒙蔽了。诚然，任何一个人都不可能穷尽事物之理，不免会有认识上的片面和局限，我们应该尽量扩大眼界，拓宽思路，超越自我，融会贯通。“不识庐山真面目，只缘身在此山中”，跳出自以为是的狭隘圈子，我们将会看得更多更远。

人生而有知，知而有志

人生而有知，知而有志。志也者，臧也，然而有所谓虚，不以所已臧害所将受谓之虚。(《解蔽》)

【鉴赏】 人从一生下来就有认识能力，我们的眼睛能看到五色，耳朵能听到五音，嘴巴能品尝五味，我们的五官可以接收外界各种信息并且把这些信息储藏并记忆在自己的心中，然而我们的心仍要保持“虚”的状态，不要先入为主，不因为已有的知识而妨害接纳新的事物。因为虚，所以能藏。虚并非将已有的记忆和知识清空，如果没有大量的知识储备，接受和发现新的知识恐怕只是一句空话。虚不是空，不是什么都没有，而是不要带有主观情感。人有七情六欲，这是与生俱来的，如果带着自己个人的情感去看待外界事物的话，就像戴着有色眼镜一样，就不能看到事物最真实的一面。

荀子说："凡人之患，蔽于一曲而暗于大理。"（《解蔽》）人之所患是由于人们考虑问题片面而造成的。善和恶、始和终、远和近、博和浅、古和今，人往往只看到事物的一面，强调其中的一者而忽视其他。人们极易因为认识的片面性而被蒙蔽，因此荀子主张解人心之蔽，圣人知道由于认识的片面性而导致蔽塞的危害，故而能将宇宙万物都纳入心中，以道为标准观照万物衡量是非，这样就不会被蒙蔽了。那么心如何才能知"道"？曰"虚壹而静"（《解蔽》）。荀子的"虚壹而静"说来自老子的"致虚极，守静笃"，但是两者有本质上的区别。老子的"虚静"说是道家体悟自然的方法，要求人的内心做到空虚和宁静的极致，老子没有给出达到虚静的具体方法，这种体道的方法依靠直觉，是超越认识层面的，是一种难以达到的境界。而荀子具体论述了"虚壹而静"的方法，摒弃了道家玄之又玄的部分，将其化为认识外界事物的一个具体的可行的方法。

在现实生活中，人们往往会因为"私其所积，唯恐闻其恶也；倚其所私，以观异术，唯恐闻其美也"（《解蔽》），骄傲自满就会妨碍接受新知识；心若不专一，"则白黑在前而目不见，雷鼓在侧而耳不闻"；"心，卧则梦，偷则自行，使之则谋"（《解蔽》）。不论是清醒还是在睡梦中，不论是有意识还是无意识，我们的心无时无刻不处在思维活动中，但在认识的过程中，只有静心才会明察。藏和虚、壹和贰、动和静是"虚壹而静"的三对矛盾，荀子认为不必将这三者绝对地对立起来，而是在对立中寻求统一。没有藏，学习的过程就如同猴子掰苞米，最终一无所得；没有虚，就无法接受新的知识。心可以同时容纳很多事情，这样我们才能又快又多地吸收信息，但同时也能集中注意力专心于一件事情，否则我们将一事无成。心静才

能明察，但是一味地苦思冥想，而不付诸实践，那就永远不会成功，正如荀子所说："知之而不行，虽敦必困。"（《解蔽》）

人心譬如槃水，正错而勿动

人心譬如槃水，正错而勿动，则湛浊在下而清明在上，则足以见须眉而察理矣。（《解蔽》）

【鉴赏】 荀子将人心比作装满水的盘子，盘中的水只有在平静清澈的状态下才能照见物体。北宋哲学家邵雍在《观物吟》诗中说道："天下之平，莫若止水。"又说"人心当如止水则定，定则静，静则明"（邵雍《观物外篇》）。苏轼有一首《泛颍》诗，其中说："画船俯明镜，笑问汝为谁？忽然生鳞甲，乱我须与眉。散为百东坡，顷刻复在兹。"东坡泛舟颍河之上，水平如镜，照见自己的倒影，忽然微风拂过水面，影子被吹乱，"散为百东坡"了，写得妙趣横生，但其中自有深意在。人心亦如水面，在没有外在干扰时，可以如实观照事物，一旦被扰乱，失去了宁静之心，就无法明察事物了。

因此荀子认为只有保持人心"正错而勿动"才能正确认识事物，他说，心是权衡是非之具，假如心不正，如何能衡量判断是非？必然会以是为非、以非为是。人心必须正直，不可为外界的种种诱惑所动而失去了内心的澄明平静。如果我们内心被许多欲望所占据，那么心将会失去正确认识、分析、判断事物的作用。我们应该坚持自己心中的道（理想），坚持自己的原则，不为外界的诱惑、内心的欲望所动，以保持心灵的清明状态。只有排除心中的杂念，才有可能专注于某一件事物，内心就能平静，这也就是荀子反复强调的虚壹而静的修养，那样就能达到所谓的"大清明"即心的空明境界。当然我们的心中也无法做到绝对的无一毫杂念，正如水中的湛浊，心中各种杂乱的意识，不可能完全去除，只能让各种意识沉淀下来，使内心纯粹而不杂乱，才能照见宇宙万物之理，正如刘禹锡在《和仆射牛相公寓言二首》中所说："心如止水鉴常明，见尽人间万物情。"

心有征知

心有征知。征知则缘耳而知声可也，缘目而知形可也，然而征知必将待天官之当簿其类然后可也。五官簿之而不知，心征知而无说，则人莫不然谓之不知。(《正名》)

【鉴赏】 心，这片方寸之地，自古以来就被人们当成"神之舍"。在中国传统哲学观念中，心可以认识事物，可以对信息进行加工处理，是人的思维器官。其实明代李时珍就已经提出了"脑为元神之府"的观点，但是人们还是习惯于把心和思维、意识、精神、情感联系起来。

荀子认为，"心者，形之君也，而神明之主也，出令而无所受令"(《解蔽》)。"心也者，道之工宰也。"(《正名》)在他看来，心不仅控制着人的形体和神明，而且还是大道的主宰，是天君，他将心的地位提高到了无以复加的地步。荀子也非常重视心的验证认识作用，正是因为心可以验证认识，才能调动耳目鼻口等各种感官与外界事物接触，比如依靠耳朵就可以辨别各种声音，依靠眼睛就可以辨别各种形状，如果没有心的征知作用，"中心不定，则外物不清"(《解蔽》)，感觉器官就会产生错误的感觉，就像"冥冥而行者，见寝石以为伏虎也，见植林以为后人也"(《解蔽》)，如果不用心，"则白黑在前而目不见，雷鼓在侧而耳不闻"(《解蔽》)。

荀子在强调心的主导作用的同时，也没有轻视感官的作用，认识的第一步就是从感觉开始，如果没有感官接触外界事物而收集到的各种感觉信息，那么心的认识作用就会成为无本之木、无源之水，变得没有意义了。

后人在解读荀子这句话的时候，往往是从认识论的角度来谈论，认为荀子在两千多年前就已经涉及了感觉与思维、感性认识和理性认识等认识论的概念，是难能可贵的。其实这句话的提出是有其特殊的现实背景的。战国时代，社会转型，深刻的社会变革产生了很多新的现象和事物，一时没有名称与之相对应，于是出现了以惠施、公孙龙为代表的专门研究名实问题的名家学派，他们热衷于辩论，擅长逻辑分析，积极地为各种事物“正名”，孔子也曾说过：“名不正，则言不顺；言不顺，则事不成；事不成，则礼乐不兴；礼乐不兴，则刑罚不中；刑罚不中，则民无所措手足。”（《论语·子路》）如果事物没有固定的名称，或者名实不符，必将造成社会的混乱。名家的出发点是好的，但是他们提出的观点如惠施“天与地卑，山与泽平”、公孙龙“白马非马”则流于诡辩，有点玩弄文字游戏的味道了。有感于当时“奇辞起，名实乱，是非之形不明”（《正名》），荀子写下《正名》一文，主张“制名以指实”，以便“明贵贱”、“辨同异”，如果一个事物没有相应的名称，那么人的感官即使接收到信息也不认识，心即使能验证认识也不能说出来，那么人们就会认为他无知了。制定名称是认识的前提，更是实现荀子心目中理想社会的基础。

善言古者必有节于今，善言天者必有征于人

善言古者必有节于今，善言天者必有征于人。凡论者，贵其有辨合，有符验，故坐而言之，起而可设，张而可施行。（《性恶》）

【鉴赏】 荀子说，擅长谈论古代事情的人必定会用今天的事情作为验证。对于荀子思想的研究，一直有着“法先王”和“法后王”之争。其实，

不论是“法先王”还是“法后王”，荀子的落脚点只有一个，那就是当下。荀子在提到先王的时候总是和礼义联系在一起，效法的是先王传下来的“礼”，“法先王”是为了“以古持今”即继承从古代三王流传下来的礼义，并以此来治理现今的社会；“欲观圣王之迹，则于其粲然者矣，后王是也”（《非相》），后王行之有效的制度，同样也是包含了先王的礼义，要想了解先王的礼义之道，只需考察一下后王的制度即可，这就是“以近知远”。两者看似相反，实则殊途同归，其目的都是为了建立荀子心中的理想社会。

擅长谈论天道的人必定会用人事作为验证，说到这里就会有人反驳了，认为荀子在《天论》篇写下的第一句不就说“天行有常，不为尧存，不为桀亡”吗？他认为，作为自然意义上的天有着自己固有的运行规律，自然界诸如流星、陨石、地震等怪异现象和人类社会的治乱是没有必然联系的。在两千多年前科学技术尚不发达的时候，荀子就提出了他的“天人之分”说，可谓是思想超前，但他又说擅长谈论天道的人必定会用人事来验证，将天道人事联系起来，是不是荀子自相矛盾，思想前后不统一呢？答案当然是否定的。天道虽然不能决定人事的变化，但是人在自然界中生存发展，就必须主动地去了解其规律，顺时而动，制天命而用之，以便更好地和自然和谐相处。比如天有四时，人类就根据四时中太阳在黄道上的运行位置制定了二十四节气，按照春耕、夏耘、秋收、冬藏来安排农业生产，才能五谷丰登。

凡是议论，最为宝贵的是所说的话要符合事实，经得起时间的考验。坐着议论，站起身来便可以安排实施，部署起来就可以执行。谈论古代最终要落实到今天，谈论天道最终要落实于人事，也就是议论内容的可操作性，“不闻不若闻之，闻之不若见之，见之不若知之，知之不若行之。”（《儒效》）显然知之而能行才是荀子重点所在。

求贤师而事之，择良友而友之

人虽有性质美而心辩知，必将求贤师而事之，择良友而友

之。(《性恶》)

【鉴赏】 荀子认为:“人之性恶,其善者伪也。”(《性恶》)其实,人的本性如“饥而欲饱,寒而欲暖,劳而欲休”(同上),并无所谓善恶,但若一味顺其性发展则必然会走向恶,而人之所以会表现出善良的一面,都是因为后天学习礼义的结果。荀子这里的“伪”并非“虚伪”的意思,而是作“人为”解。人即使有着优良的禀赋和理解力,也必须寻求贤师而侍奉之,选择良友而亲近之。正因为人性需要以礼义教化来引导,所以荀子特别注重环境的作用,强调学习和选择贤师良友的重要性。《劝学》篇:“君子居必择乡,游必就士,所以防邪僻而近中正也。”环境之于一个人的成长有着非常重要的作用。昔日孟母三迁,为的就是给小孟子创造一个良好的生活学习环境。

那么贤师的标准是什么?荀子认为贤师所应具备的品格中,仅仅学问渊博是不够的,具备知识素养只是一个必要不充分的条件,他认为,有尊严有威信、阅历丰富且可信任、诵读解说经典时善守师说、能够论说精微的知识,这才是贤师应具备的四个最重要的因素。荀子重视的是老师的品德,百育德为先,如果老师的人品有问题,那么如何能成为学生的道德典范呢?

孔子曰:“益者三友,损者三友。友直,友谅,友多闻,益矣。友便辟,友善柔,友便佞,损矣。”(《论语·季氏》)益友并非只是一味地肯定我们,荀子在《修身》篇中说道:“非我而当者,吾师也;是我而当者,吾友也。”恰当的批评和肯定才会让我们成长和进步,言过其实的谄媚之词会蒙蔽我们的心灵,让我们不能正确地认识自己。因此,择师不可不慎也,择友亦不可不慎也。人是群居动物,易于受到他人的影响,容易被环境同化,所谓“蓬生麻中,不扶而直;白沙在涅,与之俱黑”(《劝学》),尤其是在纷繁复杂的现代社会中,选择于自己有益的师友显得至关重要。君子之交淡如水,真正的朋友也许不会在物质上给我们多大的帮助,但他可以给予我们心灵上、精神上的支持，当我们面临选择时，可以给我们建议；当我们面临歧途时，会用有力的臂膀拉我们一把；在我们失意时不离不弃，在我们成功时默默祝福。

“师友者，学问之资也。”(李惺《西沤外集·冰言补》)老师的言传身教，朋友间的互相切磋，都可以增长我们的知识。但是知识技能可以言传，高尚的道德修养却不是光靠语言就能传给学生，贤师在举手投足间即彰显着高世之德，因此“学莫便乎近其人”(《劝学》)，接近并侍奉贤师才是学习的捷径。正如王肃在《孔子家语》中说：“与善人居，如入芝兰之室，久而不闻其香，即与之化矣；与不善人居，如入鲍鱼之肆，久而不闻其臭，亦与之化矣。”

义胜利者为治世，利克义者为乱世

义与利者，人之所两有也。虽尧、舜不能去民之欲利，然而能使其欲利不克其好义也。虽桀、纣亦不能去民之好义，然而能使其好义不胜其欲利也。故义胜利者为治世，利克义者为乱世。(《大略》)

【鉴赏】 义利之辩是中国自古以来备受关注的一个问题。

义即宜，指公正合宜的道理和行为；利是物质利益。义在中国两千多年的封建社会中，一直是居于主导地位的道德价值评判标准，也是人们恪守的行为准则。中华民族历来就是一个尚义的民族：为了报燕太子丹的恩，荆轲慷慨高唱“风萧萧兮易水寒，壮士一去兮不复还”，西渡易水，只身一人深入虎穴刺杀秦王；刘备、关羽、张飞为了拯救百姓于水深火热之中，在桃园结为兄弟，希望共同做出一番事业，一句“不求同年同月同日生，但求同年同月同日死”至今还让人们感叹唏嘘；春秋时晋国忠臣赵盾被奸臣屠岸贾陷害而惨遭灭门，赵氏遗孤被程婴救出，而屠岸贾下令将全国一月至半岁的婴儿全部杀尽，以绝后患，为了保护赵氏遗孤和天下无辜的孩子，程婴决定献出自己的幼子代替赵氏遗孤，这些都是出于义的考虑而放弃个人利益。而利呢？传统的训导是君子不言利，似乎谈及利益就是可耻的，就不是君子了。但如果人人都甘于淡泊，耻于追求利益，个人和社会如何生存？如何发展？

其实即使是圣人孔子也丝毫不讳言他对利的追求：“富而可求也，虽执鞭之士，吾亦为之。”(《论语·述而》)但若是“不义而富且贵，于我如浮云”(同上)。荀子“今人之性，生而有好利焉”(《性恶》)，“好荣恶辱，好利恶害，是君子小人之所同也”(《荣辱》)，也就是说趋利避害之心存在于每个人的心里，与生俱来，即使是尧舜这样的仁人统治天下，也不能让人放弃追求利益，但是可以让人在义的统领下去追求正当利益；同时人生来也是有向善的本性的，即使是桀纣这样暴虐的君主，也不能完全使人放弃对义的追求，重义轻利就是治世，重利轻义就是乱世。

荀子认为，人们追求满足自身的利益是天性使然，无可厚非，关键在于如何在义与利之间寻找平衡点。正如孔子所说：“富与贵，是人之所欲也，不以其道得之，不处也；贫与贱，是人之所恶也，不以其道得之，不去也。”(《论语·里仁》)孟子更是视义重于生：“生，亦我所欲也；义，亦我所欲也。二者不可得兼，舍生而取义者也。”(《孟子·告子上》)西汉的董仲舒也在其著作《春秋繁露》中指出：“天之生人也，使之生义与利。利以养其体，义以养其心。心不得义不能乐，体不得利不能安。”对于利益的追求必须要在合乎义的范围内进行。

所以我们应该坦然言利，不必谈利色变，但同时又要以义统利，见利思义，所谓“君子义以为上”、“君子义以为质”，建立正确的义利观即重义轻利而非背义趋利。

【附录】

《荀子》概说

荀子，名况，字卿，又称孙卿，战国末期赵国人，生卒年不详，大约晚于孟子百年左右。荀子五十岁时，始游学齐国稷下。齐襄王时，荀卿三为祭酒，后遭齐人谗言，遂去齐适楚，楚相春申君任之为兰陵（今山东苍山西南兰陵镇）令。春申君被害后，荀卿废居兰陵，晚年“著数万言而卒，因葬兰陵”（《史记·孟子荀卿列传》）。李斯和韩非都是荀子的学生。

荀子是继孔、孟之后的又一位儒学大师，精通《诗》、《礼》、《易》、《春秋》。荀子的思想是时代发展的产物。战国末期，封建生产关系已经基本确立，经过长时间的兼并战争，结束诸侯割据的局面，建立一个统一的中央集权制国家成为了时代的要求。此时，学术思想也由百家争鸣趋向于互相吸收、互相融合。荀子适应时代的要求，批判吸收了各家之长，兼取儒、道、墨、法等诸家思想，成为战国后期一位集大成的思想家。综观《荀子》一书，其思想博大精深，内容极为丰富，凡自然、社会、哲学、政治、经济、军事、文学等皆有涉猎，堪称我国思想史上的一座丰碑。

荀子是杰出的进步思想家，这突出地表现在他对宇宙自然观的看法上。在先秦时代的哲学中，儒家认为“天”是有意志、有精神的宇宙万物的主宰者，人的命运是由上天决定的，孔、孟都认为“死生有命，富贵在天”。荀子在对这种“天人合一”的唯心主义“天命论”进行尖锐批判的基础上，吸收了道家天道自然的宇宙观，但又摒弃了老庄消极无为的思想，大胆地提出了“明于天人之分”（《天论》）的唯物主义自然观。他认为“天行有常，不为尧存，不为桀亡。应之以治则吉，应之以乱则凶”（同上），天是无意志无目的的自然界，有自己的运行规律，不以个人的意志为转移，社会的治乱和国家的兴亡是政治造成的，与天没有关系。因此荀子提出了“制天命而用之”的口号，认为人们只要发挥自己的主观能动作用，认识、掌握自然规律，就能改造自然界、利用自然界。他说：“大天而思之，孰与物畜而制之？从天而颂之，孰与制天命而用之？望时而待之，孰与应时而使之？”（同上）荀子的这种“人定胜天”的光辉命题在我国思想史上无疑具有划时代的革命意义。

荀子的自然观反映到人性论上，形成了他的“性恶说”，这是荀子哲学思想的一个重要基石。荀子批判了孟子天赋道德观念的“性善说”，在“天人之分”基础上提出了“性伪之分”。他认为人的本性“固无礼义”（《性恶》），不像孟子说的那样天生是善的，而是恶的，充满了对物质欲望的渴求。人们的善良行为是后天人为努力的结果，“人之性恶，其善者伪也”（同上）。人性虽不可改变，但可以改造，荀子主张“化性起伪”，他说：“性也者，吾所不能为也，然而可化也”（《儒效》），要求人们不断地学习、实践来改造本“恶”的人性，实现“性伪合”（《礼论》）。基于此，荀子提出了“涂之人可以为禹”（《性恶》）的著名论点，认为人们只要不断地“积伪”，都可以成为像禹一样的人。荀子的性恶论从另一角度论证了人性问题，有其积极的进步意义，但他离开了人的社会属性，仅仅从自然生物性来谈论人性，没有从根本上解决人性的本质问题，而是一种抽象的人性论。

在性恶论的基础上，荀子提出了他的政治论。荀子的政治理想是建立一个“四海之内若一家”（《王制》）、“天下为一”（《王霸》）的中央集权制国家，“隆礼”、“重法”是其政治理论的核心内容。荀子认为，礼可以制约人们的情欲，自觉约束人们的行为，它不仅是一种使“贵贱有等，长幼有差，贫富轻重皆有称”（《富国》）的伦理道德等级制度，更是治国之根本，是一种最高的政治纲领。“礼者，治辨之极也，强国之本也，威行之道也。”（《议兵》）“人之命在天，国之命在礼”（《强国》），礼的作用重大，关系到国家的存亡，只有隆礼，才能治国。“礼义生而制法度”（《性恶》），礼是治国治民之本，而法则是必不可少的手段，“隆礼至法而国有常”（《君道》），荀子主张治理国家必须礼法并重，要做到“尚贤任能”、“赏功罚过”，严刑重罚。在治理国家的方法上，荀子不像孟子那样重王道贱霸道，而是王霸并重，“隆礼尊贤而王，重法爱民而霸”（《天论》），认为二者只是层次不一样。与此同时，荀子批评了孟子的“法先王”，言必称“三王”的复古思想，明确提出要“法后王”，“百王之道，后王是也”(《不苟》)、“法后王，一制度”(《儒效》)，强调要从现实生活中去考察过去的历史，而不要盲目崇古。在经济上荀子提倡以农为本、开源节流、节用裕民、上下俱富的富国论思想。

荀子的认识论是建立在进步的自然观基础之上的，在哲学史上占有重要的地位。他反对孟子的“良知”、“良能”、“万物皆备于我”的说法，而继承了孔子“学而知之”的认识论思想。荀子首先肯定了人具有认识事物的能力，客观事物是可以被认识的，“凡以知，人之性；可以知，物之理也”(《解蔽》)。他认为人们经过不断地努力学习、实践，依靠外界客观条件就能获得丰富的认识。那么人是如何认识事物的呢？荀子认为人的认识过程要经过“天官意物”和“心有征知”(《正名》)两个阶段，即人的各种感觉器官(天官)首先同外界事物进行广泛的接触，再经过心的“征知”，即把获得的各种现象分析、综合，才能得到全面的认识。他告诫人们在认识过程中要防止各种片面性，克服那种“蔽于一曲而暗于大理”(《解蔽》)的毛病。荀子特别重视“行”的作用，强调人的认识仅得到“知”是远远不够的，“行”才是认识的归宿和终点，“知之不若行之”、“学至于行之而止”(《儒效》)，荀子的这种知行统一观在哲学史上具有深刻的意义。

与荀子的认识论相联系的是他的以正名为目的的逻辑思想。战国末期，社会上形成了一股名辩思潮，各家各派纷纷加入了这场大讨论中，荀子也积极参加了这场名辩争论。针对当时“圣王没，名实慢，奇辞起，名实乱”(《正名》)和“擅作名以乱正名”(同上)的情况，荀子在孔子“名不正则言不顺”的正名学说的基础上，提出了他的正名主张：“故王者之制名，名定而实辨，道行而志通，则慎率民而一焉。”(同上)他认为，统治者通过“制名”，使名实相符，就可以统一人民的思想，使人民遵守法度。荀子主要从三个方面进行了分析：制定名称的原因是“制名以指实”，“上以明贵贱，下以辨同异”(同上)，制名是关系到国家治与乱的大事，“此所为有名也”(同上)；不同名称制定的根据是“缘天官”，天官必须与各自的对象相接触，然后心再加以验证，“此所缘而以同异也”(同上)；名称的命名是“约定俗成”的，但要做到“稽实定数”，“此制名之枢要也”(同上)。荀子建立的一套完整的逻辑学说，对我国古代逻辑思想的发展作出了很大的贡献。

在文学艺术方面，荀子也取得了很高的成就。荀子首先是一个出色的散文家。他主张文章要有文采，讲究语言的锤炼，“语言之类，穆穆皇皇”（《大略》），注重文质并茂，“文理情用，相为内外表里”（《礼论》）。荀子强调“言必当理”（《儒效》），语言文字一定要符合礼义，开后世文学批评“文以明道”的滥觞。荀子的散文不但继承了《墨子》论说文逻辑性强、结构严密的特点，还在体制上、技巧上作了新的探索，把孔孟的语录体散文发展成了独立的长篇巨制式的专题议论文，对先秦诸子散文的发展作出了重要的贡献。荀子的散文脉络分明，长于议论，论证严密，气势磅礴，善用譬喻，言辞优美。善于用比，是其散文最显著的特色之一。如《劝学》一篇，开头便一连用了五个比喻展开论证，说明后天学习的重要性，形象生动而又富于逻辑。后面论述学习专心一致的重要性，连用八个比喻，并与对比相结合，从正反两面反复论证，层层剖析，极富感染力。像这样的取譬设喻，引物连类，在荀文中比比皆是。此外，荀子还经常运用排比、对偶等修辞手法，使文章气势磅礴，富有节奏感和韵律美。对于荀子文章的特色，郭沫若作了较高的评论：“荀子的文章颇为宏富……他以思想家而兼长于文艺，在先秦诸子中与孟轲、庄周可以鼎足而三，加上相传是他的弟子的韩非，也可以称之为四大台柱。孟文的犀利，庄文的恣肆，荀文的浑厚，韩文的峻峭，单拿文章来讲，实在是各有千秋。”（《十批判书·荀子的批判》）

荀子又是一位优秀的辞赋家。其创作的《成相》和《赋》篇，已经是严格意义上的纯文学作品，在文学史上具有重要的地位。《成相》是荀子以民间通俗文学的形式，表达其政治思想的韵文，是抒写其内心愤懑的政治抒情诗。所谓“相”，是指古时一种击打乐器，“成相”就是一边击乐、一边演唱的一种文学样式。其句式整齐而富有变化，以三字句、四字句和七字句为主，每节押韵，读起来琅琅上口，有人认为它是后世弹词之祖（卢文弨说）。《成相》一文直接影响了后来七言诗的出现，其长短句式对后代散文的发展也有重要影响。荀子的《赋》篇是最早以“赋”名篇的文章，在赋体的发展史上具有重要的地位。全文以《礼》、《知》、《云》、《蚕》、《箴》五篇赋和一首佹诗、一首小歌的形式，表达了荀子的政治理想和对社会的不满情绪。这五篇赋都采用问答的形式，前面是对事物的描述，类似于谜面，后面以反问排比的句式，对这种事物的功效和事理作了陈述，最后揭出谜底。《赋》语言质朴、平实雅正，描写生动形象，开后代咏物小赋之先河。其体物言志、托物以讽的写法，对后代赋家有很大的启发。

荀子作为一位杰出的哲学家，其思想对后代进步思想家产生了深刻的影响。如东汉王充的“天地合气”、“万物自生”（《论衡·自然》）的思想，唐代柳宗元的“功者自功，祸者自祸”（《天说》）的思想，刘禹锡“天与人交相胜”（《天论》）的思想和清初王夫之的“圣人之志在胜天”（《张子正蒙注·太和》）的思想等等，都能看到荀子“天人之分”、“人定胜天”自然观的影子。此外，后世一大批文学家也从荀子散文中汲取了丰富的营养。汉初政论家贾谊、晁错的政论散文明显受到了荀文的影响，唐代的柳宗元、刘禹锡和宋代的王安石等人的文章，也都带有荀子散文的风格。

然而，历史上的荀子却是个饱受争议的人物。本来荀子站在时代的高度，对各家各派的观点进行了批判和总结，其思想带有鲜明的时代气息，虽然以儒为宗，但对儒家思想进行了富有时代特色的发挥和改造，具有明显的进步性。但是荀子在当时却“名声不白、徒与不众、光辉不博”（《尧问》），不为人们重视。其对思孟学派的批判以及性恶说，也引起了后儒的不满，有人甚至把他归为法家一派。所以荀子虽与孟子同为大儒，但远没有得到孟子那样的礼遇，后人对他的评价褒贬不一。

西汉时期，荀子影响不及孟子，但地位和孟子不相上下，大体上是荀、孟并尊。司马迁在《史记》中把荀子和孟子并为《孟子荀卿列传》，认为二人都继承了孔子的事业。刘向在《孙卿新书叙录》中说董仲舒曾“作书美荀卿”，还认为与二人同时代的诸子中，只有荀、孟是尊孔的。司马迁和刘向对荀学的发展起了积极的推动作用。到了东汉，荀子的地位就不及孟子了。扬雄尤尊孟子，对荀子只以“同门异户”（《法言·君子》）作一轻描淡写，虽未作贬斥，然而对待荀子和孟子的态度已经有了不同。到了王充作《论衡》时，荀子的地位就低于孟子了。唐代以降，荀学受到了世人的重视。韩愈在《读荀子》中认为荀子"大醇而小疵"，"与孔子异者鲜矣"，虽然不及"醇乎醇者也"的孟子，但基本上对荀子进行了肯定。杨倞则第一次为《荀子》作注，认为它"羽翼六经，增光孔氏"，给予它很高的评价。同时期的柳宗元、刘禹锡、杜牧等人对荀学的弘扬都作出了贡献。宋明时期，由于荀子的思想与理学家们的理论格格不入，理学家们便对之大加排斥，认为他"大本已失"（程颐语）、"全是申韩"（朱熹语），荀子遂被打入了冷宫。明中叶后期，随着思想的解放，才有人把荀子从冷宫中解禁出来，为之翻案。比如归有光就对荀子进行了充分肯定，他说："当战国时，诸子纷纷著书，惑乱天下，荀卿独能明仲尼之道，与孟子并驰。顾其为书者之体，务富于文辞，引物联类，蔓衍夸多，故其间不能无疵，至其精造，则孟子不能过也。"（《荀子叙录》）思想大师李贽也对荀子大加褒扬："荀与孟同时，其才俱美，其文更雄杰，其用之更通达而不迂。"（《荀卿传赞》）二人都认为荀子的成就不在孟子之下，甚至有些地方超过了孟子，评价甚高。在他们的努力下，荀子渐渐引起了世人的注意。有清一代，理学式微，荀子逐渐为世人重视，特别是乾、嘉时期，对荀子的校注整理工作，取得了很大的成就，荀学步入了一个繁荣时期。清末由于政治的原因，有人对荀子大加非议，甚至有"二千年来之学，荀学也，皆乡愿也"（谭嗣同《仁学》）的说法，但荀学的研究一直没有停止过。

对于《荀子》一书的作者，世人争议不大，一般认为《荀子》的大部分章节出自荀子之手，只有极少数篇章是荀子的学生或门人记录荀子的言行编纂而成。梁启超、郭沫若认为《荀子》中的《君子》、《大略》、《宥坐》、《子道》、《法行》、《哀公》、《尧问》、《仲尼》等八篇，皆非荀子自著，是荀子的门人杂录或后人附益所为。至于《荀子》的篇数，今无可考，西汉刘向校雠《孙卿书》时有三百二十二篇，去其重复，定为三十二篇，取名《孙卿新书》。唐杨倞则把三十二篇分为二十卷，次序略作调整，并为之作注，取名《荀卿子》，从此杨倞的《荀子》注本便作为通行本流传于世，遂成定本。清人对荀子的研究成果颇多，以卢文弨的《荀子校》、谢墉的《荀子笺释》、汪中的

《荀子通论》、郝懿行的《荀子补注》和王念孙的《读荀子杂志》最有代表性。清末王先谦的《荀子集解》则采集众家之说，是清儒中最完善、最精详的注本。近人梁启雄的《荀子简释》、章诗同的《荀子简注》和张觉的《荀子译注》等都各具特色，是了解荀子思想的较好注本。

图书在版编目(CIP)数据

荀子鉴赏辞典：文通版 / 方勇，盛敏慧著. —上海：上海辞书出版社，2017.4
ISBN 978-7-5326-4924-2

Ⅰ.①荀… Ⅱ.①方… ②盛… Ⅲ.①儒家②《荀子》—鉴赏—词典 Ⅳ.①B222.65-61

中国版本图书馆 CIP 数据核字(2017)第 054596 号

荀子鉴赏辞典(文通版)
方 勇 盛敏慧 著
统筹 张良一 责任编辑 施嘉喆 装帧设计 姜 明

上海世纪出版股份有限公司
辞书出版社出版
200040 上海市陕西北路 457 号 www.cishu.com.cn
上海世纪出版股份有限公司发行中心发行
200001 上海市福建中路 193 号 www.ewen.co
永清县晔盛亚胶印刷有限公司印刷

开本 890 毫米×1240 毫米 1/32 印张 10.5 插页 2 字数 292 000
2017 年 4 月第 1 版 2017 年 4 月第 1 次印刷

ISBN 978-7-5326-4924-2/B·305
定价：28.00 元

本书如有质量问题，请与承印厂质量科联系。T：0316-6658662